Chinese Mythology

中國神話

從崑崙神話到蓬萊仙話·神仙鬥法·凶獸橫行的世界

王新禧
著

前言　穿越神話的天空

人類最偉大的夢想就是神話。

沒有人能說清神話究竟發源於何年何月，但無窮的想像力是人類得天獨厚的天賦。也許早在遠古洪荒時代，文字尚在時間長河裡醞釀的時候，老祖先們就已經在無數個冰雪飛揚、暮靄昏沉的夜晚裡，圍繞篝火，彼此述說著充滿奇情幻想的精彩故事。因為對無法解釋的自然現象的敬畏，他們給壯偉天地間的種種變遷、動向，賦予了更高等的靈性存在，編織出宛如幻想曲的神話傳說。可以說，打從人類歷史的黎明初曙起，神話便與我們同在，生生不息。它是文學的先河，人類文明的珍貴財富。

巴爾扎克有句名言：「小說是一個民族的祕史。」與之相類，神話則可以看作是一個民族的密碼。正如人們藉由希臘神話，能夠依稀窺見古希臘人對自由、知識、人性的追尋一樣，藉由中國神話，我們同樣可以發現並發掘屬於中華民族的歷史密碼與文明寶藏。

中國的神話是華夏先民在長期的社會實踐中，馳騁他們奔放奇特的想像所創造出來的。它的內容涉及古老神州的自然環境與社會生活的方方面面，既包括民族的起源，又包含人類的命運。

神話藉由超自然的幻想，以故事的形式表現了遠古華夏人民對自然社會的認識和願望，具有神奇、豐富、生動、多樣化等特色，濃厚的浪漫主義色彩下蘊含著樸素的哲理思想，雖然簡單，但立意深遠。

拉法格（Paul Lafargue）在論述神話傳說的史學價值時曾說過：「神話既不是騙子的謊言，也不是無謂的幻想的產物……只有當我們猜中了這些神話對於原始人和他們在許多世紀以來喪失掉了的那種意義的時候，我們才能理解人類的童年。」誠哉斯言。中國神話不但是中國最早的口頭散文作品，更是歷史的先聲與源頭，其一大特點，就是神話與歷史緊密結合，難以分開。中國人一向將神話看成是遠古的歷史，站在古文明的立場上，即可發現中國是用「歷史」的概念包含了「神話」的概念。作為遠古歷史的回音，神話真實地記錄了中華民族在童年時代，面對未知世界的綺麗幻想和面對險惡環境的頑強抗爭，以及由此而踏上文明之路的蹣跚足印。

歷史經過時間的沉澱成了神話，神話經過人們的改造，又演變為傳說。美麗的神話傳說在中華大地上歷史悠久、璀璨多彩，是中華文化寶庫中的一朵奇葩。數千年來的口耳相傳和文字加工，讓能工巧匠們將一個個以開天闢地、為民造福、追求光明等為主題的神話雕琢得剔透完美，令人心醉。

當然，中國神話也是有缺點的。它既反映了先民天真執著的生活追求，也反映了那一時代的稚氣和局限。特別是「不語怪力亂神」的儒家學說一統中國思想界近兩千年來，中國神話相比西方神話，有了以下幾個相形見絀的地方：

首先，中國神話沒有一個完整的神話體系。相比希臘神話以奧林匹斯山為中心，以宙斯為主神進行衍生，從而形成成型、成熟的神系統，中國神話的神仙世界其實混亂無序，有時甚至是自相矛盾的。上古時代、奴隸制時代、封建時代所出現的各路神靈，互不統屬，卻又彼此藕斷絲連。一些相同的神，在不同時期，又以不同的面目出現，始終沒有一個按時間線索貫穿起來的、由上至下的完備體系。

其次，在上古神話表達了古人對世界的幼稚認知後，繼之而起的中國本土道教神話，對中國古代神話進行了大規模的改造和改寫。道教把天地萬物作為一個整體來看待，其教旨就是探求貫穿其中的「道」。而「道」的外在表現形式，大多以修煉成仙來體現。經過道教過濾的「仙話」與神話相互雜糅，相對顯得自私自利，與拯救蒼生、自我犧牲的純神話相比，精神力量大打折扣。

第三，原生態的中國神話流失嚴重，經過歷史潮水的無情沖刷，我們今天所能見到的神話，特別是上古神話，只是一些零碎的片段，這對深入汲取神話的精魂而言，不能不說是種遺憾。

雖然中國神話不像西方神話那樣具有完整的系統和深遠的世界影響力，但它也擁有自己獨特的個性與魅力。許多神話傳說在民間代代相傳，有些還成為典故和熟語，其提供的豐富素材，更開啟了古典神話小說的大門，使得中國神話被賦予了更為強大的生命力。進入二十一世紀以來，奇幻文學的興起、奇幻電影的風靡，都有理由讓我們重新細心梳理老祖宗留下的這筆珍貴的精神財富。高舉起「中國神話」這面讓國人精神還鄉的引魂之幡，讓幻想插上雙翼，在紛繁的時代裡再度書寫巍峨瑰麗的傳奇吧！

穿越神話的天空，在雲之彼端，一個神話就是蓮花一朵，一個神話就是明珠一顆。水天相接處，千古煙波浩蕩，史書冊冊、豐碑座座，承載著神話歲月悠悠的歌。中華神話之多，浩如煙海；所蘊藏的人文內涵之廣，遼闊深邃。它就像一本讀不完、寫不盡、博大精深的書，洋洋灑灑、蔚為大觀，令人一世痴迷，一生探究。而本書所萃取的神話傳說，不過滄海之一粟，但盡鉤沉輯錄之微勞，唯願讀者能管中窺豹，披上神話華美的羽衣，弄彩人世，逍遙凡間。

王新禧

序於福州

目錄

第1章

開天闢地我來也

上古創世神話

宇宙是怎麼誕生的？世界是如何形成的？人是從哪裡來的？這些萬物起源的問題，是每一個民族在童年時期都懵懂探尋過的本原命題。屈原在《天問》開篇就問道：「遂古之初，誰傳道之？上下未形，何由考之？」但先民們樸素的世界觀，是不可能給予這一終極命題一個符合現代科學的合理解釋的。他們只能將世界的生成歸功於隱身天穹的神。

於是，盤古開天的巨斧，開闢出天清地濁；女媧造人的黃河土，捏出生命的綿延；伏羲神奇的八卦圖，演化出陰陽的玄妙；炎黃偉岸的身軀，則化作了不朽的民族魂。

一、盤古開天闢地

在時間的沙漏尚未開始流轉的太古之初，沒有天，沒有地，宇宙還處於元始狀態，世界的一切都黏糊在一起，混沌得像一個密不透風的大雞蛋。蛋裡混濁漆黑，只有一團看不見的氣，可以說什麼也沒有，卻什麼都包含著。就在這一片鴻蒙中，孕育著一位偉大的天神，他的名字叫盤古。

咱們最老的老祖宗盤古在雞蛋中呼呼酣睡，從嬰兒到巨人，足足孕育了一萬八千年，才終於從沉睡中倏然醒來。他睜開朦朧的睡眼，不見一絲光亮，只覺四周黑黝黝的，酷熱憋悶，渾身就像被繩子束縛住了一樣難受。他想站起來，舒展一下筋骨，可是雞蛋殼緊緊裹著他的身體，手腳連攤開也辦不到。

「這該死的地方！」盤古心裡禁不住憤怒起來，他惱怒這無邊的霧狀的黑暗束縛，他憤恨這看不見的無形拘束。壓抑使他奮然躍起身，掙扎著要衝破周身的樊籠。於是他巨手一張、巨腿一蹬，凝聚了一萬八千年神力的拳腳雨點般向四面砸去。一番拳打腳踢之後，大雞蛋逐漸裂開了幾條縫隙，透進了一縷縷纖細的光芒。

盤古見此情景，大為振奮，繼續加力踢捶蛋殼。可是任憑他怎樣使勁，蛋殼依然只是裂開幾個小口，無法被徹底打破。上下左右，四面八方，依然是黏糊一團、混沌難分。盤古大急，伸手在四周亂揮亂舞，無意中竟然摸到了一把巨斧。原來這是他沉睡之際呼出的先天元氣所凝化成的神斧，與盤古共生共育，重逾萬斤，鋒利無匹。

盤古手握神斧，大喜過望，心想：「好，好！有了這斧，我非用它砍開這團混沌，劈出一個光明世界不可！」他使出渾身氣力，大吼一聲，奮力揮舞巨斧，振臂向面前的霧狀混沌猛劈過去。

盤古這一斧著實厲害，但聞「轟隆隆」一聲巨響，接著是「嘩啦啦啦」的碎片散落聲，濃重無邊的漆黑被砍開了一條大縫，從縫隙中射進了大片璀璨耀眼的光芒。盤古連聲歡呼，手中加勁，將一柄斧頭耍得出神入化。但見一斧、兩斧、三斧……緊緊纏住盤古的混沌濃霧，慢慢分離了。「雞蛋」中清而輕的氣體冉冉上升，飄飄揚揚地升到高處，變成了清澈的天空；濁且重的氣流則緩緩下沉，變成了厚實的大地。

天地一分開，盤古放眼望去，但見一片豁然開朗，澄清空闊，實在是舒坦多了。他長長地透了口氣，自由地舒展四肢，想歇息一下。誰知剛升起的天卻又慢慢向下壓來，而地也往上抬高，眼看天地間的距離越來越窄，那才閃現片刻的光明，即將隨著天地合攏而消失。盤古大驚，急忙棄神斧於地，舉起雙臂「嗨」地大吼一聲，雙掌用力撐起了藍天。就這樣，盤古手撐天、腳踏地，用自己的身軀支撐在天地之間，努力不讓天地歸攏。

日復一日，年復一年，又過去了一萬八千年。天每天升高一丈，盤古渾身的骨骼也像竹筍拔節一樣日生夜長，隨著天的拉升而每天長高一丈。一萬八千年來，天升得極高，盤古的身長也達到了極長。至此，天地再無重返混沌黑暗的可能，盤古這才真正放了心。

在這一萬八千年間，盤古每天仰面呼吸著上天的靈氣，俯首吸飲著地上的甘泉，他的心情時而沉重，時而歡欣。隨著他的喜怒哀樂，天地也會發生各種相應的變化。他睜眼是白天，閉目是晚上；開口為春夏，閉口為秋冬；發怒時，天空陰沉，烏雲滾滾；哭泣時，大雨如注，洪水橫

盤古

中國的創世之神。太古之初，宇宙處於元始狀態，混沌得像一個密不透風的大雞蛋。盤古在雞蛋中呼呼大睡，足足孕育了一萬八千年。從酣睡中初醒的盤古奮然躍起，掙扎著要擺脫周身的樊籠。在盤古的抗爭下，天地分開，世界出現。

流；歎氣時，狂風大作，飛沙走石；一眨眼，天空閃電連連；睡覺時一打呼嚕，驚雷隆隆，震耳欲聾。只有在他高興的時候，才會萬里無雲、風和日麗。這就是風雨雷電的由來。

天空高遠，大地遼闊。創世神盤古長久撐持天地，終於耗盡了全部精力，流盡了所有汗水。他緩緩睜開雙眼，滿懷深情地望著自己親手開闢的嶄新世界。啊！太偉大了，太美麗了。盤古露出了欣慰的笑容。突然間，心血淨盡、神崩力潰，盤古高大的身軀頓然摧山倒壁般崩塌，擎天的柱子轟然倒下了。

盤古大神開天闢地，宏偉業績舉世無雙。這樣一個高尚、純粹的神，心裡唯有無私奉獻。他臨終時覺得沒有給世界留下什麼財富，頗為遺憾，於是決心用僅有的軀體來造化世間，裝扮天地。

霎時間，風雷激蕩，天地動容，盤古倒下的軀體迸射出萬道金光，隨著金光的射出，其身軀的每一個部位都起了變化：他的左眼幻化成燦爛耀眼的太陽，右眼化為皎潔明亮的月亮；四肢和身軀成了大地的四極和五嶽名山，群峰挺立，迤邐雄偉；千萬縷鬚髮散飛成密布天空的繁星；血液四溢流淌，奔流成滔滔的江河湖海；肌肉化作了千里沃野，筋脈蠕動延伸，化作了丘陵溝壑，皮膚和汗毛變成了平原和花草樹木；牙齒與骨骼散開來，生成了閃光的金屬、溫潤的玉石、晶瑩的珠寶；汗水和唾液則化作漫天雨露甘霖，滋潤著萬物；而寄生在他身上的各種小蟲也產生質變，演變為鳥獸蟲魚等各類生物。

總之，盤古將自己所能貢獻的一切，都毫無保留地交給了世界，豐富和充實了大自然。他的生命，完成了一次完美的昇華。從此，天上有了日月星辰，地上有了山川樹木，萬物欣欣向榮，鳥語花香的美妙世界正式誕生了。

二、女媧摶土造人

話說盤古開天闢地有了世界之後，日月經天，江河行地，萬物井然有序，一年四季在時光中輪回交替。就這樣過了不知多少歲月，從亙古中醒來了一位人首蛇身的女神，她叫女媧，「女」代表她的神性，「媧」則是宇宙間最美好、最令人崇敬之意。

女媧在茫茫原野上行走，放眼四望，但見山嶺起伏、飛瀑流泉，叢林茂密、草木爭輝，天上百鳥飛鳴、地上群獸奔馳、水中魚兒嬉戲、草中蟲豸跳躍，好一個美妙瑰麗的世界啊。按理說這世界也算是相當美好了，但女媧總覺得有一種說不出的孤寂感，這世界似乎缺少點什麼！

她向山川草木訴說心中的煩惱，山川草木聽不懂；她對蟲魚鳥獸傾吐困惑，蟲魚鳥獸哪能瞭解她的心事？女媧頹然坐在黃河邊，茫然對著水中自己的影子。忽然，一片樹葉飄落池中，靜止的池水泛起了小小的漣漪，使她美麗的影子也微微晃動起來。女媧心頭猛地一震：對呀！為什麼會有那種說不出的孤寂感呢？原來是因為世上缺少與自己一樣的同類啊！

想通了關節所在，女媧立刻行動起來。那麼用什麼來造同類呢？黃河河床上滿是黃泥，而且泥土鬆軟，最易造型，女媧就地取材，挖了些泥土，和上水，按照倒影裡自己的形貌開始摶捏揉搓起泥人來。她心靈手巧，為泥人分五官七竅、安五臟六腑、貫百千血脈、畫骨節三百六十、點汗毛十萬八千，又雕頂頭額角，連起十指心肺，然後將蛇尾改換成兩條腿，一個「小東西」誕生了。女媧將小東西往地上一放，輕輕地吹了一口氣，這小東西有了靈氣，居然活了起來，在女媧身邊活蹦亂跳，小手小腳不停地往女媧身上蹭，口裡喊著「媽媽！媽媽！」女媧滿心歡喜，給小東西取名叫「人」。因為人是用黃河的泥土捏出來的，所以皮膚是黃的。接著女媧又捏了許多「人」，這些「人」是仿照神的模樣造出來的，氣概舉動自然與別的動物不同，他們直立行走、能言會語、聰明靈巧，形神秉性一應俱全，乃是活脫脫的高等動物。他們圍在女媧身旁唱著、跳著，歡呼雀躍，用最熱烈的肢體語言向女媧表達獲得生命的快樂和感激。

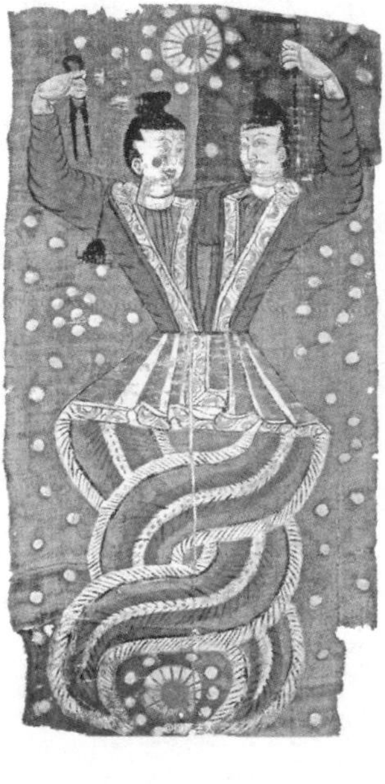

伏羲和女媧

傳說中的伏羲、女媧人首蛇身，本為兄妹。他們是以蛇為圖騰的原始民族所奉祀的始祖神。

女媧寂寞的心一下子熱起來了，她想把世界變得更熱鬧，讓天下到處都有她親手造出來的人。於是她不停地工作，捏了一個又一個。可是世界畢竟太大了，她雙手都捏麻木了，捏出的小人分布在大地上依然稀稀疏疏。她想這樣下去不行，必須提高工作效率，於是順手折下一條藤蔓，伸入河床，蘸上泥漿向地上信手揮灑。霎時間，從枝條上甩落下來的泥土，紛紛化為一個個泥人，這樣一來廣袤的大地上到處都布滿了芸芸眾生。

女媧感到十分滿足，就想放個假，停止工作到四處走走，看看那些人的生活怎樣。一天，她走到一處，見地上躺著不少小人，動也不動，用手撥弄，也不見動靜。她俯身仔細察看，原來這是她最初造出來的小人，這時已頭髮雪白，壽終正寢了。

女媧見此情形，大吃一驚，心中暗暗著急，她想到自己辛辛苦苦地造人，人卻會衰老死亡。這樣下去，自己豈不是要永無止境地一直造人？這可不是辦法。

她靈機一動，想到飛禽走獸等動物皆有雌雄之分，自行交配生育，何不讓天下的人也自行繁衍後代呢？於是她把天地間的至陽之氣注入一部分泥人體內，使之成為勇猛好鬥、形如盤古的「男人」；而另一部分泥人，則注入純陰之氣，成了嬌小可愛、體貼溫柔的「女人」！男人與女人誕生後，因為人是仿神而造的生物，不能與禽獸同等，所以女媧又定婚姻制度、制嫁娶之禮，讓人必須恪守夫妻倫常，有別於禽獸亂交。從此人類建立家庭傳宗接代，生生世世綿延不絕，這一切都多虧了女媧之功，後人遂將女媧奉為媒妁與婚姻之神。

女媧之後，又誕生了大神燭陰，燭陰每天睜眼一次，給大地帶來光明。同一時期還誕生了大量的創世神，有畢方、據比、豎亥、天吳等，分別協調著土地、樹木、山與水，藉由他們的努力，整個人類世界欣欣向榮，充滿了蓬勃生機。

三、伏羲教化文明

1. 伏羲出世

盤古創世，女媧造人，而伏羲教化之。伏羲，東方天帝，因其人頭蛇身，如蛇蟒曲伏於地，故稱「伏羲」，又作庖羲、包犧、庖犧、伏戲等，乃上古神話中的人文始祖，居三皇之首。

據說伏羲乃雷神之子，他的出世充滿著傳奇色彩。相傳在大西北有一個凡人無法到達的極樂國土，叫「華胥國」。那裡的絕大部分居民都是半神人，是神與人的後代。他們不愁吃穿、沒有欲望、遠離災害，一切順其自然、樂天安命，故而生活自由自在，人人長壽。

華胥國有一位名叫諸英的美麗女子，是華胥國國君的女兒。有一天晴空麗日，諸英到郊外的雷澤散步，天真爛漫的她光著腳躑躅在草地上，忽然發現一隻巨大的腳印深印在水潭邊，諸英心想：「有這麼大腳印的人，該有多高多大啊！」好奇的她伸腳踏入巨人的腳印中想要對比一下，豈料霎時間祥光四起，一道彩虹從天而落，圍著她久久不散。諸英只覺得全身震顫，不知怎的，腹中似有一股熱氣在凝結。

原來，這腳印是雷神留下的。雷神人頭龍身，半人半獸，只需要鼓起肚子敲打，就能發出陣陣響雷。諸英從伸腳踏入雷神腳印的那一刻起，不知不覺間已經感應受孕。她懷胎十二年，生下了伏羲。伏羲也長著人頭蛇身的怪模樣，「長頭修目，龜齒龍唇」，很像他的爸爸雷神，眾人皆覺怪異，都說該「棄之」。諸英卻說：「此子為龍也！他在我腹中屈伸有度、出海入天、翻雲覆雨、變化無常，高瞻遠矚，必將成為天子無疑！」遂精心養育。

伏羲的出生神話，成為後世帝王降世均伴有神異傳說的濫觴。從此以後，歷代開國皇帝的母親，都要與神龍雲雨一番，才能生下「天子」，開創一番豐功偉業。

玄天上帝

玄天上帝即真武大帝。據傳，他是盤古之子，於玉帝退位後任第三任天帝，生有炎、黃二帝。曾降世為伏羲，為龍身，中華之祖龍。

2. 河圖八卦

伏羲氏（「氏」者，古代的尊稱。古文獻中，上古神話時代的偉人，幾乎都享受這樣的稱謂）是中國文獻記載中最早的智者，他生下來就是個天才，華胥國最偉大的智者也會被他耍得團團轉。不單智商高，他還具有超凡的神力，能夠沿著都廣之野的天梯「建木」爬上天國去。他長大後，散髮披肩，身披鹿皮，目光深沉、睿智，一派遠古智者風範。

「始作八卦」是伏羲一大功績。上古時期，孟津東部有一條孟河與黃河相接，天生聰慧的伏羲想把大自然的一切奧祕都搞清楚，經常來到河邊思索。一天，他漫步孟河邊，突然聽到一聲奇怪的嘶吼，河裡雲霧蒸騰，躍出一匹馬身龍鱗的龍馬來。伏羲在一片煙霧朦朧中，遙見龍馬背上似乎有什麼圖紋，便默想：「果有利於世者，當近以示我。」那龍馬果然跳上岸來，站立在伏羲面前。伏羲仔細一看，龍馬背上有一圖，圖上共畫有五十五個點，皆含陰陽之數。他受此啟發，就想參照此河圖，發明一種符號，用來解釋天地萬物的演化規律以及人倫秩序的變幻無常。

於是他來到位於黃河古道、秦晉峽谷上被稱作「乾坤灣」的大灣。此灣轉了近三百度的大迴彎，甚為壯觀。當地人說，這是一幅「天造地設的太極圖」。伏羲在此「仰則觀象於天，俯則觀法於地，觀鳥獸之文與地之宜，近取諸身，遠取諸物」，終於發明出了「八卦」，「以此通神明之德，類萬物之情」。

這八卦可了不得，僅僅用「乾（天）、坤（地）、震（雷）、巽（風）、坎（水）、離（火）、艮（山）、兌（澤）」這八種簡單的符號就概括了周而復始、變化無常的自然萬物和人世百態。其兩兩相配，象徵天上地下、日東月西，山鎮西北、澤注東南，雷震東北、風起西南，十分符合天地造化之理，堪稱讖緯學的鼻祖。後經周文王、孔子等人的演繹，由八卦而六十四卦，由六十四卦而三百八十四爻，形成了博大精深的周易哲學。

後世為與「文王八卦」相區別，將伏羲八卦稱為「先天八卦」。八卦可以推演出許多事物的變化，預卜事物的發展，是人類文明的瑰寶，更是宇宙間一個高級「資訊庫」。當代許多學科都深受其影響，並從中得到啟示。而八卦中的許多奧妙神奇之處，至今還在研究探索中。

先民們對伏羲神而異之，公推他為天帝，授其宰制萬民之權。伏羲遂成為中國歷史上第一個帝王。

3.文明教化

伏羲的別稱「庖犧氏」，其中「庖」指廚房，「犧」指牲口，所寓即捕魚、打獵、養牲畜之意。是他教會了初民結網捕魚、打獵畜牧，並首創觀察天象、演繹數理、文字刻畫、樂曲演奏等科學文化知識，將茹毛飲血的初民一步步引領進文明時代。

在炎帝神農氏還沒有教會初民農耕之前，先民們不曉得種莊稼吃米糧，一天到晚只知道打野獸、採野果。野獸野果少，就少吃一些；打不到採不著，就得餓肚皮。那時填飽肚子真是個大問題，伏羲苦苦思索著怎樣改善人民的「菜籃子」。

有一天，他來到河邊一面閒逛，一面想辦法，轉著走著，偶然抬頭一看，只見河裡一條條又大又肥的魚在歡快暢遊著，伏羲靈機一動：這些魚又大又肥，弄來吃不是很好嗎！他打定主意，就下河去抓魚，可是河裡的魚十分滑溜，用手去抓，很難抓到。

伏羲回去後，開動腦筋，找來不少石塊、樹枝、木棒、繩索，試製了多種捕魚工具，但使用起來都不趁手，收效甚微。一天傍晚，他獨自坐在樹下，出神地琢磨著，一抬頭，發現樹枝間懸掛著一隻大蜘蛛，正不緊不慢地結著蛛網，左一道線，右一道絲，一圈又一圈，一張圓形的蛛網很快就織成了。一隻隻小飛蟲只要一觸到網，立即就被黏住難以掙脫。

伏羲覺得很有意思，就目不轉睛地瞧著。突然間，靈感一閃而過，心中豁然開竅。他立刻回到山洞，找了一些草繩、葛藤，仿照蛛網的形狀編結起來。不一會兒，一張粗糙的網編成了。他拿著織好的網跑向河邊，一網下去，幾條活蹦亂跳的鮮魚立即就被撈了上來。「成功了！」伏羲高興地叫起來。用這個辦法捕魚不但速度快，而且效率高，人也不用下水。

後來伏羲又根據蛛網原理，發明了捕鳥的「羅」。他還耐心地教導人民如何放牧及飼養家畜。上古文明的曙光，在先民們的笑臉中開始顯露出來。

隨著原始畜牧業迅速發展，天下一片太平景象。腹中既足，乃思愛欲，人民紛紛搞起「多角戀愛」來。伏羲驚訝地發現出生的嬰兒中，出現畸形怪胎的現象越來越多。經過長時間的觀察，伏羲發現，這與當時普遍存在的男女群婚有關。於是他「制嫁娶」，實行男女對偶制，將血緣婚改為族外婚，結束了長期以來子女只知其母不知其父的原始群婚狀態。接著又定姓氏，以防止亂婚和近親結婚。他讓民眾或以所養動物為姓，或以植物、居所、官職為姓，中華姓氏自此起源，綿延至今。

此外，伏羲還製琴瑟、造書契、作曆算，一系列的發明創造，猶如永不熄滅的明燈，照亮了中國幾千年的人文史。

四、赫赫始祖，炎黃子孫

堂堂神州，巍巍中華，五千年的文明長河、五千年的燦爛文化，龍的子孫揚眉東方、屹立世界，俱由炎黃而始。

1. 炎帝

伏羲制定好姓氏後，天下的人群就逐漸分為不同的氏族。在姜水流域（位於今陝西渭水中游）有一個姜姓部落，部落裡的頭號美女任姒多愁善感，總是喜歡到姜水岸邊散步抒懷。一天，她為姜水邊迷人的黃昏景色所陶醉，久久不願離去。

突然，一道紅光自碧波深處激射而出，任姒猛抬頭，只見一條赤髯神龍正升至半空，雙目發出兩道神光，與她的目光相接。四目相交的剎那，任姒只覺心靈悸動，似有所感。她忙用手揉一揉眼睛，再定神望去，但見暮色漸合，波瀾不驚，天空河水，一片幽寂，神龍見首不見尾，已渺無蹤。可任姒卻就此有了身孕。她肚子裡的龍種也特別，在娘胎裡只待了一個足月就呱呱墜地了。剛一落生，其家周圍平地湧現九眼泉井，並且各井彼此相通，從其中一眼汲水，其他八眼井的水也都會跟著波動起來。部落裡的人都認為這是一種吉兆，因此對這孩子呵護備至，滿心希望他長大後為民造福。

此子牛首人身，少而聰穎，兼且天生神力，三天能說話，五天會走路，三年知稼穡之事。長成後，身高八尺七寸，龍顏大唇，一副聖人之相，是繼伏羲之後出現的又一位上古大神。由於他生於烈山石室，長於姜水，故以姜水之「姜」為姓；又因以火德王，以火名，遂號「炎帝」，又稱赤帝、烈山氏。他「在地為火，在天為日」，是中國最早的「火神」和「太陽神」。

在中國傳統觀念中，向來認為「食為天」，而食為天的基礎則是以農為本。但炎帝所生活的時代，先民尚不知農業為何物，他們靠打獵、捕魚、採摘野果為生，挨餓、受凍、遇險，過著原始游牧生活，朝不保夕。炎帝見百姓個個面部浮腫、四肢乏力，顯然係飢餓所致，心裡極為不安。他又想到禽獸、果實等自然資源的生長怎麼趕得上人類繁育的速度？一旦野生的動植物被吃完，天下蒼生豈不都要飢餓而死？憂患意識迫使他冥思苦想，要讓大家都過上豐衣足食的安穩日子。

炎帝因此走遍了名山大川，嘗盡了千辛萬苦，奔波往返於森林田野，想要找到一種可以由人們自行栽種、按時收穫的植物代替自然食物。一天，他獨自待在野外，無意識地摘下幾株野草的穗子，放在手中揉搓著。不知不覺中，穗子被搓破，掉下許多小顆粒。神農靈光一閃，這東西能不能吃呀？他撿起地上的草籽聞了聞，有點香味，便放進嘴裡咀嚼，味道還挺不錯。於是，炎帝找來很多同樣的野草穗，搓出裡面的果實，大口大口地吃起來。他發現這些草籽既好吃，又能充飢。這意外的發現，使炎帝受到很大的啟發和鼓舞。他把能吃的草籽一一挑揀出來，教先民如何把草籽撒播在土地上，如何施肥灌溉，待秋季再去收穫食用。這就是最早的農作物，叫「禾苗」。

炎帝不辭辛勞為民謀福的善舉感動了天帝，天帝派一隻朱紅的丹雀來看望他。丹雀嘴上銜著一株有九個穗的禾苗飛過炎帝的頭頂，輕輕地扇動了幾下翅膀，天上登時下起一場穀雨，黃澄澄的穀粒紛紛落地。炎帝拾起穀粒一看，啊，是新品種，和自己在野外找到的禾苗不可同日而語。他大喜過望，情知這是上天相助，就細心地把九穗穀種在田間，不久便長出又高又大、金黃色的「嘉穀」。這種天賜的穀物顆粒肥大，味道甘美，吃過之後可以百病不生，強身健體，人們稱之為「神穀」。

就這樣，人們學會了播種穀物，自己生產糧食。為了減輕人民耕作的勞苦，炎帝又斫木為耜、揉木為耒，發明了多種農具，教人民進行農具耕作。從此天下豐登足食，民眾鼓腹而歌，萬分感念炎帝的傑出貢獻，遂尊稱他為「神農氏」。

炎帝

傳說炎帝牛首人身，姜姓，是中國最早的火神和太陽神；他教人民播種穀物，以農具工作，被人們尊為「神農氏」。

炎帝解決了民以食為天的大事，促進了農業生產的發展，讓上古文明由原始游牧生活向農耕定居文明轉化。有了穩定的食物來源後，先民的生活逐漸安定下來，有了閒情逸致，自然開始追求精神文明。於是炎帝削桐為琴、結絲為弦做五弦琴，「長三尺六寸六分，上有五弦，曰：宮商角徵羽」。接著，他又教民製陶、繪畫、舞蹈，讓百姓懂得禮儀智德。社會文明得到了全面的重視與發展。

炎帝一族最初的活動地域在今陝西的南部，後來族群擴大，就沿黃河向東拓展，與黃帝部族發生了劇烈衝突。阪泉之戰中，炎帝為黃帝所敗，炎帝部落的大部分與黃帝部落合併，組成華夏族。剩下的一小部分隨炎帝向南方遷徙，將農業文明的種子傳播到了南部蠻荒之地，大大促進了南北文化和生產的交流。

炎帝來到偏僻的南方後，做了掌管南方的天神。他的佐神是火神祝融，祝融獸身人面，手裡握著一桿秤，乘著兩條火龍。他們齊心協力治理著南方一萬二千里的地界。

2.黃帝

黃帝，中國上古神話時期第一聖帝，統領宇宙的中央天帝。這些終極頭銜實至名歸，是黃帝靠著身經百戰、艱辛開創，好不容易才得來的。

話說五千多年前的仰紹文化時期，在嵩山東麓的新鄭一帶，居住著一個以熊為圖騰的有熊氏部落，其首領是少典。少典娶了一位名叫附寶的女子，在姬水之畔的軒轅丘產下一子。按照伏羲氏「就地為名」的原則，此子遂姓「姬」，名「軒轅」；因為他是有熊國君的後裔，所以又稱「有熊氏」。

軒轅氏的出生，在當時不見得多了不起，對後世而言卻是驚天動地的大事件。中國第一部通史《史記》，就是從軒轅氏的出生寫起的。《史記‧五帝本紀》對此記曰：「黃帝者，少典之子，姓公孫，名曰軒轅。生而神靈。弱而能言。幼而徇齊，長而敦敏，成而聰明。」司馬遷的記載還算忠實客觀，沒有對黃帝過分吹捧，最多也就是生下來就會說話，無論什麼東西一教就會，是個典型的天才兒童罷了。

但到了後來，有關黃帝出世過程的記載就變得神乎其神起來，比如《帝王世紀》就記載：軒轅氏的母親附寶，有一天晚上去郊外森林散步，森林裡一片黝黑寂靜，只有微弱的星光閃爍著。突然，附寶看到天邊起了一道青白的電光，光華炫目，照耀得四野通明。這電光圍著北斗七星的第一顆星天樞不停地打轉，轉啊轉，轉得附寶一陣頭暈目眩，竟然就此受感應而懷胎，肚子裡的孩子就是軒轅氏。軒轅氏在娘胎裡硬是待了整整二十五個月，才呱呱出世。臨盆的時候，紫氣滿屋、百鳥來朝，端的是一派命中註定要做天帝的奇象。而他出生的時間是農曆二月初二，從此民間也就有了「二月二，龍抬頭」的吉祥之說。

軒轅氏生下來還沒滿七十天就會說話，十歲就對天下形勢明瞭洞察。到青少年時，更是長成了身高過九尺，「河目隆顙，日角龍顏」的一條漢子。

十五歲那年，少典辭世，當時部族首領的繼承並非血統制，而是由族人共同推舉。軒轅氏由於出生時的大異象，得族人一致擁戴，成為有熊部落的領袖。以此為基礎，黃帝開啟了他此後近百年的風雲歲月。

有熊氏一族初期的勢力範圍在西北黃土高原，黃土高原坦蕩渾樸、博大雄沉，山豐地厚、土色金黃。土乃五行之尊、萬物之本，黃更是帝王之色、地之正色，象徵吉祥喜慶、尊貴榮耀。軒轅氏遂以土德王，號曰「黃帝」。

黃帝敦厚能幹、聰明果毅，帶領部族全力打拚創業。此時炎帝也從原先所在的姜水流域，向黃帝所在的姬水流域擴張，雙方互不相讓，終於在阪泉之野爆發大戰，結果以炎帝敗退南方告終。接著蚩尤又起兵反抗，黃帝與蚩尤戰於涿鹿，經過艱苦卓絕的血戰，生擒蚩尤而誅之。從此，黃帝天下共主的地位得以確立，凡不順從的部落，他都以天子的身分予以討伐。又經十餘次中小規模的征戰，黃帝基本消滅了各地的武裝反抗力量，統一了黃河流域，成為天地間最大的主宰者。

黃帝融合萬國部落為華夏族，天下歸心，乃坐鎮天地中央，畫野分州，定都有熊，又封官司職，拜風后為丞相，設三公（風后、天老、五聖）、三將（常先、大鴻、力牧）、六相、二史、左右雙監，直轄中部八十一國。其疆域東至大海，西及隴右，北達燕山，南抵長江，奠定了中華民族最基礎的版圖。

至於東南西北四裔諸邦，則各分封一個天帝鎮守：

黃帝

黃帝出身於有熊氏，姓公孫，名軒轅。他融合萬國部落為華夏族，統一了黃河流域，並畫野分州，奠定了中華民族最基礎的版圖。黃帝與炎帝並稱中華民族的始祖。

東方三十六國的天帝是木德之帝伏羲，又稱為太昊，輔佐他的是木神句芒。句芒手裡拿一個圓規，管理著春天。

南方三十六國的天帝是火德之帝炎帝，炎帝自兵敗南撤後，以火神祝融為輔神，總理南方，休養生息，深受民眾愛戴，很難使別人取而代之。況且黃帝也知炎帝早沒了爭奪統治權的實力和野心，所以樂得做個順水人情，將南方封給炎帝。火神祝融手裡拿一桿秤，掌管夏天。

西方三十六國的天帝是金德之帝少昊，少昊是黃帝的兒子，輔佐他的是金神蓐收，手裡拿一把曲尺，掌管秋天。

北方三十六國的天帝是水德之帝顓頊，顓頊乃黃帝之孫，輔佐他的是海神兼風神禺強（玄冥），手裡拿一柄大錘，掌管冬天。

封畢四方天帝，黃帝接下來又任命禺號任東海王，禺號之子禺京與不廷胡余、貪茲，分別擔任北海王、南海王、西海王。對於地下鬼國，黃帝則派土神后土為幽冥主神，神荼和鬱壘兄弟倆輔助他一同掌管地府。一應諸神諸帝，統歸中央天帝黃帝節制。

黃帝神通廣大，能以震為雷，以激為電，以和為雨，以怒為風，以亂為霧，以凝為霜，擁有操縱大自然的超能力。在需要時，他還能變化出四張面孔，分別面對四方，同時注意著東南西北的動靜，天上人間的任何事情，都逃不過他的耳目。該精明時，四面八目，明察秋毫；該糊塗時，渾無面目，大智若愚。

一次，鐘山之神燭陰的兒子、人面龍身的鼓，勾結人首馬軀的凶神欽，將一個叫作葆江的天神誘騙至崑崙山的南坡殺害了，並且毀屍滅跡，企圖掩蓋罪行。整個謀殺過程全被黃帝清清楚楚地看在眼裡。憤怒的黃帝派遣天殺星下凡，千里緝凶，在鐘山東面的瑤崖追上鼓和欽，一齊處斬，為可憐的葆江報了仇。

又一次，蛇身人面的天神貳負，受其家臣危的唆使，殘殺了天神「猰」。這件事也被黃帝看到了，他派出四大天將擒下貳負主僕，將貳負絞決，棄屍於鬼國東南；用危的頭髮做繩索，反綁他的雙手，再用鐐銬鎖住右腳，永久拴在西方的大樹上，讓其受盡折磨。

黃帝處理問題的果斷、俐落、公正，讓他得到了天下臣民的敬重和崇拜，三界四方的新秩序得以迅速鞏固。黃帝非常高興，令樂官伶倫作了一部威武雄壯的慶功樂曲《綱鼓曲》。這部樂曲共分十章，有《雷震驚》、《靈夔吼》、《猛虎駭》、《雕鶚爭》等，演奏時配以特製的大鼓、金鉦，果然氣勢磅礴。在鏗鏘的鼓聲、鉦聲裡，舞師們唱著凱歌，跳著勁舞。黃帝坐在殿上觀舞聽曲，接受來自四面八方、天上人間的神、鬼、人、獸的祝賀，一時間志得意滿，唯我獨尊！

不僅武功赫赫，黃帝文治也臻於一流境界。大一統後的黃帝之國，干戈止息、社會安定，可以騰出大批人才和時間進行民生方面的改善。

據《易．繫辭》、《世本．作篇》等各種文獻記載，宮室、杵臼、鑿井、陶器、蠶絲、布帛、冠冕、盔甲、舟楫、指南車、五方旗、弓箭、文字、算術、圖畫、律曆、醫藥、祭祀、碗碟、銅鏡、鼓、筷子、雨傘等等新事物，均是黃帝本人或者他的屬下發明的。這些發明是文明進步的重要標誌，歷五千年而相傳不衰，我們這些炎黃子孫，至今還享受著他的福蔭。

黃帝晚年，用順其自然、無為而治的方法，使三界大治。他功成名就，遂生退隱之心，常常帶著風后和常伯，到各地去雲遊。有一次，他駕五象之車，采首山之銅，鑄大鼎於荊山下。鼎成之時，突然晴天一聲霹靂，一條黃龍長鬚飄垂，自天而降。牠對黃帝說：「你的使命已經完成，請和我一起升天吧。」黃帝自知天命難違，遂將主宰神的寶座傳給了孫子顓頊，自己乘龍飛往九重天。同行的朝中大臣、後宮夫人共有七十多位。其餘大臣攀著龍髯還想爬上去，結果龍髯被扯斷，他們紛紛跌了下來。跌落的大臣們望著遠去的黃帝哭了七天七夜，流下的眼淚淹沒了寶鼎，匯成了大湖，後人稱此湖為「鼎湖」。

當黃龍飛到陝西橋山上空時，黃帝請求下駕安撫臣民。百姓聞訊從四面八方趕來，個個痛哭流涕。在黃龍的再三催促下，黃帝又跨上了龍背，人們拽住黃帝的衣襟一再挽留，然而只留下了黃帝的衣冠。人們把黃帝的衣冠埋於橋山，起塚為陵，這就是今日黃帝陵的由來。

神話與史實就這樣互相印證，把黃帝和炎帝的傳奇一一展現於後世。《山海經》、《大戴禮記》、《史記》等記載中華民族起源世系的書籍，皆溯源到炎黃二帝，因而海內外華人都尊崇炎帝、黃帝為中華民族的始祖，自稱「炎黃子孫」。

第2章

戰，英雄們

混沌初開，人類始誕，隨著時間的流逝，人心漸漸不再淳樸，私欲、野心、貪婪、乖戾、暴虐，種種動物本能的劣根性開始降臨東方這片遼闊的疆土。自大的人類在征服自然界後，又將屠殺的標槍投向了自己的同類，地面上的戰爭幾乎一刻也未停止過。

可以說，人類文明往往都是由恢宏壯烈的神話戰爭來拉開序幕的。黃帝軒轅氏崛起後，生存的需要、時代的召喚，都促使他要四出征戰，開疆拓土，於是鬥爭與抗衡貫穿了整個上古神話時期。英雄們紛紛出世，鬧得個天翻地覆，直讓後人盪氣迴腸。

炎帝是英雄，所以他敢與強大的黃帝一決雌雄，哪怕永世不得歸故國，也絕不後悔；

蚩尤是英雄，所以他敢造反，即使屍骨蕩然無存，也毫不在乎；

刑天是英雄，所以他敢與天為敵，即使最後落得個身首異處，也在所不惜；

共工是英雄，所以他敢挑戰霸權，即使天柱折、地維缺，也永不屈服。

因為他們都是英雄，都有著英雄的雄心、英雄的豪情，他們不甘庸碌、不願平凡，他們最大的恥辱就是一生過得毫無價值。他們渴望威加四海，建功萬里！只要有機會，他們就一定要轟轟烈烈地去戰鬥。勝利的號角在哪裡，他們的旗幟就在哪裡！

聽，萬馬齊鳴激流卷，軍鼓震天；

看，風蕭蕭兮旌旗揚，金戈鐵馬。

戰，英雄們！

一、華夏第一戰——炎黃爭鋒

話說炎帝神農氏教會人們耕種、醫病之後，得到人民的尊重與愛戴。他統一了周邊各部落，逐漸形成了以農耕為主的炎帝部族聯盟。其族沿黃河流域向東發展進入中原，占據了黃河中游地區。與此同時，黃帝也兼併了西方絕大多數部落，形成了以漁獵為主的黃帝部族聯盟。他們由西向東，也逐步向肥沃富饒的黃河地區擴張。

兩大部族為爭奪土地和財富，時常發生侵伐征戰。起初只是零星衝突，繼而升級為村落械鬥，規模不斷擴大。但由於實力相當，誰也吃不掉誰，因此長期以來都屬於「局部戰爭」。約西元前二十六世紀，當黃帝勢力從涇水流域沿黃河向東發展時，不可避免地「踩過界」，侵入了炎帝的地盤，「第一次上古大戰」終於在阪泉（今山西運城市，一說在今北京延慶）全面爆發！

阪泉之戰在華夏軍事史上占有重要位置，它是中華文明自有文字以來所記載的第一場真正意義上的大規模戰役，因此堪稱「華夏第一戰」。

當時普天下所有的部落，都選擇了依附黃帝或炎帝一方參戰。炎帝帶領的是農耕氏族，文明程度較高。黃帝率領的是游牧氏族，不需要花費大量時間耕種，精力大多花在了訓練軍隊和製造鋒利的兵器上；再加上長期的狩獵生活所練就的強壯敏捷的體魄，很明顯，黃帝的戰力要比炎帝高。但劣勢也有，那就是經濟實力與長期農耕、儲備豐厚的炎帝部落沒法比。

戰爭初期，雄才大略的軒轅氏充分分析了雙方的優勢和劣勢，針對神農氏不習慣機動作戰的弱點，採取後發制人、誘敵深入的謀略，以迅雷不及掩耳之勢奇襲了炎帝大軍，然後迅速撤退。一退於河南，再退於河北，最後退至適合游牧民族騎兵展開的大平原——阪泉之野。炎帝親率旗下十二個部族的數萬大軍緊隨其後，煙塵滾滾地追到了阪泉。雙方擺開陣勢，準備決戰。

黃帝占有天時、地利、人和，炎帝則一樣也不占。此時他已深入黃帝疆域的腹地，戰線過長，後勤補給跟不上，只能就地解決給養。但炎帝士兵吃慣了穀物的腸胃，根本無法消化牧區的食物，進入阪泉之野後，炎帝的許多部隊基本上只剩下拉肚子的力氣，士氣低落。黃帝又施計，將鋒利的銅兵器全都藏了起來，讓士兵公開使用石斧竹箭、木槍骨矛，以此麻痹炎帝，令炎帝和他的將軍起了輕敵之心。

而黃帝的部隊則是在他們熟悉的本土作戰，使用經改良後的青銅兵器，給養充足。可以說，決戰的天平從一開始就向黃帝傾斜了。

由於雙方都投入了所有的精銳力量，阪泉大戰的規模頗為壯觀。漢代賈誼《新書》云：「炎帝，黃帝……各有天下之半……戰於阪泉之野，血流漂杵。」

炎帝知道自己打不起持久戰，因此決戰一開始，他就想利用人數上的優勢速戰速決，命令部隊發起了全線衝鋒。他們以為黃帝的軍隊依然使用石斧竹箭、木槍骨矛，因此不加掩護地拚命往前衝。不料迎頭一戰，炎帝的軍隊全傻住了。先是一排排勁透百步的銅箭鋪天蓋地激射而來，瞬間射殺了衝在最前面的大批士兵。然後是以熊、羆、狼、豹、虎、貙、貅、貔為前鋒的黃帝先頭部隊，手持銅劍銅槍，狠劈猛砍，如切瓜砍菜般殺得炎帝軍抱頭鼠竄，血流成河。這便是後世所謂「黃泉」一詞的來歷，「黃」即黃帝，「泉」即「血水」，引申為「地獄」。

敗下陣來的士兵慌忙向炎帝報告，黃帝部隊使用的都是銅製兵器。炎帝聽後大吃一驚，這才知道上了當，但後悔已經晚了。第一陣炎帝大敗，折損了三分之一的人馬。

第二陣，炎帝採用了火攻。他手下有一員大將，乃是大名鼎鼎的火神祝融，用火來摧毀敵人正是他的拿手好戲。祝融一出場，立即使出「火龍功」，但見一條十里長的火龍直向黃帝軍營綿延燒去，燒得黃帝士兵哭天喊地。但身為一方天帝的黃帝，本身就主管天地雷雨，他拈指一算，念起「祈雨咒」，很快空中飄來一團團烏雲，下起雨來，雨點由小到大，迅速變成了大暴雨，將祝融的火完全撲滅了。黃帝大軍趁勢掩殺，再敗炎帝軍。《呂氏春秋·蕩兵》對此記述云：「兵所自來者久矣，黃、炎故用水火矣。」

炎帝見連續兩陣不勝，軍心浮動，只好下令結營死守。黃帝見敵軍已然膽怯，遂率領神兵神將，驅趕著老虎、豺狼、豹子、人熊種種猛獸，命雕、鶡、鷹、鳶在空中舉著旗幟，向炎帝大營發起了總攻。各從屬部落也四面出擊，配合進攻。這最後的決戰異常激烈，黃帝軍連衝數次，以巨大的傷亡為代價，終於衝開炎帝的防線，炎帝軍兵敗如山倒，紛紛奪路而逃，潰不成軍。黃帝的追殲部隊一直追殺了一百餘里，直到黎明時，前面出現了蚩尤的救援部隊，總指揮應龍才下令停止追擊。蚩尤見炎帝大敗，也無心與黃帝發生正面衝突，掩護炎帝撤退到了南方。這就是阪泉炎黃之戰的結局。

炎黃之戰是中國歷史上第一次統一戰爭，斯役之後，黃帝歸併了原來追隨炎帝的部落，進而取代炎帝做了中原地區部落聯盟的共主。炎黃兩大部族的融合，使華夏民族正式形成，成為後來中華民族的雛形。

二、黃帝戰蚩尤

阪泉一役，炎帝大敗，好不容易逃到南方後，老態龍鍾的炎帝已全無鬥志。但九黎族的首領蚩尤不甘心就此向黃帝臣服，多次勸炎帝重整旗鼓，無奈炎帝只想偏安南方，一再拒絕蚩尤的提議。蚩尤一怒之下回到自己的部落，聚攏起忠於自己的戰士，準備獨自起兵復仇。

這蚩尤可了不得，乃是上古天地間第一魔神。據《龜甲記事》載，他在開天闢地時吸收到天地交合之氣，又正好得到盤古創世神光的照拂，並受深埋於地下的盤古巨斧靈氣影響，在與一小塊息壤相融後，經過數百年光陰的修煉，才從地底破繭而出，出生時一聲啼哭便驚死山潭中休眠的三條孽龍。他牛首人身，身高數丈，長著八條腿、六隻手，四隻眼睛閃著綠光，腳掌像牛蹄子，頭上還生有兩個尖銳的犄角，鬢邊直豎著利如劍戟的毛髮，外貌十分威武雄壯。更可怕的是，他還擁有源於三界之惡念戾氣的強大破壞力，力量之強，號稱神鬼莫當！

蚩尤不僅自身強悍無匹，他還有八十一個兄弟，個個都是虎背熊腰、銅頭鐵額，力大無比、勇猛異常。他們平時以沙子、石頭為食，凶悍好戰，擅長角觝，視打架鬥毆為平生樂事。蚩尤帶著這幫誰也惹不起的硬漢子，收編了山林水澤中的山精水怪、魑魅魍魎，又去動員驍勇善戰的三苗之民。苗民因一向受到黃帝的「種族歧視」，早已怨恨在心，聽說蚩尤欲反，紛紛摩拳擦掌，加入了蚩尤軍團。

九黎族以牛為圖騰，是南方最強的苗蠻部族，他們軍事發達，族民很早就掌握了煉銅技術，善於製造各種精良的青銅兵器，尖銳的長矛、牢固的盾牌、鋒利的刀劍、沉重的斧戟、強勁的弓弩等等，與黃帝的軍隊不遑多讓。

一切準備就緒，蚩尤就打著炎帝的名號，正式舉起反抗大旗，指揮軍隊浩浩蕩蕩殺向中原。黃帝急忙調集四方鬼神、猛獸精兵及聯盟內的各大部族，於涿鹿（今河北省涿鹿縣）布下戰陣迎擊。一望無際的平野上，軍營環列、戰鼓喧天，中國上古神話史裡規模最宏大、過程最曲折、爭鬥最慘烈、歷時最長久的一場大戰，就此揭開帷幕！其史詩般波瀾壯闊的氣勢，唯有希臘神話中的特洛伊之戰能與之相比，各類重要的歷史典籍，如《尚書》、《戰國策》、《逸周書》、《列子》、《史記》、《論衡》等，對此均有完整記錄。

黃帝第一陣派出了在炎黃之戰時立下大功的熊、羆、虎、貙、貅、貔，這些野獸咆哮騰躍、張牙舞爪，怒吼著向蚩尤的軍隊衝去。蚩尤軍猝不及防，一時亂了陣腳。但蚩尤的兄弟們不愧是銅頭鐵額，猛獸衝入他們陣中只是將陣營衝散，卻半點也傷不了他們堅硬的軀體。蚩尤抓住機會，命令部下繞到猛獸兩翼，避開正面的衝擊，從側面發起反擊。猛獸畢竟沒有人靈活，失去了攻擊目標，咆哮著東撲西抓，亂作一團，牙齒和腳爪根本敵不過蚩尤軍的銅鑄兵器。一番廝殺，猛獸部隊傷亡慘重。

蚩尤軍士氣大振，凶神惡煞般向前衝殺。黃帝軍招架不住，四散奔逃。蚩尤趁機使出法術，從鼻孔裡噴出一片白茫茫的大霧，布下霧陣。漫山遍野的團團濃霧像一幅厚厚的白幔，從四面八方將黃帝的軍隊困住，五步之外，不見人影。黃帝豎起主帥大纛，聚攏起敗兵，親自指揮突圍。豈料層層迷霧弄得大家都暈頭轉向，不辨東西南北。蚩尤和苗民卻在霧中或隱或現、時出時沒，進退自如地左砍右劈，直殺得黃帝軍人仰馬翻，狼狽不堪。

在這危急之際，一位名叫風后的謀臣推出了一輛「指南車」，這指南車是根據北斗七星指示方向的原理製造的，車前立有一個小銅人，不管車身怎樣轉動，小銅人伸出的一隻手臂總是指向南方。黃帝大軍依靠這輛指南車在前引路，終於衝出了重重迷霧。

黃帝初戰就落了個差點全軍覆滅的結果，但他毫不氣餒，巡視各營，安撫傷眾，眾將士的鬥志重新被他點燃。第二天，士氣旺盛的黃帝軍再度集結出擊，英勇地發起了衝鋒。蚩尤忙召集手下的魑魅魍魎出陣作戰。「魑魅」是人首獸身的怪獸，「魍魎」的樣子像娃娃，長耳朵，紅眼睛，有一頭烏黑光亮的長髮，能模擬各種聲響，專門迷惑並攝取人的靈魂。

魑魅魍魎一上戰場，立即發出陣陣嗚嗚呀呀的怪叫聲，黃帝的將士聽了，如中催眠術，頭昏腦漲、神志迷失，有的舉起兵刃往自己人身上打去，有的癱倒在地，束手就擒。黃帝大驚，急忙下令收兵。回營一點，部隊已是七零八落，許多士卒兀自東倒西歪，暈頭轉向。

黃帝無奈，只好高掛免戰牌，在營中與眾大臣商討對策。大家面面相覷，都不知道怎麼對付魑魅魍魎。容成子便提議到崆峒山請教博學的廣成子。廣成子指點他們，魑魅魍魎最怕龍吟。黃帝立刻下令，讓兵士用野獸角做軍號，由風后調音。幾經調試，野獸角軍號終於能發出龍吟。這龍吟聲激越婉轉，響徹整個戰場。魑魅魍魎聽到龍吟聲，一個個嚇得渾身無力，膽戰心驚，蜷縮成一團，瑟瑟發抖，再也不能興妖作怪了。黃帝的騎兵趁機衝殺，打了開戰以來的第一個勝仗，總算掙回些面子。

黃帝勝了一陣，便想乘勝追擊，但他前次吃了蚩尤霧陣的大虧，擔心軍隊進攻時又會陷入迷霧中，於是召來神龍應龍布雨，想借雨驅霧。應龍生有一對翅膀，本領很大，善於蓄水行雨。他向黃帝獻策：「讓我來築堤蓄水，再決堤放水，足以把蚩尤營地沒為汪洋！」黃帝覺得這主意不錯，就讓「應龍高水」，即利用位處上流的條件，在河流上壘石為壩，截取靈山河水，祕密提高水位。

不料蚩尤的諜報人員工作出色，竊取到了黃帝計畫「水淹七軍」的軍事祕密。蚩尤將計就計，請來了風伯雨師，準備以水攻水。風伯雨師本是黃帝的部下，黃帝明知他們善風雨之術，行雲布雨時卻總讓應龍上陣，這讓風伯雨師感到十分屈才。為了體現自我價值，他們索性跳槽投奔了蚩尤。

當應龍蓄水過半時，風伯雨師施展法術先發制人，他們一個祭起乾坤風袋，一個祭起紫金水缽，青天白日登時轉作晦暝，狂飆颶風、滂沱驟雨從天而降，席捲蓄水大壩。大壩由於水位猛漲而瞬間決堤，洪水以排山倒海之勢，呼嘯飛崩、裂岩蕩崖，直衝黃帝大本營。烏雲密布、雷電交作、天昏地暗間，黃帝軍天地不辨，被淹得潰不成軍，大多做了水鬼。應龍也慌忙水遁而走。

蚩尤大軍殺氣騰騰，緊跟風雨之後，殺得黃帝軍敗退數十里，仍然阻不住潰勢，眼看就要全軍覆沒。在這危急關頭，突然間風停雨止，晴空萬里。蚩尤大驚，只見黃帝軍中歡聲雷動，眾將士都對著空中揮手歡呼。原來，是黃帝的小女兒「魃」下凡前來助戰。魃雖然是天女，但長得比較醜，禿頂、三眼，人見人怕。她因為醜，所以老找不到對象，久而久之積了一肚子的火氣，因此脾氣十分火爆，體內儲集了堪比太陽的熱量。她來到陣前，鼓動青衣，將體內的熱能盡數散出。頓時熱浪滾滾，暴雨涓滴全無，都被蒸發了。天空中又是烈日當頭，比以前還炎熱十倍。蚩尤又急又怒，撲上來想殺魃，但魃渾身奇熱難當，如何近得了身？黃帝抓住戰機引軍殺回，蚩尤被打了個措手不及，八十一兄弟折了九個。

女魃雖然助父親贏了一陣，但因為熱量消耗太大而無法飛上天，只好在地面上四處遊蕩。她到哪裡，哪裡就滴雨不降、赤地千里，人們痛恨她，管她叫「旱魃」。後來旱魃去了赤水以北的河西走廊一帶定居，導致西北地方沙漠化嚴重。

蚩尤雖然損失了一些人馬，但聲勢依舊浩大。隨著戰事變得曠日持久，黃帝軍隊的士氣又漸漸低落，這使得黃帝暗中大為憂慮。大臣容成子想出了一個妙法，可以鼓舞士氣。黃帝按這法子召來軍中五大神將——力牧、常先、大鴻、離婁、寧封子，命令他們到東海流波山上，去捕捉怪獸「夔」，剝牠的皮做軍鼓。

夔與世無爭地生活在流波山上，獨腳，蒼灰色的身子像牛卻沒有角，吼叫的聲音如雷霆轟鳴一般。每當牠出入海水時，必定伴隨著大雨大風，凡人別說捉牠，連近身都不可能。但黃帝手下的這五員神將也了不得，個個神功非凡，上天入海無所不能。他們來到東海邊，用兵器拍擊海浪，不一時洪波湧起，夔昂首怒吼，分水而出。

神將們立刻跳入海中，四面將夔包圍起來，夔左撇右撲拚力禦敵。一場惡鬥，直殺得驚濤拍岸、雲昏海黑。五神將武藝高強，夔雖然勇猛，但寡不敵眾，在惡戰中身受多處重創，終於力盡被俘。神將們用捆妖繩套住夔的脖子，拔出銅劍，嗖的一聲插進了夔的喉管，夔大吼一聲，鮮血染紅了半邊大海。

五神將將夔的皮剝下來，晾乾，興高采烈地凱旋。黃帝一面命風后用夔皮趕製軍鼓，一面嘉獎了五神將，又命令他們到雷澤去捕殺人頭龍身的雷獸（最早的雷神），抽出骨頭來做鼓槌。

無憂無慮、淳樸憨厚的雷獸，常在吃飽喝足後快活地拍著自己的大肚皮午睡。他每拍一下肚子，便放出一個響雷。從前華胥氏在雷澤邊踩著了巨大的足跡，有感而結孕，生下了伏羲，那個足跡就是雷獸留下的。五神將趕到雷澤時，雷獸正躺在樹下，悠然自得地拍打著肚皮。神將們互

女魃

黃帝與蚩尤大戰於涿鹿。蚩尤得風伯雨師之助，黃帝一方潰不成軍。黃帝的小女兒女魃以體內熱能將暴雨全數蒸發，幫助黃帝贏了一場。女魃因能量消耗太大，無法再飛上天，只好在地面遊蕩。她到哪裡，哪裡就滴雨不降，赤地千里。人們因此痛恨她，稱她為「旱魃」。

相遞個眼色，四散包抄了上去。等雷神發覺危險時，已措手不及，五將一齊揮刀，雷神就這樣稀里糊塗地做了刀下鬼。

神將們按照黃帝的吩咐，從雷神屍體上抽出一根最大的骨頭當鼓槌。好鼓配好槌，雷神鼓槌敲打夔皮戰鼓，一敲，震響五百里，連敲數下，能連震三千八百里。眾將士聽到鼓聲，士氣高昂，軍威大振。於是黃帝再次約戰蚩尤。

次日兩軍陣前，黃帝軍一連擂了九通神鼓，直敲得地動山搖、天地變色。蚩尤部下聽到這響徹雲霄、震耳欲聾的鼓聲，魂飛膽落，無不嚇得手顫足麻，戰戰兢兢。黃帝乘勢命六路大軍借鼓聲威力，發動猛攻。蚩尤部完全無力抵擋，被殺得人仰旗倒，屍橫遍野。

這一回蚩尤的損失相當慘重，檢點殘兵敗將，傷亡竟達半數以上，八十一兄弟只剩三十六個。軍心開始恐慌起來，但投降是絕不可能的。於是，有兄弟提議去請北方的巨人夸父族前來助戰。夸父族是大神后土的子孫，每個人的耳朵上、手臂上都纏繞著兩條黃蛇，且身材魁梧、力大無窮，個頭比NBA打籃球的還高幾倍，是名副其實的巨人。蚩尤的使者找到夸父族，向他們求援，正義感強烈、好打抱不平的夸父一口應承。

蚩尤得到夸父族的助陣，戰爭的天平再一次平衡。開戰時，黃帝軍的神將、勇士、猛獸，都只及巨人的膝蓋。在巨人眼裡，敵軍都是袖珍的玩具，隨便拎起來，一甩就是老遠。一連九日，黃帝九戰九敗，不得不連連後撤，一直退到泰山。

就在黃帝一籌莫展時，主宰戰爭最終勝負的關鍵人物「九天玄女」登場了。九天玄女人首鳥身，是西王母特意派來幫助黃帝的，她傳了黃帝一套兵法、一把利劍、一個對付夸父的方法。兵法是鬼神莫測的《陰符經兵法》，劍是以崑崙山赤銅鑄造的「昆吾劍」。黃帝轉憂為喜，以玄女兵法操練軍隊，直練到進退合宜，不可捉摸。

待陣法操練諳熟，黃帝率軍重返涿鹿，最後的決死大戰開始了。夸父族一馬當先，首先出陣挑戰。黃帝按照九天玄女授予的計策，對夸父族的首領夸父說：「夸父，你超凡的速度和神力，我軍都相當欽佩。但你的速度再快、力氣再大，也肯定追不上、抓不住一樣事物！」夸父驕傲地回答說：「天下沒有我追不上抓不住的東西！你說，那是什麼？」黃帝用手一指掛在天邊的紅日：「太陽，你永遠也追不上、抓不住！」

此時正是中午，太陽看上去似乎離地面很近，夸父一拍胸脯：「那就讓我和太陽比比腳力，看誰快！」說完，夸父抬起長腿、邁開巨步，風馳電掣般向天上的太陽追去，瞬間就是千里。山川、河流、樹木都被他甩到腦後。可是他跑啊跑，太陽似乎一直和他保持著一段距離。他使出法術，使身高增長數倍，揮著桃木杖繼續追趕太陽，可無論怎麼努力，就是追不上太陽。

燃燒的太陽有如巨大的火爐，熱辣逼人，曬得夸父口乾舌燥，焦渴萬分。他來到黃河邊，見到滔滔黃水，立即伏下身去用嘴一吸，黃河水轉眼間就被他喝乾了。他又來到渭河邊，渭河的水更不夠他一吸。兩條大河的水都被喝乾後，夸父仍感到口渴難忍。於是，他便想去縱橫千里的大海喝個痛快。

然而還沒等他跑到海邊，驕陽的炎熱就已經炙乾了他的身體，這位勇猛的巨人在半途中像大山崩塌一樣倒下了。倒下之際，夸父順手甩出了手裡的桃木杖。桃木杖被拋出有千里之遙，落地化成了一片枝葉繁茂、鮮果累累，綿延三百里的桃林，供來往的路人乘涼解渴。這就是壯美動人的「夸父追日」神話。

黃帝使計支走了夸父，夸父族的其他巨人見首領走了，也紛紛散去，只剩下蚩尤孤軍作戰。黃帝令軍隊擺開玄女陣法，將蚩尤軍團團圍住。玄女陣變化多端、陣勢嚴整，如鐵鑄銅砌，蚩尤和他剩下的兄弟左衝右突不能脫身。黃帝把昆吾劍使得似車輪般飛旋，青色劍鋒噴射出赤色光焰，削落蚩尤兄弟的鐵額銅頭；應龍展開一對金翅飛龍在天，聲如裂帛般嘶叫，在他爪子的陰影裡，堆滿了魑魅魍魎破碎的屍首；五大神將揮舞神兵，三苗之民迎刃而倒，屍積如山。經過一整日血戰，蚩尤軍盡數陣亡。

最後只剩蚩尤孤身苦戰，奮力潰圍南出。應龍見蚩尤欲逃，急忙飛上前攔截。蚩尤怒吼一聲，用盡最後一絲力氣，奮力一縱，一頭向應龍撞去。只聽得一聲脆響，應龍跌落塵埃。蚩尤精疲力竭，五神將、八驃騎撓鉤鐵索齊出，將他拖翻在地，生擒活捉。

墜地的應龍負了重傷，無力振翅。他和天女魃一樣，再也上不了天，只好悄然來到南方，蟄居在山澤裡。龍屬水性，所居之地，雲氣水分自然而然匯聚而來，所以至今南方多雨。多年後，應龍復出，助禹探水脈、開江河，也成為治水功臣之一。

華夏與九黎的涿鹿之役，雙方均付出沉重代價。黃帝自然不會寬容攪得他寢食不安的蚩尤，他下令立即處決蚩尤。殺蚩尤時怕他逃跑，還不敢把手腳上的枷銬除去。直到蚩尤身首異處，才從他無頭的屍身上摘下血染的枷銬，拋擲在大荒之中。當時正是深秋時節，枷銬化作了一片楓林，每一片楓葉的顏色都鮮紅如血，那便是蚩尤飛濺出來的斑斑血跡點染的，象徵著他永遠無法消除的悲憤。黃帝又害怕蚩尤復活，再起兵爭，就將他的身首分葬兩處：一處在東平郡，墳高七丈，平日常有紅色雲氣從墳內直沖天穹，形似一匹絳紅色的錦帛，當地人叫作「蚩尤旗」。另一處在山陽郡。蚩尤被斬首的那個地方取名叫「解」，直到如今，解縣還有鹽湖，湖裡的水是殷紅的，當地人呼之為「蚩尤血」。

一劍砍去，猶如史筆一揮，歷史便在這斑斑血跡中沉澱！黃帝擊敗了生平最強勁的對手，完全控制了中原地區，他的威望也達到了頂峰。從此，千古文明開涿鹿，各部落一致擁戴黃帝為天下共主，華夏族就此成為不斷融合九州大地眾多部落的核心力量，為中華民族的發軔、凝聚、形成，奠定了堅實的根基。

三、刑天舞干戚

戰神刑天是炎帝的近臣，他不但力大無比、神功蓋世，還頗具音樂和文學細胞，曾為炎帝作樂曲《扶犁》、詩歌《豐收》、詠頌《卜謀》等，熱情歌頌炎帝治下人民幸福的生活。

自炎帝敗於阪泉後，忠心耿耿的刑天不離不棄，一直伴隨在炎帝左右，定居於南方。炎帝年老志衰，唯有忍氣吞聲，不敢再和黃帝抗爭，但他的部下依然不服氣，始終想著奪回天下的主宰權。特別是刑天，毅然放棄了所有藝術修為，枕戈淬刃，時刻準備著復仇。蚩尤舉兵反抗黃帝時，刑天就曾想去參戰，只因炎帝的堅決阻止才沒有成行。

然而，當好哥兒們蚩尤被黃帝削平的噩耗傳來後，刑天再也按捺不住心中的憤怒了！他偷偷離開南方，揮舞著刑天盾和刑天斧（即干、戚），直奔中央天庭殺來，重重的神兵天將都擋不住他的威武凶猛。刑天一路直搗黃帝正殿，欲與黃帝爭個高低。

黃帝見刑天英勇非常，頓起愛才之心，勸道：「勇敢的刑天啊，我聽過你的樂曲和詩歌，被你描繪的美麗與和平所深深打動。你為什麼不去做一個溫和的天神，而非要當一個可怕的戰神呢？」

刑天氣鼓鼓地回答道：「所有仁愛的天帝都應該以德服人，你為什麼非要用武力殺戮那麼多不肯臣服於你的人呢？」

黃帝辯解說：「混亂的世界，唯有用強權才能撫平。為了天下的安寧與穩定，我是不得已才動用武力啊！」

「胡說！沒有人生來是願意被奴役的！黃帝，我要摧毀你布滿天地的牢籠！」刑天說著舉起了大斧。黃帝怒不可遏，揮劍與刑天大戰。兩人劍刺斧劈，從宮內殺到宮外，從天庭殺到凡間，鬥得天昏地暗，直殺到常羊山旁。刑天想：天下本是炎帝的，現在被你竊取了，我一定要奪回來。黃帝想：現在天下國安民樂，我軒轅子孫昌盛，豈容他人染指！於是都使出渾身解數，拚死力戰。三千回合後，黃帝畢竟久經沙場，藝高一籌，刑天漸漸不敵，被黃帝覷一個破綻，斬斷了頭顱。像小山一樣巨大的頭顱，從刑天脖頸上滾落下來，落在常羊山下。

斷頭的刑天憤恨地不住跺腳，他蹲下身摸索頭顱，巨大的手摸斷了突兀的山岩，摸禿了山上的樹木。黃帝知道他身為戰神，剛猛異常，神通難絕，害怕他找到頭後會復活，連忙揮劍劈向常羊山。隨著「轟隆隆」的巨響，常羊山被劈成兩半。黃帝一記飛腳，刑天的頭顱骨碌碌地被踢入了山縫中，常羊山又「嘩」一聲合上了。

可憐的刑天感覺到周圍異樣的變動，他停止摸索頭顱，知道黃帝已把他的頭顱埋葬，他將永遠身首異處。他憤怒極了，不甘心就這樣敗在黃帝手下。

幸運的是，刑天尚有一靈未滅，精魄猶存，頑強的生命力在極度憤怒的狀態下得到超常舒展，他用兩乳當雙眼，以肚臍做大口，重新站了起來，再次拾起干戚，猛劈狠砍著撲向黃帝，「黃帝，我們再戰一場！」戰神刑天吶喊著，胸前的眼睛噴出了憤怒的烈焰，圓圓的臍上發出了仇恨的咒罵，不泯

刑天

刑天是炎帝的近臣。炎帝在阪泉之戰敗於黃帝後，刑天依然手持干戚反抗，結果被黃帝砍去了頭顱。但他以雙乳當眼，肚臍做口，再次揮舞著干戚撲向黃帝。

的鬥志震得大山「嗡嗡」作響。

看著無頭刑天還在暴怒地狂舞盾斧，黃帝心裡一陣戰慄，不由自主地害怕起來。他不敢再對刑天下辣手，悄悄地溜回天庭去了。那斷頭的刑天，至今還在常羊山附近，永不屈服地揮舞著干戚呢……

四、共工怒觸不周山

水神共工，是中國最早的水域系統神祇，本姓姜，係炎帝的後裔。他人臉、蛇身、紅髮，駕黑龍，掌管著海洋、江湖、河澤、池沼等水域。他在上古神話裡愛唱反調是有名的，與驩兜、三苗、鯀並稱「四凶」，古書中談到共工氏的傳說相當多，其中最著名的當屬「怒觸不周山」和「水火大戰」。

話說炎黃之戰以炎帝的失敗而告終，多年後，中央天帝的位置傳至黃帝之孫顓頊。「五帝」之一的顓頊施行「絕地天通」的治理方略，用強權壓迫他所不滿的天神。更為無理的是，貪圖享樂的顓頊有一次因為睡過了頭，日上三竿，耀眼的太陽刺痛了他，他一怒之下，竟把太陽、月亮、星星都拴繫在北方的天空上，使它們固定住不能移動。這樣，大地上有的地方永遠明亮，刺得連眼睛都睜不開；有的地方卻永遠黑暗，伸手不見五指，搞得不但眾神憤怒，地上的人們也怨聲載道。

由於共工是炎帝的後裔，炎黃兩大家族本來就矛盾重重，炎帝一脈的人始終都不服氣，排著隊來復仇。著名的硬漢子像蚩尤、榆罔、刑天都曾揭竿而起來鬧事，在他們失敗後，共工憤慨於顓頊暴政，又起而造反。他約集心懷不滿的天神們，決心推翻顓頊的統治，奪取主宰神位。故此戰實為炎黃戰爭之繼續。反叛的諸神推選共工為盟主，組織大軍同顓頊展開連場血戰。

力氣上，共工要強；但論機智，他卻不如顓頊。酷烈的戰鬥從天上殺到凡間，顓頊的部眾越殺越多，共工部眾漸漸不支，最後輾轉廝殺到西北方的不周山下。這不周山乃是當年女媧補天斬龜腿所立的四根天柱之一，直上雲霄，何止萬丈！共工舉目望去，但見山勢奇崛突兀，頂天立地，擋住了去路。他知道，此山撐天，是帝顓頊維持統治的主要憑藉之一。身後，喊殺聲、勸降聲接連傳來，天羅地網已經布成。共工在絕望中怒吼一聲，一個獅子甩頭，朝不周山拚命撞去，只聽得天崩地裂的一聲巨響，轟隆隆，那撐天拄地的不周山竟被他攔腰撞斷。

頃刻之間，西北邊的天空因失去支撐而傾斜下來，日月星辰紛紛掙斷繫縛，迅速向著西方滑落，再也不能固定在原位，只能在白晝、黑夜每天交替出現。同時，東南面的地表也因巨大的震動而塌陷下去，形成了中國西北高、東南低的地勢，百川之水順勢向東奔流歸海。天地從此改觀！

「怒觸不周山」還有另一個版本，共工不是跟顓頊打，而是與火神祝融鬥。《史記·補三皇本紀》：「諸侯有共工氏，任智刑以強，霸而不王；以水乘木，乃與祝融戰。不勝而怒，乃頭觸不周山崩，天柱折，地維缺。」在這裡，不周山一役為「水火之爭」，是「光明與黑暗之爭」。因為水與火都是人類生活必需的東西，但人們因為祝融傳授了用火熟食的辦法，從而結束了茹毛飲血的日子，所以更崇敬火神祝融。共工大為光火，遂與祝融爆發大戰。

雖然在神話傳說中，共工都是以失敗收場，但對手的勝利只能反襯出共工的悲壯卓絕，無論如何也掩蓋不了他身上那股剛烈之氣、豪雄之力。其形象勇武之極，凜乎不可侮。

值得一提的是，世人大多念及共工作為悲劇英雄的一面，卻忽略了他的本職是水神。治水是上古要事，而共工則是治水的祖師爺，他比大禹治水要早上百年。《左傳》載：「共工氏以水紀，故為水師而水名。」這一記載不僅說明共工的氏族很古老，而且和水有著莫大的淵源。《國語．魯語》載：「共工氏之伯九有也，其子曰后土，能平水土，故祀以為社。」這位后土的正名叫句龍。后土、社神及句龍都與水有關。共工的從孫叫四岳，後來協助禹治水。這也證明了共工氏是個治水世家。《國語．周語》記載鯀治水採用的就是共工的方法，即把高地鏟平，低地培高，在平坦地面上修築堤防。這種用土堤擋水而不疏通河流的不當方法，導致洪水漫流，不遵其道，依然會氾濫成災，所以共工和鯀治水都遭到失敗。

可歎的是，歷史和神話學家講治水，向來只從鯀講起，水神共工倘若地下有知，也該來造一回反才是！

第3章

傑出青年與勞動模範

上古人文之神

智者創物，聖人製器，巧者述之。遠古時代，面對莽莽洪荒、凶禽猛獸，民生艱難困苦，各個氏族的先民無不奮力戰天鬥地，以圖改善生存條件。這期間湧現出了一批優秀的創新人才，他們以超凡的智慧，「發明創造，開物成務」，為中華民族留下了諸多寶貴的人文財富，成為上古神話時代當之無愧的傑出青年與勞動模範。

一、赤腳醫生神農氏

人食五穀雜糧，誰沒個頭疼腦熱、腹痛拉肚的時候？可上古時沒有大夫、沒有藥材，瘟疫和傷病導致許多人死亡，人們卻束手無策，唯有聽天由命。好青年神農氏眼見人們被疾病所折磨，心中非常難過。他聽老人們說，繁茂幽深的神農架資源豐富，興許藏著寶，便決心進山尋找可以治病救命的藥物。

神農架裡花木豐茂，奇卉異草滿山遍野，神農氏瞧瞧這個有感覺，看看那個夠新鮮，可就是不知道哪種花草才能治病，更無法得知哪種草木針對何種病症有效。正當他為此發愁時，只見自己的肚子慢慢地、慢慢地，竟然變得水晶般透明，從外部能清楚地看見五臟六腑。神農氏登時領悟：這是上天的安排，要自己親自品嘗試驗藥性，看看它們在肚子裡發揮的作用啊！

於是，他以身試藥，在山野中遍采各種草木的花、實、根、莖、葉，細心辨識形狀，一樣一樣地認真品嘗，並體會服食之後的感受。他準備了兩個口袋，分別掛在左右肩膀上，凡是好吃且無毒的草木，就放進左邊的袋子裡做食物；不好吃但有特殊功效的，則放在右邊的袋子裡做藥用。這些草木性質不同，味道也酸甜苦辣大相迴異。吃下去後，有的使人寒冷，有的令人燥熱；有的清涼爽口，有的溫潤滋養；有的能止痛消腫，有的使人嘔吐腹瀉，還有的甚至具有強烈的毒性，服食之後腹痛如絞、痛苦難當。神農氏曾多次吃到有毒的植物而中毒，有時候一日中毒次數竟高達七十多次，多虧一種叫作「茶」的植物幫他解了毒。

這「茶」是一片片鮮嫩芬芳的小綠葉，清香沁脾。當初神農氏吃進它時，發現綠葉如帚，在胃裡上下來迴旋動，把腸胃清洗得乾乾淨淨，整個人頓時變得清爽舒暢，精神大振。由於小綠葉在肚子裡上下翻騰，就像來回巡查一樣，神農氏就把這種味道甘醇而略苦，能夠止渴生津、提神醒腦的樹葉，取名為「查」，後來逐漸演變成了「茶」，至今神農架民間還傳唱著「茶樹本是神農栽，朵朵白花葉間開。嫩葉做茶解百毒，每家每戶都喜愛」的山歌。

就這樣，神農氏一中毒，就立即吞下幾片茶葉解毒，逐漸地把百草嘗了個遍。他左肩的口袋裡有花草四萬七千種，右肩口袋裡的藥草更是多達三十九萬八千種。他將各種草木的形狀、味道、藥性等詳細記下來，後人將溫、涼、寒、熱諸般藥物各置一處，按照君臣佐使之義，撰寫成醫書藥方，中醫一科由此方始建立。

神農氏抱著為民除病的信念，不懼風險，堅持嘗草。可是常在河邊走，哪能不濕鞋？有一天，他見到一種開著黃色小花，葉子在風中一開一合的葛藤植物，覺得有趣，就采來吃了。誰知這是劇毒的「斷腸草」，剛被吞進肚，它就將神農氏的腸子腐蝕得節節寸斷。由於毒性太猛，神農氏根本來不及食茶解毒，瞬間即倒地身亡。

當然，如果他就這麼死了，就沒咱們炎黃子孫了。神農氏捨己為人、大公無私的精神感動了西王母，西王母派青鳥銜著解毒靈藥，在森林裡找到了神農氏，將靈藥餵進他口中。神農氏竟然起死回生，活轉過來。他感激涕零，高聲向青鳥道謝，而後從嘴裡取出還未吞下去的靈藥，放在齒間慢慢嚼，只覺又香又辣又清涼，過了一會兒，肚子咕嚕咕嚕地響，泄瀉過後，身子完全康復了。他想這種草藥的功效如此神奇，要起個響亮的好名字。首先，它能夠起死回生，要有個「生」字，又因為自己姓姜，所以這祛毒靈藥就取名「生姜」吧！

天神們為了減少神農氏試藥的危險，送了一條叫「赭鞭」的神鞭給他。用赭鞭抽打各種草木，鞭子變黑，表明有毒；變紅，表明性熱；變白，則此草性涼。有了這一利器，神農氏事半功倍，終於完全掌握了天地間所有草木的藥性與功效。成功掌握了醫藥方面的初步知識後，赤腳醫生神農氏攜帶著各種草藥，跋山涉水，深入到各部落為民治

神農氏
神農氏是中國傳說中的醫藥之神。他抱著為民除病的信念，親自品嚐百草，試驗藥性，使人類健康有了初步的安全衛生保障。我國第一部系統論述藥物的著作，就稱為《神農百草經》。

病，拯救了無數在病痛中掙扎的人。中醫學與中草藥的問世，使得人類健康有了初步的衛生安全保障。我國第一部系統論述藥物的著作，就被命名為《神農本草經》，寓有尊崇懷念神農之意。

神農氏的事蹟得到了天帝的嘉許，天帝敕封他為「醫藥聖祖」。從此神農氏大名遠播，人民萬分感激他活命癒疾的大恩，一致擁戴他做了「炎帝」。

神農氏由於太專注於工作，忽視了身邊的親人。他的小女兒女娃在沒有家長監護的情況下，獨自跑到東海游泳，結果被狂風巨浪捲走，不幸溺水而死。女娃死後，精魂不散，化成一隻花腦袋、白嘴殼、紅腳爪的小鳥，這鳥在鳴叫時，音似「精衛」、「精衛」，所以被叫作「精衛鳥」。

精衛鳥恨無情的大海奪去了自己年輕的生命，因此常常飛到西山去銜小石子或是小樹枝，然後再飛到東海，把石子樹枝投入波濤洶湧的海中。日復一日，年復一年，不管是赤日炎炎還是雨雪霏霏，牠立志要把大海填平，讓大海再也不能無情地暴殄生靈。

大海奔騰著、呼嘯著，露出雪亮的牙齒，嘲笑說：「小鳥兒，算了罷，你就算幹上一百萬年，也休想填平我呢！」精衛在高空迴旋，回答大海：「哪怕是幹上一千萬年，一萬萬年，幹到宇宙的終結、世界的末日，我也要把你填平！」

一隻柔弱的小鳥，幾千年來持之以恆地為了一個目標而不懈努力，期盼以微木細石填平大海，這是何等的悲壯與堅強啊！人們讚佩精衛鳥堅忍不拔的精神，所以又稱精衛鳥為「志鳥」、「誓鳥」、「冤禽」，民間又叫牠「帝女雀」。

二、燒烤業祖師——燧人氏

中華美食源遠流長，回溯五千年，最早的風味美食，該算是腴香酥脆的中式燒烤了。燒烤文化的起源，與上古「火祖」燧人氏有著一定的聯繫。

「巢燧之前，寂寞無紀」，「巢」指華夏先民學會了造屋居住，「燧」指的是先民學會了用火。這是人類文明發展的兩個最主要的標誌。

當人類還處於蒙昧時期時，不懂得種莊稼，素菜吃的是草木的果實；至於葷菜嘛，因為不懂得用火，渴了就喝禽獸的血，餓了就將禽獸的肉連毛吞下，叫作「茹毛飲血」。

後來，先民漸漸發現，打雷閃電、火山爆發時，森林草地會產生一種發光的炙熱物體，人一靠近它就會被灼傷。所以原始人剛看到火，怕得要命，但是偶爾撿到被火燒死的野獸，拿來一嘗，味道卻挺香。於是就經常有人在打雷時守著森林，眼巴巴指望著天上掉燒雞。然而這種由雷電造成的大火屬於天然火，只能使用一次，先民想時常吃到大自然燒烤，卻沒這個口福。

這時候，燧人氏出現了。這小夥子心腸好，見大傢伙兒生吃食物個個都鬧腸胃病，但吃被天火烤熟的肉卻沒問題，就想找個法子，能夠人工取火，並且可以將火種長期保存下來。於是他就到處拜訪長者，請教取得火種的辦法。一位年邁的智者告訴他，在荒遠的大地極西處，有一個燧明國。這是個太陽和星月都照不到的國度，一年四季晝夜不分，到處都是漆黑一片。外人都以為燧明國暗無天日，其實那裡卻是燈火通明。但具體是什麼原因讓燧明國亮如白晝，就不清楚了。

燧人氏知悉此事後，認為那裡肯定有火種，就告別了智者，踏上了奔向燧明國的路途。他歷盡千辛萬苦，一路向死寂的極西之地前進，終於在黑暗中見到了燧明國發出的、並非來自太陽和月亮的光芒。他萬分激動，悄悄隱藏在光明與黑暗相接的地方，發現那裡有一株高大無朋、閃閃發光的燧木。那燧木十分粗壯，枝幹杈葉曲盤萬頃，盤根錯節。許多形似魚鷹、專食樹蟲的啄木鳥在繁茂的枝葉間，用短而堅硬的利嘴啄木食蟲。每啄一下，燧木上就有燦若寶石般耀眼的火花迸出，無數隻啄木鳥啄出無數的火花，一簇簇彙聚在一起，把全國照得一片通明。燧明國人民便借此光勞動、生活。

燧人氏明白了燧木發光的原因，觸類旁通，突然領悟到鑽木生火的原理。他立即跑到燧木下，折下兩根燧木枝條，然後用小枝條去鑽磨大枝條，費了好大勁，摩擦了很久，只聽「滋」的一聲，燧人氏眼前一亮，閃爍的火花冒了出來。

燧人氏發明了鑽木取火的辦法，欣喜若狂，馬上又千里迢迢地趕回自己的部落，把鑽木取火的方法教給了大家。他還想法子把火種長期保存了下來，不用火時用灰土蓋上，使其陰燃；到下次用火時，扒開灰土，添上草木即可引燃。這樣火就能常年不滅，時刻為人類服務了。

燧人氏人工取火之法的普及，使得中華飲食文明有了長足的進步與發展。有了火，食物再也沒有腐臭、異味和毒性了，增強了營養，人的體質也比以前強壯得多。天帝伏羲見燧人氏鑽木取火有大功於民，遂頒旨封燧人氏為「司火聖君」，燧人氏就此位列上古神尊。《韓非子．五蠹》對此有著權威的記載：「民食果蓏蚌蛤，而傷害腹胃，民多疾病。有聖人作，鑽燧取火，以化腥燥，而民悅之，使王天下，號曰燧人氏。」《禮含文嘉》亦云：「燧人始鑽木取火，炮生為熟，令人無腹疾，有異於禽獸，遂天之意，故為燧人。」

三、自助建房第一人——有巢氏

有巢氏，又稱「大巢氏」。「有巢」既不是他的名，也不是他的姓，而是他的發明與事蹟。相傳，是他在遠古時代發明了巢居，教民構木為巢，使我們的老祖先擺脫了居無定所的日子，安居樂業下來，才開創了有別於游牧民族的悠久的農耕文明。可以說，華夏文明的序曲，正是從人類有了安身之所的那一刻開始奏響的。

遠古之世，人少而禽獸多，人們在荒野穴居，不但時常受到野獸蟲蛇的侵害，還因為地面炎熱潮濕，瘴癘疫病流行，生存環境十分惡劣。有巢氏看在眼裡，急在心裡，便想發明一種既牢固又安全的建築物，既方便起居，又可防備野獸的攻擊。有一次，他看到各種鳥兒銜來沙礫、樹葉、稻草，忙著在樹上做窩。野獸想吃鳥兒，卻只能繞著樹幹轉來轉去，就是爬不上去。有巢氏靈機一動，有了！

他立刻帶領大家收集了許多粗壯的木頭、結實的山藤，然後挑選又高又大、枝丫硬實的樹，在樹枝分杈處架上木頭，用藤條纏繞捆綁扎實，然後鋪置樹枝、莖葉、松草等柔軟物，形成居住面；上端則以枝幹相交搭成棚架，再鋪蓋上茅草。最後用土和泥巴封抹好四壁、屋頂，一座理想的「樹屋」就造好了。遠遠望去，就像一隻巨大的鳥窩，在《禮記》裡，它被稱為「巢」。

雖然只是簡單的木質結構，承重力學也不一定合理，但這最原始最簡易的房屋，既能遮風避雨、祛暑避寒，又可躲避野獸和洪水。人躺在裡面，脫離了潮濕的地面，極目楚天，風輕雲淡，森林江河盡收眼底，十分愜意舒服。人們白天採摘狩獵，夜晚棲宿樹上，從此不再過那擔驚受怕的日子。開拓者的生存有了可靠的保證，開闢出新領地的機會自然就大大增加了，文明的腳步開始變得踏實而堅定。

就這樣，上古時期的百姓都住上了戶型合理、陽光充足的「經濟適用房」，他們萬分感激有巢氏的大功德，尊他為「聖人」，天帝伏羲也封他為「居神」，號「築巢聖君」。

四、養蠶能手——嫘祖

女媧造人之後，在最初的洪荒歲月裡，人們根本沒有穿衣服的概念，每日裡赤條條地奔波勞碌，為了糊口、為了房子，誰也沒工夫理會裝扮臭皮囊的問題，頂多拿片樹葉遮一遮私處。

但自打燧人氏和有巢氏讓大家有吃有住後，該穿啥、怎麼穿的問題就變得要緊起來。這人一吃飽喝足，就必然開始追求精神文明，於是服裝潮流成了熱門話題。那時候虎豹遍地走，狐狸到處竄，上古先民個個都有貂皮大衣、狐裘皮草穿，著實闊氣了一陣子。

可惜這獸皮衣中看不中穿，皮既粗糙，縫製又難以密合，穿在身上外頭光鮮，裡面穿幫。走起路還四面透風，「冬涼夏暖」，這可把先民給愁壞了。於是黃帝任命自己的元妃（也就是正妻）嫘祖為「紡織部部長」，專職研製開發新一代服飾。

嫘祖，又名累祖，是西陵（崑崙）一帶的驪旄之女。郭璞注引《世本》云：「黃帝娶於西陵氏之子，謂之累祖。」《史記・五帝本紀》也說：「黃帝娶西陵氏之女，是為嫘祖。」她走馬上任後，立即與三位部下做了明確的分工：胡巢負責做冕（帽子），伯余負責製衣，於則負責做履（鞋），而嫘祖則負責提供原料。她帶領婦女上山剝樹皮、織麻網，再混合獵獲的各種野獸皮毛，進行綜合加工，希望能製造出比單純的獸皮衣品質好的服裝。然而事與願違，混合製衣的成品比獸皮衣品質還差。嫘祖反覆試驗，仍然失敗，又急又氣之下病倒了。

病中的嫘祖沒有胃口，吃不下飯，一日比一日消瘦。她的好姊妹們焦急萬分，想了各種辦法，希望嫘祖能吃點東西。這幾個女子悄悄商量，決定上山摘些野果回來給嫘祖開胃。她們一早進山，跑遍了山頭，摘了許多果子，可是一嘗，不是澀的便是酸的，都不可口。直到天快黑了，才在一片桑樹林裡發現滿樹結著白色的小果。她們以為找到了鮮果佳品，趕忙摘滿了一大筐，但誰也沒顧得嘗一小口。

回來後，女子們嘗了嘗白色小果，沒有味道；又用牙咬了咬，怎麼也咬不爛。大家你看我，我瞧你，誰也不知道是什麼果子。於是就有人提議把這些白色小果都倒進鍋裡，加上水用火猛煮。可是煮了好長時間，撈出來用嘴一咬，還是咬不爛。正當大家不知如何是好時，嫘祖支撐著病體走到大家跟前，她隨手拿起一根木棍，放進鍋裡攪動，攪了一陣子，把木棒一拉，木棒上纏著很多像頭髮絲一般細的白線。這是怎麼回事？嫘祖繼續攪，邊攪邊纏，沒一會兒工夫，煮在鍋裡的白色小果全部變成了雪白的細絲線，看上去晶瑩奪目，柔軟異常。嫘祖把纏在棒上的白線細細端詳，又詢問眾女子白色小果是從什麼山上、什麼樹上摘的。她得到答覆後，高興地對周圍女子說：「這不是果子，不能吃，但卻有大用處。你們找到的這些細絲不但能治好我的病，還為部落立下一大功哩。」

嫘祖親自帶領婦女們上山，在桑樹林裡觀察了好幾天，終於弄清這種白色小果，是一種蟲子口吐細絲繞織而成的。她把此事報告給黃帝，並要求黃帝下令保護山上所有的桑樹林。黃帝答應了。

從此，在嫘祖的指導下，人們開始了栽桑育蠶的歷史。蠶結繭後放在水中浸泡，可以抽絲，織絲為綢，縫綢做衣，綢衣穿在身上柔軟透氣、體貼溫和。織麻為衣，始有遮羞，人類結束了「衣禽羽獸皮」的原始衣著時代，體面地進入了錦衣繡服的文明社會。

嫘祖

嫘祖是黃帝的妻子，她帶領婦女們在桑樹林發現了口吐細絲作繭的蠶。在她的指導下，中國人開始了栽桑養蠶的歷史，結束了「衣禽羽獸皮」的原始衣著時代。後人為了感激嫘祖，尊奉她為「先織娘娘」。

嫘祖育桑養蠶、抽絲織帛、繅絲織綢的技藝，解決了人們的穿衣問題，為促進人類社會的文明進步做出了傑出的貢獻，黃帝對此十分欽佩，賜封她「先蠶神」、「織帛神」雙神位。後人為感激嫘祖，也尊奉她為「先織娘娘」。每到植桑養蠶時節，人們紛紛設壇祭祀嫘祖，以求桑壯蠶肥，織麗繡美。

另外順便一提，黃帝的其他三個妻子也都很有本事，次妃方雷氏發明了梳子，彤魚氏發明了筷子，嫫母發明了織機和盤線的木拐子。

五、華夏首位知識份子——倉頡

倉頡，本姓侯岡，號史皇氏，相傳是黃帝的史官。作為中國最早的知識份子，他的來歷可不一般。「實有睿德，生而能書」，特別是他的相貌，「虎頭燕頷，日月角起，伏犀貫頂，大耳垂肩」，更奇的是他的眼睛，《論衡．骨頭相》、《歷代神仙通鑑》中都說他「雙瞳四目猶似電閃」，也就是四隻眼睛金光四射，這就使他具備了遠超常人的洞察力，可以看得更多、更遠、更清。

上古時沒有文字，人們只能結繩記事，支離破碎的記載既麻煩，又無法記錄稍微複雜點的事。作為黃帝的「御用筆桿子」，倉頡經常為無法充分表達思想而苦惱。

於是，倉頡來到洧水河南岸的一個高臺上專心致志地造起字來。可他苦思冥想，想了很久也想不出該用什麼形式的符號來表達各種事物。一天，當倉頡正皺眉思索之際，天邊突然飛來一隻怪鳥，怪鳥落在河灘上，啄食河邊的一隻大龜。大龜奮力掙扎反抗，濕潤的河灘上留下了清晰的龜紋鳥跡。倉頡心中猛地一震，大受啟發，心想，這鳥跡縱橫、龜紋交錯，說明萬事萬物都有自己的特徵，如能抓住事物的特徵，畫出圖像，大家都能認識，這不就是字嗎？

從此，倉頡便處處留意觀察萬物造化的特徵。他仰觀日月星辰，俯察江湖山川，鳥獸蟲魚、草木器具、人情事理無不詳察備至，終於依照天下萬物各自的形態，依類繪形、描摹比擬，造出許多象形字來，並定下了每個字所代表的含義。

譬如「日」字，是照著太陽紅圓的模樣繪的；「月」字，是仿照著月牙兒的形態描的；「人」字，是端詳著人的側影畫的；「爪」字，是觀察著鳥獸的爪印摹的。這些是獨體字。而把兩個字合起來，形成另一個有意義的字，就叫作「會意」字：比如一棵樹是「木」，比較多的樹是「林」，更多樹木就是「森」；人在樹旁邊歇息，就是「休」字；把女人留在家裡

倉頡
上古時代沒有文字，人們只能結繩記事。相傳倉頡是黃帝的史官，他觀察萬物造化的特徵，終於依照天下萬物各自的形態發明了文字。文字的發明是一個民族文化成熟定型的重要標誌，倉頡因此成為中華文化的奠基人。

最安心，生活也安寧，就有了「安」字；「明」，由「日」、「月」組合而成，借日月之光，來表示「明亮」的意思，等等。後來文字不夠用了，又在象形文字的基礎上加上形或聲的符號，成為「形聲」字，如把魚字和里字合起來就是「鯉」；另外還有「轉注」字，是把形聲意義相近的字，互相轉用，像「依」和「倚」。

一法通，萬法通。倉頡掌握了造字的訣竅及要領後，舉一反三，越來越有靈感，發明的字也越來越多，日積月累，終於形成了以六大原理為基礎的中國文字，稱為「六書」，即象形、指事、會意、形聲、轉注、假借。從這時起，中華民族就有了最早的文字。

倉頡創字成功的那天，白日竟然下粟如雨，晚上則鬼哭魔號。為什麼下粟如雨呢？因為文字造成，「從此領理萬事、傳心達意，愚者得以不忘，智者得以志遠」，天地眾神為此感動，所以「天雨粟」，表示祝賀，這就是人間穀雨節的由來。但也因為有了文字，民智頓開，民德日離，欺偽狡詐由此而生；而且人類變得聰明了，不再受鬼神的控制，萬物不再有祕密，天下從此永無太平，連鬼也不得安寧，所以鬼要哭了。

文字的發明是一個民族文化成熟定型的重要標誌。倉頡的奇思馳騁、妙想天開，換來了中華浩浩文明的開元，他也成為中華文化的奠基人。黃帝為了表彰他崇高而偉大的神聖功績，特賜姓「倉」給他。「倉」字表示君上只有一人，倉頡的功績已在萬人之上，可以與黃帝齊名了。但倉頡不願接受如此尊貴的封號，就在「倉」上加了個草字頭，變成「蒼」，表示自己只是一介草民，因此「倉頡」又稱「蒼頡」。他以遺澤萬世之大功，被後世尊為「字聖」、「文神」。

第4章

五帝時代

繼三皇之後，五帝治世，上古神話由此轉入信史與傳說相結合時期。五帝者，少昊、顓頊、帝嚳、堯、舜，他們上下承襲，一脈相繼，定禮樂、正綱常、明法度，恩澤四海，德被遐方，將華夏原始文明盛世推向最高峰。

五帝時代，也是遠古社會處於紛擾爭鬥不息的大轉型期，社會矛盾不斷積累、衝撞，並以神話的形式大量反映出來，從而湧現出一批中華民族最初的，也是記憶最為深刻的神話英雄。伴著上古罡風的吹拂，他們氣吞山河，頂天立地，昂首闊步於神話的大舞臺上，演繹出一幕幕壯烈哀婉的史詩活劇。

一、五帝事典

1. 鳥的王國與少昊

西方天帝少昊，姓嬴，名摯，又稱「朱帝」、「西皇」。一說他是黃帝之子，《史記》載：「黃帝居軒轅之丘，而娶於西陵之女，是為嫘祖。嫘祖為黃帝正妃，生二子，其後皆有天下：其一曰玄囂。」玄囂即少昊。

另一個傳說則要浪漫得多，說少昊是太白金星與神女皇娥愛情的結晶。皇娥是天上的神女，在美玉砌成的宮殿裡用五色彩絲織布，常常忙到深夜也不知疲倦，她織出來的錦緞，就是空中那流光溢彩的雲霞。疲倦時，皇娥便輕搖桴木，在浩瀚的銀河中徜徉休閒。一日，皇娥駕船順著銀河溯流而上，駛往西海邊的穹桑。穹桑是一棵八百丈高的大桑樹，樹葉火紅，一萬年才結一次果，結出的桑葚色澤鮮紫、香氣清遠，又大又甜，吃了可與天地同壽。

銀河畔、穹桑下，皇娥邂逅了一名容貌俊美、氣韻超凡的少年。這少年是黃帝的同胞兄弟白帝的兒子金星，也就是東方天穹閃閃發光的啟明星。兩人一見鍾情，訂下了終身之約。

不久，一顆粲然奪目的大星從空中滑落在穹桑之野，皇娥便懷了孕，生下了少昊。因為少昊是金星的兒子，所以號「金天氏」；又由於父母是在穹桑下相識，因此別稱「穹桑氏」。

少昊誕生之時，天空有紅、黃、青、白、玄五隻顏色各異的鳳凰，飛下來環繞在他身邊鳴叫，由此他又被稱為「鳳鳥氏」，並取名「摯」（古時「摯」與「鷙」相通，鷙是一種凶猛的大鳥）。

少昊具有神奇的稟賦和超凡的本領。他長大後，以鳥為圖騰，在東海之濱建立了一個國家，並且設置了一套奇異的制度——以百鳥飛禽為文武臣僚，具體的分工則根據不同鳥類的特點來安排：

鳳凰屬吉鳥，通天時、曉福瑞，負責總管百鳥，頒布曆法，名「玄鳥氏」。鳳凰之下置治民五官，分別是：魚鷹剽悍凶猛，任司馬，主管軍事兵權，名「睢鳩氏」；鵓鴣孝敬父母，任司徒，主管教育教化，名「祝鳩氏」；布穀鳥調配公平合理，任司空，主管水利及營建工程，名「鳲鳩氏」；蒼鷹威嚴公正，任司寇，主掌法律刑獄，名「爽鳩氏」；斑鳩熱心周到，任司事，主管修繕器物，名「鶻鳩氏」。以上合稱「五鳩」。鳩，聚也。

此外，他還任用「五雉鳥」分別掌管金、木、陶、皮、染等手工業；用「九扈鳥」分管農業上的耕種、收穫等事項；讓燕子掌管春天、伯勞掌管夏天、鸚雀掌管秋天、錦雞掌管冬天。當真是鳥盡其才，各司其職，把鳥的王國治理得井然有序，令「民無淫，天下大治，諸福之物畢至」，人們無不佩服少昊的智慧和德政。

鳥的王國是國家初立的特徵，人類社會由此逐漸從鬆散的氏族部落，向組織嚴密的國家形式過渡。

天帝見鳥的王國一派大治氣象，遂封少昊為「西方金德之帝」，請他西遷，協助治理大地西極。少昊告別百鳥，留下人面鳥身的大兒子春神句芒做「東方木德之帝」伏羲的屬神，自己帶著人臉虎爪、遍體白毛、身乘雙龍的小兒子秋神蓐收來到西方坐鎮。他在位八十四年，壽百歲駕崩。因為他在位期間推行太昊之法，所以被追稱為「少昊」。

2.天梯與顓頊

在只有想像可以達到的上古時代，人和神之間的距離還不像今天這麼遙遠。那時候，有一座天梯作為天界與人間的通道而存在，只要有耐心和足夠好的運氣，凡人也可以一步登天。

古籍中明確記載天梯是一棵名叫「建木」的聖樹，它生長在黑水都廣（今成都），有百仞之高，紫褐色的樹幹直插九霄。一年四季樹上都生長著可口的果實，各種祥瑞的飛禽走獸皆聚集樹畔。建木的樹枝柔軟、樹皮綿綿，如纓帶，又似黃蛇，無法扯斷。樹頂枝葉茂盛，張開來好似一個大傘蓋。中午時，太陽照在它的頂上，竟然連一點影子都找不著；站在樹底下大喝一聲，聲音馬上消失在虛空中，無聲無息。

建木作為天地的中心，既是眾神援之上天的途徑，也是巫師上達民情、下宣神旨的連接所在，漢字「巫」就表示著巫師上下登臨的情景。本來凡人與神都可以藉由天梯自由地往返於人間天上，但自從顓頊即位天帝後，強行撤掉天梯，天界人間由此斷了聯繫。

顓頊，姓姬，號高陽氏，是黃帝之孫。其母女樞因為見到「瑤光之星」穿過月亮，有感而生顓頊於若水。他十歲佐少昊，二十登帝位，在高陽受封，建都於帝丘。在位七十八年，壽九十八歲，死後化為半人半魚的「魚婦」。

顓頊統治的地盤比黃帝和少昊都要大，據《淮南子．時則訓》載：「北方之極，顓頊、玄冥之所司者萬二千里。」又據《史記．五帝本紀》載：「北至於幽陵，南至於交阯，西至於流沙，東至於蟠木，動靜之物，大小之神，日月所照，莫不砥屬。」領土既廣，事務白繁，顓頊奉行積極的干預政策，做了許多他的先人想做而未敢做之事，得到了正反兩面完全相悖的評價。

稱讚他的人，認為他澤被宇內，功德蓋世，是位沉靜、博識、有謀略的天帝，能根據不同的地域條件教民耕種，發展生產；又能觀天象，創曆法（顓頊曆），按日月運行而定四時，並制定出各種禮儀制度來教化人民，按時祭祀祖先和天地鬼神；特別是他降伏黃水怪的傳說，更是有大功於民。

黃水怪是出沒於中原水域的一大害，經常口吐黃水淹沒農田、沖毀房屋。顓頊初即「北方水德之帝」位，就決心降伏牠。但黃水怪法術精深，與顓頊鬥了八十一天依然不分勝敗。顓頊便上天求女媧神幫忙。女媧偷來天王寶劍交付顓頊，並教他使用之法。顓頊以天王寶劍斬了黃水怪，而後將天王劍變成一座大山，取名付禺山；又用劍在山旁劃一道河，取名硝河。他讓人民都過上了好日子，受益的民眾尊稱顓頊為「高王爺」。

此外，顓頊還將祖父黃帝的軍事征服成功地轉換為政治控制，並設立中央行政機關，強化對地方的管理；他禁絕巫教，強令各蠻族順從華夏族的教化，促進了族與族之間的融合。這都是有功的。

可是，顓頊也利用手中巨大的權勢，幹了不少不得人心的事，這給他帶來了諸多負面的批評，「撤天梯，絕地天通」，就是一件影響極其惡劣的「謬政」。

顓頊剛登上天帝寶座時，天地雖也分開，但距離較近，神、人、鬼、怪、魔互相混雜，人間的智者、巫師、勇士，甚至鬼怪，都可以藉由天梯建木直達天庭。凡人有了冤苦之事，可以直接到天上去向天帝申訴，神亦可以隨意至凡間遊山玩水，人與神的界限並不明晰。顓頊對此顧慮重重，他考慮到人、神雜糅混居弊多利少，不但刑天之類的造反者可以直接殺上天庭，而且九黎、共工、三苗等部落尚未完全平定，有捷徑讓他們直搗腹心，豈不是嚴重威脅到天界的安定和諧？於是顓頊一不做二不休，索性派大力神「重」和「黎」去把天梯撤掉，把天地間的通路隔斷，如此方可高枕無憂。

大力神重和黎接旨，運足了氣力，一個在建木之上用力拉，一個抱住建木根部使勁拔，足足用了七天時間，終於將建木連根拔起。天更往上升，地更向下沉，本來相隔不遠的天地變成了現在這樣遙不可及，自此天和地的交通被徹底斷絕，天上的神還能騰雲駕霧私下凡間，地上的人卻再也無法登上天庭，人神間的距離，一下子被拉得很遠很遠。神高高在上，享受著人類的祭奉，而人有了病苦和災難，卻上天無路、投告無門。而且天梯既去，凡人平步青雲的途徑完全封死，要想成神成仙，就唯有藉由長時間的艱苦修煉了。

不過顓頊這番居心舉動，竟也無意中成全了一個痴人。北方太行、王屋兩山高有萬仞，也能直通天庭，但它們阻礙了北山居民進出的道路，愚公下決心要挖開大山，造福後世子孫。這份理想與決心雖然超凡，但畢竟人力有窮，愚公本打算「子子孫孫無窮盡」地挖下去，哪知顓頊正好要撤天梯，重與黎也順便搬走了太行、王屋山，北山的百姓因為交通的便利，生活品質明顯提高，這不能不歸功於壞心做好事的顓頊。

此後，顓頊任命重為南正，專管天地鬼神之事；命黎為火正，專管人間之事。兩位大力神密切監視著天地間的動靜，任何企圖重新恢復天梯的舉動都遭到他們的阻止，天梯遂不復見於人世。黎有一個兒子叫「噎鳴」，他協助父親管理日月星辰的運行順序，並按顓頊曆將一年分為三百六十天，以免錯亂。後來噎鳴就成了上古神話中的時間之神。

「撤天梯」的神話，實質上是專制制度強化的體現，反映了人類社會階級初分的情況，遠古時期人與人互相平等的大同社會從此一去不復返。

天地通道既絕，顓頊就開始胡作非為了，特別是他的幾個壞兒子，更是把天上人間攪鬧得一塌糊塗。他的四個兒子中，前三個都是出生不久即告夭折，第一個死後潛伏江水中，變成了「虐鬼」，散布瘟疫疾病，害得人發寒熱、抽搐；第二個變成貌似童子的魍魎隱匿在若水，在夜間施展迷惑人的鬼蜮伎倆，引誘行人失足墜河；第三個變為小兒鬼躲藏在人家的屋角，暗中驚嚇小孩，使之痙攣、哭號。

因為前三個孩子都夭折了，所以顓頊對第四個孩子倍加呵護，哪知這孩子雖投胎在帝王家，卻生來愛穿破衣爛衫，愛吃稀粥剩飯，搞得骨瘦如柴、形貌猥瑣，正月三十日死於陋巷，成了窮鬼。他進誰家的門，誰家就會很快衰敗，一窮到死。凡人最怕窮鬼上門，千方百計要送走他。送窮鬼的日子就在農曆正月廿九，常見的方式是打掃屋子院落，把掃出來的垃圾當作窮鬼，或投之流水，或傾倒街頭，有的還在垃圾堆上插上香，放三個花炮，俗稱「崩窮鬼」。唐朝文人韓愈更是窮怕了，曾作《送窮文》以送窮鬼。

不知是報應還是天懲，顓頊後來又有一子一女，也都是惡神，為人神所厭惡。兒子是怪獸檮杌，長著人的面孔、老虎的身軀、野豬的嘴巴獠牙，披著三尺多長的狗毛，凶頑無比、醜陋無比，在西方的荒野裡橫行霸道，隨意食人。還有一個女兒，叫作「鬼車鳥」，原本有十個頭，後來被狗咬去一個，便被人稱作「九頭鳥」。九頭鳥被咬掉的那個頭顱經常流血，血滴落在哪裡，哪裡就會發生凶事。她性情陰險，身上滿是晦暝之氣，人若撞上，頓時魂魄無歸。所以只要鬼車鳥一出現，天下百姓都「斥犬滅燈，以速其過」。

顓頊這些不成器的子女，再加上人身龍頭的計蒙神、雙頭長著蜂巢的驕蟲神，他們為禍人間，攪得天地上下怨聲載道。顓頊對一切的不滿情緒都採取高壓態度，甚至還荒唐到將太陽、月亮和星星都牢牢拴在天穹的北邊，固定在北方上空。終於導致人神共憤，水神共工集合各路大神，起兵討伐顓頊，遂引發怒觸不周山這一重大事件。

顓頊的佐神是海神禺強，也是黃帝的孫子。他富有同情心和正義感，一定程度上彌補了顓頊治國的缺陷。

顓頊雖然在政治上名聲不佳，但作為音樂家，卻是公認的造詣非凡。他在十歲時就協助少昊料理朝政，幹得很出色，深得叔父賞識。少昊見他常常累得嫩臉上掛著汗珠，於心不忍，就將祖傳的琴瑟搬出來，手把手地教他譜曲調弦，以資提神娛腦。顓頊聰穎伶俐，很快就諳熟音律，成為撫琴高手。他精湛的琴藝，贏得了百鳥的齊聲喝彩，漸漸地超過了叔父少昊。

檮杌

檮杌是黃帝之孫顓頊的兒子，他長著人的面孔、老虎的身軀、野豬的獠牙，身披三尺多長的狗毛，凶頑無比，在西方的荒野橫行霸道，隨意食人，是有名的凶神。

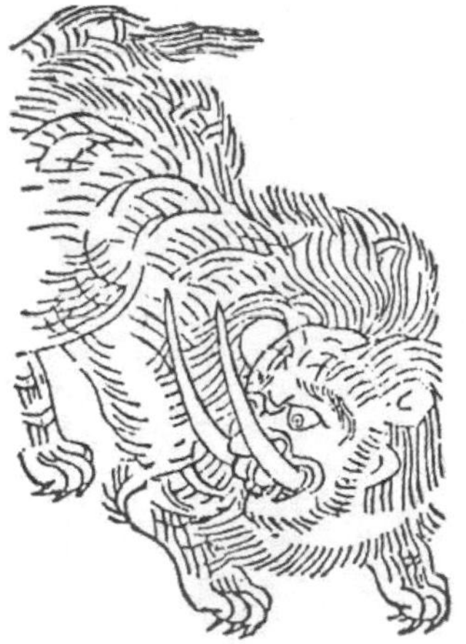

幾年後，顓頊長大成人，回到了自己在北方的封邑。顓頊一離開，少昊心裡便空蕩蕩的，別提有多寂寞了。每當看到琴瑟，只覺得睹物傷情，徒添思念煩惱。既然物在人已去，離愁難消，少昊索性將琴瑟扔進了東海的深溝裡。從此，每當更深夜靜、月朗星稀之時，湛藍無波的海面上便會飄蕩出陣陣宛轉悠揚、淒淒切切的琴聲，那正是少昊的琴瑟在鳴唱呢！

顓頊當上天帝後，愛樂之習未改，且修為日益精深。處理政務之餘，他總是到各處去尋找靈感，在百鳥中棲息，在流水旁徜徉，在星辰下沉思，在花影下吟誦，無數動聽悅耳的聲音被他綜合起來，製成了一首首清淙空靈的樂曲。有一次，他聽到八方來風掠過大地發出蕭蕭鏘鏘的聲音，感覺別有一番情趣韻味，便讓八條飛龍仿效風聲而長吟，又令無數飛鳥組合成眾多的聲部，譜出了上古時代最具代表性的「大型交響樂」——《承雲之歌》。他把《承雲之歌》獻給黃帝，黃帝大悅，就讓音樂奇才豬婆龍協助顓頊治理百樂。

豬婆龍身體很長，背上披有堅厚的鱗甲，短嘴四足，狀如鱷魚。牠雖然樂感很好，卻懶得很，成天躺在池沼底部的洞穴裡睡覺。這回受了主宰神的委派，怎敢怠慢，只得乖乖地翻轉笨重的身軀仰臥著，揮動粗大的尾巴敲打滾圓潔白的肚皮，「嘭嘭咚咚」，聲音嘹亮清揚。牠和顓頊密切合作，使天界人間都擁有了許多美妙的仙樂。

可歎的是，音樂的流行卻使豬婆龍一族慘遭滅頂之災。世人為求神曲，紛紛捕捉豬婆龍的後代，用牠們的皮來蒙鼓，這種鼓很貴重，叫「鼉鼓」，最終導致了豬婆龍的絕種。

3. 鳥首猴身的帝嚳

帝嚳，姓姬，名俊，黃帝曾孫，自幼即聰明絕頂，極有才幹，十五歲就輔佐顓頊帝治理天下，因功受封於「辛」。那時「辛」這個地方常鬧水災，洪水來了，老百姓唯有遷來徙去，長期無法定居。帝嚳上任後，帶領大家壘土奠基，把「辛」的地勢抬高到水面以上，這樣就再也不怕水災侵襲了。「辛」便被人們稱為「高辛」，帝嚳也隨之被稱為「高辛氏」。高辛氏三十歲時代顓頊為帝，建都於亳，又稱「帝俊」。

相傳帝嚳鳥首猴身，頭上有兩隻角，只有一條腿，常常拄著拐棍蹣跚行走。雖然模樣不怎麼英武，但他卻有大功於民。《史記．五帝本紀》載：「高辛生而神靈，自言其名。普施利物，不於其身。聰以知遠，明以察微。順天之義，知民之急。仁而威，惠而信，修身而天下服……日月所照，風雨所至，莫不從服。」可見他是一位好帝王，在位七十年，天下大治，人民安居樂業，堪稱上古太平盛世。

不但文治了得，帝嚳在武功方面也取得極大成績。他初即位時，有驩兜、三苗、鯀相、共工等四凶相伴作亂，共工為四凶之首。共工氏雖曾敗給顓頊，但依然保有一定的實力，帝嚳即位後，他時不時地發起游擊戰，不斷騷擾地方。帝嚳先是命令火正黎帶兵攻打共工，黎不敵，大敗而歸。帝嚳處死了黎，讓黎的弟弟吳回繼任火正，再次領兵出征。吳回在黃河邊與共工血戰三百日，終於擒殺共工，徹底平定了四凶之亂。各蠻荒部落也相繼賓服歸順，普世太平。後來又有房王在雲夢大澤作亂，龍狗盤瓠智取房王，帝嚳就把女兒許配給了盤瓠。帝嚳以其卓越的功勳贏得了崇高的威望，被人們讚頌為「總天地六合之英華」的偉帝。

帝嚳也知人善任。羿的箭術天下無雙，帝嚳就提拔他擔任射官，賜予彤弓和蒿矢。羿也不負帝嚳深望，當白難族反叛時，他三箭平叛，威震兩酋。咸黑、柞卜長於音樂和製作樂器，帝嚳就命他們為樂官，創作出《九招》、《六列》、《六英》之樂，還發明了鼙鼓、鐘、磬、竽、管、塤等新樂器。

帝嚳有四妻，分別生四子：姜嫄生農神后稷，為周族祖先；簡狄生契，為商族祖先；常儀生摯；慶都生堯。其中以契的誕生最有意思：某天簡狄和兩個妹妹去溫泉洗澡，看見玄鳥（燕子）從天空墮下一個蛋來，簡狄爭著將這個蛋吞吃了，後來就懷孕生下契。這就是著名的「天命玄鳥，降而生商」的神話。作為天帝的帝嚳，還與太陽女神羲和生下十個兒子，與月亮女神常羲生下十二個女兒。

此外，帝嚳還有兩個在星界非常出名的兒子，一個叫閼伯，一個叫實沈。這兩個兒子資質相近，年齡相仿，因此互不相讓，一碰面就要爭個高低，時常大打出手。帝嚳無奈，遂將他們天各一方分隔開：派閼伯往商丘主管東方的商星，派實沈去大夏主管西方的參星。「參」和「商」從此只能在天空中遙遙相對，一個升起，另一個就會落下，此起彼落，永不相見。杜甫詩句「人生不相見，動如參與商」即取自該典故。

帝嚳壽至一百零五歲，駕崩後，他兒子中最聰明的帝摯即位，九年後帝摯再傳給其弟放勳，放勳就是帝堯。堯登位九十年後，傳位於重華，是為帝舜。堯賢舜仁，二帝事蹟已頗近世俗帝王，然本身卻無神話傳世。

二、女媧補天

顓頊統治天下時，水神共工發動了一場起義，起義失敗後，共工憤恨地朝著象徵顓頊統治的不周山撞去。哪知這一撞好比彗星撞地球，把撐天的不周山撞得崩裂斷折，登時塌掉了半邊天，天上出現了好多個可怕的大窟窿。

天破了這麼多個大洞，那還了得？外太空強烈的紫外線輻射，令大地脈氣失常，不斷有隕石和天火從天洞中落下，森林燃燒著炎炎烈火，地底噴湧出滔滔洪水，地面也陷成了一道道大坑，惡禽猛獸趁機出來吞食人民，天空不能包容大地，大地無法承載萬物。史無前例的大災難將整個人間變得如同一座煉獄，人民哀號殘喘於水深火熱之中。

絕望的人們對著蒼天高聲呼喊著：「母親啊，請你看一看我們難以忍受的痛苦吧！請你救一救我們吧！」聽到孩子們的哀求，在雲中看到人間慘禍的女媧，決心竭盡全力，將人類從破天之災中拯救出來。她要補天！

然而補天可不像補衣衫那麼簡單，天的材質既柔軟又堅硬，極其特殊，需要許多極難收集到的五色石，還需要尋覓一個集天地靈氣精華的聖地，將這些石頭熔煉凝固，方能補天。

五色石晶瑩璀璨，分散在人間各地。女媧遍歷乾坤，終於從江河山川中收集來數十萬塊五色玉石。之後她又選擇了山高頂闊、水足雲多的天臺山作為煉石聖地，開始鑄鼎熔煉補天石。

女媧在天臺山上煉了九九八十一天，煉出了三萬六千五百塊厚十二丈、寬二十四丈的五彩巨石。她舉著五彩巨石，忍受著天空的灼熱，一塊一塊地將彩石填入天上殘缺的窟窿裡，細心地逐一補好。五彩石將天空牢牢地黏在一起，舉頭望去，補後的天空青碧一色，一道道彩虹、彩霞飛天橫跨，五彩斑斕，絢麗極了。天空彷彿從未破損過。

受傷的天空雖然補好了，但支撐天空的四天柱之一不周山卻無法復原，而且其他三根天柱也是年久失修，隨時都有傾塌的可能。當時有一隻大烏龜，經常背著大山，遊戲四海，導致海嘯地震頻頻。女媧索性拿牠開刀，既消除了地震，又可斷其四足以立四極，真是一舉兩得。

大龜的四隻腳被女媧斬了下來，當作四根柱子豎在大地四極，把天空支撐起來，這樣天空再也不會有塌下來的危險了。心地善良的女媧見大龜沒了腳，心裡過意不去，就將自己的衣服脫下來送給大龜，從此龜游水不用腳而改用鰭。

緊接著，女媧又擒殺了興風作浪殘害人民的黑龍，趕走各種惡禽猛獸，用蘆葦燒成灰做堤壩，阻擋了向四處氾濫的洪流，填塞了大地的裂隙。終於，洪水歸道，烈火熄滅，天地正位，一場彌天大禍得以平息，人類得到拯救，天地間重又恢復了寧靜與欣欣向榮。以後天空中時常會出現彩虹雲霞，那就是女媧補天神石的熠熠彩光。

三、后羿射日

帝嚳與太陽女神羲和一共生了十個孩子，這十個小男孩全都渾身通紅、金光閃閃，模樣就像長著三隻腳的大烏鴉，圓頭圓腦的，挺招人喜歡。小時候，十兄弟總喜歡跟著媽媽去大海最東邊的「湯谷」洗澡。洗完澡後，他們按年齡大小像小鳥那樣棲息在一棵高大的扶桑樹上。扶桑樹高八千丈，樹幹有一千多圍。在樹的最頂端，有一隻玉雞在值班。每當黎明將至時，玉雞就伸長脖子，扇動翅膀，「喔喔喔」地叫起來。隨著牠的第一聲啼叫，天下的雄雞也跟著報曉，此時天就亮了。

天濛濛亮時，扶桑樹上的一個小太陽就從樹枝上跳下來，跟媽媽一起乘坐由六條火龍拉著的龍車穿越天空，從東海到西方的崑崙巡遊一圈，等黃昏時再回來。當最後幾縷霞光抹到扶桑時，白天才算結束。就這樣每日一換，兄弟們輪流為大地送去光明、溫暖與歡樂。人間有了陽光的沐浴，處處鳥語花香、風調雨順，人民生活幸福甜蜜，整個世界都是美麗的彩色。

可惜富貴出敗兒，慈母出逆子，這嬌生慣養的太陽十兄弟逐漸長大後，開始對父母之命陽奉陰違，特別是進入青春叛逆期後，越來越覺得母親的叮嚀實在是囉唆，十兄弟都是成年人了，完全可以自由自主了。更何況按部就班的生活太過於單調乏味，於是他們就想叛逆一回，誰也不去理會母親的管制，一齊飛離扶桑樹，一人一輛龍車，在廣闊無垠的天空中任意嬉戲飆車。

兒大不由爺，再加上帝嚳與羲和十分溺愛他們，十兄弟就愈發變本加厲起來。他們白天無拘無束地瘋玩還不夠，還夜不歸宿，十個太陽一天十二個時辰一刻不停地在天上火辣辣地烤著大地。地面被熾熱滾燙的十個大火團烤得如同超級大火爐，到處是沸騰的湖泊、冒著濃煙的森林和充滿烈焰的天空，土地龜裂、樹木焦黑、禾苗枯萎、河流乾涸，甚至銅鐵沙石也曬得快要熔化。許多黎民百姓被高溫活活熱死、燒死。猰貐、鑿齒、九嬰、大風、封豨、修蛇，這六大怪獸也趁機出來危害人間，逞著牠們貪婪暴虐的本性，到處吞食人民。繼天破之後，人類再次面臨滅絕的危險。老百姓都在詛咒：「毒日頭啊，你什麼時候才能熄滅呢？我們願意與你同歸於盡！」

每當人類面臨重大危機時，根據東西方神話共同的定律，總會有一個英雄

三足金烏

帝嚳與太陽女神羲和生了十個男孩。這十個男孩渾身金光閃閃，模樣就像是長著三隻腳的大烏鴉，平日裡他們便像烏鴉一般，棲息在東方一棵高大的扶桑樹上。後來，十個太陽胡作非為，一起出現在天空，使得民不聊生。神射手后羿射下了九個太陽，僅剩的一個太陽從此悔過自新，以其光輝溫暖著人間。

出來拯救世界。天帝帝嚳縱子逞惡，地面上的堯帝看不下去了，他緊急召開大會，共同協商解決「十日並出」事件。會議上，神箭手后羿挺身而出，他拍著胸脯保證，只要有射日箭和落日弓，自己就能夠解決那十個混球。

於是堯帝動員能工巧匠，以弱水的建木為弓幹，以東海囚牛角為弓角，以吳西雷澤中的鼉龍筋為弓弦，合攏諸材，再以泰澤的龍龜製成龜膠，同北極冰蠶的天蠶絲和虢山漆膠合、絲纏、上漆，合成了強弓的雛形。而後再將弓置於崑崙之巔，吸取日精月華、天地靈氣，七七四十九天後，天驚地動，晴空霹靂，崑崙山被硬生生劈短了八百丈，電光石火中，一張「落日神弓」終於鏗然躍出。

緊接著，堯帝手下的八十一神將又用女媧補天遺留下來的玄石，煉製出一百零八支「玄石射日箭」！八十一神將因為耗盡精力，嘔血而亡。他們的鮮血噴灑在射日箭上，令射日箭也有了靈氣，上可誅神，下可殺魔，威力絕世無匹。

有了神弓利箭，后羿策馬揚鞭，翻過九十九座高山，邁過九十九條大河，穿過九十九個峽谷，來到了東海邊。他拉開萬石強弓，搭上千斤神箭，瞄準天上放肆的十個太陽，警告道：「爾等任性胡來，不依天道，不循天理，致萬民倒懸，罪大惡極。現速速退下，還天下以清平，否則莫怪我不客氣了！」

那十個太陽仗著天帝的威勢，有恃無恐，對盤馬彎弓、作勢欲射的后羿不理不睬，依舊在天上嘻嘻哈哈、打打鬧鬧。后羿想起萬里焦土、民不聊生，心頭那股無名火頓時高漲，呵斥道：

「你們既然怙惡不悛，我就替天行道了！」他在馬背上輕舒猿臂，搭弓、引箭、瞄準，使出平生絕藝連環箭法，左手如托泰山，右手似抱嬰兒，弓開如滿月，箭去似流星，嗖嗖嗖一連九箭劃破穹宇，裂風而去。

時間在剎那間彷彿凝固了，天上起初沒有動靜，隔了片刻，「噗噗噗」連響數聲，只見天空中的太陽由金黃色變成血紅色，一個接一個地連續爆裂，漫天流火四散飛濺，太陽的光和熱漸漸黯淡，金黃的羽毛飄灑飛落。又過了半晌，「啪啪啪」一陣亂響，九隻紅彤彤、碩大的三足金烏頭朝下栽落地上，碎殼流漿凝結成大團焦炭，捲起數十里灰黃的沙塵，山崩海嘯！

九箭連發，九日齊落，大地登時變得陰涼，綠色重新覆蓋山谷，莊稼返青，花草樹木鬱鬱蔥蔥，地上的人們都歡呼起來。這時剩下的最後一個太陽早已嚇得臉色昏黃，躲進海角不敢動彈。后羿踏在突起的海岩上，身體前探，又抽出一支箭對準這唯一的太陽。堯見狀一把拉住后羿，說：「人類還是需要太陽的，假如你把太陽全射下來，從此世間便沒有了熱和光，只有冰冷與黑暗。萬物得不到陽光的哺育，就無法繁衍生存了。請你手下留情，留下這最後的太陽為蒼生造福吧！」后羿恍然大悟，遂停止了射日。

從此，僅剩的一個太陽悔過自新，再也不敢任性胡鬧了，他每日從東方的海邊升起，按時巡行天空，以其光輝照耀溫暖著人間，人們過上了氣候適宜的正常生活。

后羿清除了十日之害後，又馬不停蹄，趕到中原，射殺了形似牛、人臉馬腳的怪獸「猰貐」；隨後又來到南方名叫「疇華」的大湖澤，射死了怪物「鑿齒」；在萬里之遙的北方「凶水」，殺死了生有九個腦袋、九張嘴噴著水火的「九嬰」；在東方的「青邱」射殺了鷙鳥「大風」；在南方的洞庭湖殺死了長百丈的「修蛇」；在「桑林」活捉了名為「封豨」的大野豬。天下凶頑被徹底剷除了，人們十分感念他的功德，把他敬成最偉大的英雄來傳頌。

但是后羿的豐功偉績，卻受到其他天神的妒忌，他們到天帝那裡進讒言，天帝正惱怒后羿殺了自己的九個孩子，便借機將后羿和嫦娥永遠貶斥到人間。受了委屈的嫦娥耐不住人間的清苦，才有了日後的「奔月」神話。

四、鯀盜息壤

堯帝在位時，社會風氣腐化糜爛，道德敗壞。人間的墮落令天帝震怒不已，他命水神共工發起滔天洪水，意欲懲戒人類，滅世重生。霎時間，大暴雨從天而降，山洪暴發、海水倒灌，各大河流也同時決堤，中原大地四處濁水橫流，汪洋一片。巨浪以雷霆萬鈞之勢，吞沒了平原谷地，吞沒了生靈性命。廣袤的肥田沃土全被大水淹沒，高山在波濤中顫抖，大地在巨變中呻吟。人們失去了生息的故土，流離失所，飽受浸淹之害，苦不堪言。水魔攪徹萬家怨，天公強逼人低頭，世界彷彿又重新回到了史前的混沌時代，天下蒼生陷入災難的深淵，朝不保夕。

賢明的堯帝緊急召開部落首領會議，徵求治水能手來平息水害。可首領們面面相覷，誰也沒那麼大的本事。正當大家束手無策時，天神鯀自告奮勇，承擔起治水大任。鯀本是天帝的孫子，心地仁慈，不忍見民間苦受煎熬，曾多次懇求祖父赦免人間的罪過，收回洪水。但鐵石心腸的天帝根本就不理會孫子的請求。鯀為了解救蒼生，決定下凡協助堯帝。

堯帝大喜，任命鯀為治水總指揮。鯀親臨最前線察看水勢，斷然做出決定：築堤堵水。他帶領治水大軍逢洪築壩，遇水建堤，採用「堙」的方法，把高地的土挖下來，做三仞之城，墊在低處，堵塞百川。然而水越聚越高，堵不勝堵，鯀治水九年，洪水仍舊氾濫不止。正當他為此憂心忡忡之際，一隻鴟鳥（貓頭鷹）和一隻神龜告訴他，可以盜取天庭至寶「息壤」來堙塞洪水。

息壤是一種常生不息、能無限膨脹的土壤，只要掰下一點投向地面，它馬上就會生長增多，堆積成千丈堤堰、高山，水漲一寸，它亦隨長一寸，用來築堤擋水最是合適。

鯀作為天帝的孫子，自然深知盜取息壤是重罪，但看到受盡痛楚的人民，他一咬牙，把心一橫，義無反顧地上天盜出了息壤。息壤果然神奇，撒到何處，何處就形成高山擋住洪水，並隨水勢的上漲自動增高。鯀用息壤東塞西堵、南擋北填，很快就控制了洪水。大地出現了新綠，百姓們逐漸脫離洪水的侵擾，準備重建家園。

正當鯀治理洪水即將功成之際，他偷盜息壤的事被天帝發覺了。天帝豈能容忍鯀這種胳膊肘往外拐的忤逆兒孫，他派火神祝融降臨人間，追殺鯀並奪回息壤。鯀見祝融殺氣騰騰而來，知道自己的時間不多了，就急忙拚命地向人間撒息壤。他向中部撒，形成了現在的秦嶺；向西南撒，形成了現在的峨眉嶺。正當他要向黃河撒時，祝融追得太急了，鯀一慌張，竟然將半包息壤都撒在了黃河邊。這下壞了事，那息壤只會增高不會加寬，撒得不均勻，沒有寬度，滔滔洪水從息壤兩邊穿過，再一次衝垮了黃河堤壩，莊稼又被淹沒了，房屋在洪流中轟然倒塌，人們在滔滔濁浪中哭喊掙扎。黃河特大決堤事故，宣告了治水一期工程的徹底失敗。

鯀的心碎了，他在北極之陰的羽郊山痴痴地望著多災多難的大地，無語哽咽。火神祝融趁機殛死了鯀。

鯀雖事敗身亡，但他懷著滿腹的怨恨，不但死不瞑目，而且屍身經過三年都不腐壞。天帝唯恐鯀的屍身發生什麼異變，於是再派祝融用天下最鋒利的吳刀將鯀的屍身剖開。刀鋒過處紅光閃閃，奇跡發生了，一個年輕英俊的好男兒從鯀的肚子裡跳了出來。他就是鯀以身為孕，用全部神力與精血所聚化的繼承人——大禹。而鯀的屍體則變為一條黃龍，躍入「羽淵」中，再也沒露過面。

鯀不計個人生死安危，為拯救人民脫離苦海而不惜觸犯天條，這種大無畏的精神，堪與希臘神話中為了將火種帶向人間而冒犯宙斯的普羅米修斯相媲美。

五、大禹治水

大禹從鯀的肚子裡一蹦出來，就已經是個身強體壯的成年人，因為洪水滔天，容不得他慢慢長大。命中註定他要繼承父親鯀的神力與遺志，繼續完成未竟的治水大業。

自從孫子鯀死後，天帝對自己降下大洪水懲罰人類的做法漸漸有些後悔，更被鯀寧願犧牲自己也要拯救世人的精神所感動，所以當曾孫大禹上天庭求要息壤時，天帝立時換了一副面孔，不僅將息壤送給了大禹，而且還應大禹請求，派應龍做禹的助手，一同下凡治水。此時堯已經將帝位禪讓給舜。善治國者，必重水利，舜立即任命大禹為「水利部部長」，率領天下各大部落再次向洪魔發起了挑戰。

大禹詳細考察了水勢，明白了「堵不如疏」的道理。他接受父親失敗的教訓，改用「疏順導滯，鑿山導流」的辦法，利用水從高向低流的自然趨勢，順地形把壅塞的川流疏通，將洪水引入疏通的河道、窪地或湖泊，然後匯通四海，引洪入大海，從而平息水患。

計畫訂好後，大禹立即著手幹起來。但諸多困難和阻力都擺在他面前。首先水神共工就不服氣，他自恃奉天帝旨意興風作浪，正是大逞威風之時，豈肯俯首聽命於乳臭未乾的大禹！他大發淫威，挾巨洪從西方滾滾而來，推波助瀾，一直淹到最東方的「空桑」（今山東曲阜），整個中原幾乎都被淹沒。

面對共工的阻撓，大禹明白靠說理是行不通的，要根除水患，唯一的辦法就是武力解決。他以天帝和舜的共同名義，向天下發出號令，在茅山大會群神，共同商討征伐共工之計。茅山也因此改名為「會稽山」，即「會聚計議」的意思。諸神接令後，不敢怠慢，都如期赴會，唯有大神「防風氏」不把大禹放在眼裡，故意姍姍來遲。大禹當即將不守約令的防風氏斬首示眾，諸神無不凜然，軍紀得以整肅嚴明。

大禹令行禁止，率眾神與共工決一死戰。第一戰，大禹就擒殺了共工手下的九頭蛇妖相柳氏。相柳氏是共工最得力的助手，人首而蟒身，貪暴無饜，常常同時張開九張大嘴，吞盡九座大山的動物，啃光九座大山的植被，所到之處平地立成溪澤。牠被殺死後，流出的毒血臭氣難聞，且十分黏稠，人畜一觸即溺陷其中，難以自拔。這就是沼澤的來歷。

相柳氏受誅後，共工雖然勇猛且作戰經驗豐富，但雙拳難敵萬手，不但諸神都各顯神威向他發難，天下百姓也拿起鋤頭木棒齊聲吆喝助陣。共工知道自己不是對手，只好倉皇逃跑。

趕跑了水神，大禹又遇到了九天河裡的孽龍和九妖十八怪。這些水底的妖孽平日裡為非作歹，殘害生靈，洪水越大，它們受益越多。若水清河晏，它們便無處作孽，自然要百般攔阻治水。

這孽龍的本領也非同小可，絲毫不遜色於共工，一攪動龍尾，登時濁浪翻飛、天昏地暗，萬丈狂瀾排空而起，再加上九妖十八怪在旁助威，聲勢迫人。大禹起初鬥不過孽龍，連敗數陣。幸得天帝贈送了他一根叫作「定海神針鐵」的寶貝，重達一萬三千五百斤，可以隨大禹的心意，變化成任何形狀，誰都擋不住這寶貝當頭一棒。大禹憑此屠龍蕩蛟，橫掃九妖十八怪，將水底一眾妖孽滅得乾乾淨淨。除妖成功後，神針被寄存在東海龍宮，日後孫悟空出世，龍宮奪寶，「定海神針鐵」改名「如意金箍棒」，歸了齊天大聖。

這時最後一個企圖負隅頑抗、與人民為敵的破壞份子河伯，一看形勢急轉直下，連忙棄暗投明，爭取坦白從寬，向大禹獻上了「河圖」。這河圖畫在青石板上，密密麻麻、圈圈點點，把天下江河上上下下、左左右右的水情，哪裡深、哪裡淺，哪裡好沖堤、哪裡易決口，哪裡該挖、哪裡該堵，哪裡能斷水、哪裡可排洪，全都畫得一清二楚。至此，大禹既除去了所有的「反對派」，又有了河圖做參考，終於可以專心致志地全力治水了。他命令手下神將太章、豎亥一個從東極一步步量到西極，一個從南極一步步量到北極，量得的長度都是五億十萬九千八百步。於是大禹就把中國分為冀、兗、青、徐、揚、荊、豫、雍、梁九州，按區劃片，動員了五十萬治水大軍踏上了轟轟烈烈的九州治水征途。

治天下洪水，首從龍門始。龍門山位於黃河中游，高高屹立，與呂梁山相接，其走勢崎嶇曲折，奔騰東下的黃河一到此處，河道漸狹，河水受到阻擋，奔騰澎湃，激山為浪，常常在龍門山溢出河道。大禹疏導至此，得伏羲之子相助，得到了兩件寶物：神尺玉簡、開山金斧。神尺玉簡可以丈量天地間所有名山大川的高度與深度，開山金斧則有千鈞神力，逢山開路，所向披靡。

大禹來到障礙重重的龍門山前，舉起金斧，奮起神力，大喝一聲：「開！」龍門山「噹啷」

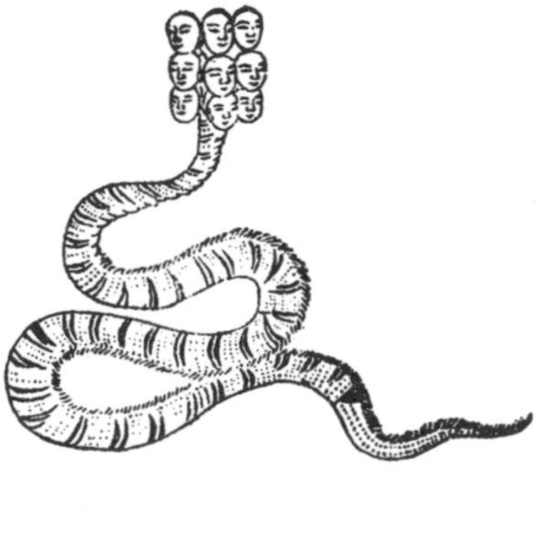

相柳氏

九頭蛇妖相柳氏是共工最得力的助手，人首蟒身，貪暴無饜，常常同時張開九張大嘴，吞盡九座大山的動物，啃盡九座大山的植被。大禹率眾神與共工決戰時殺死了相柳氏，牠的血化為沼澤，人畜一觸便溺陷其中。

巨響，被劈開了一條二十丈寬、五十里長的大豁口，壅堵的黃河水一有了宣洩口，立刻順暢地從峭壁間流過，形成了今天洛陽的龍門（「鯉魚躍龍門」即在此處）。黃河穿過龍門下瀉數百里，又遇到了一座砥柱山阻擋，不能通過。大禹再次用金斧開鑿砥柱山，使河水繞山分流，水勢如穿三道門，故稱此地為「三門峽」。

大禹破龍門、開三門峽，而後命令應龍用如刀一樣鋒利的尾巴，在大地上劃出一條條深邃的河道，又讓一隻大龜馱著息壤，隨行在應龍身後，遇到洪澤或鴻溝，就用息壤將它們填平，以此加高人類居住的土地。經過九年辛苦努力，終於將黃河一線的洪水全部導引到了東海裡，黃河水患被制伏了！

大禹治好黃河後，又著手整治淮河。治理淮河的關鍵是屏開桐柏山，這桐柏山方圓數百里，峰迴路轉，層巒疊嶂，山中盤踞著一隻水怪「無支祁」。無支祁狀似猿猴，一身青毛，頭白如雪，脖頸伸出能有百尺之長，雙眼閃耀著金光，身輕如燕且力大無窮。大禹三入桐柏山丈量考察，每次都被無支祁攪得狂風大作、飛沙走石，令治水工程無法進行。

於是大禹上天，請天神庚辰下凡收妖。庚辰與無支祁大戰三晝夜，終將無支祁擒獲，並用鐵索金鏈鎖住牠的脖頸，在鼻孔裡穿上金鈴，鎮壓在淮陰的龜山腳下。淮水從此平靜，暢通無阻地流入大海。

大禹歷盡千辛萬苦，前後凡十三年，克服了重重難關，疏通了九條大河，鑿通了十二座山峽，終於徹底治服了上古時期的大洪水，使百川歸海、地平天成，完成了流芳千古的偉業，成為萬世稱頌的大英雄。

因為大禹的功績，人民讚頌他、感謝他、懷念他，還把整個中國叫作「禹域」，意為大禹治理過的地方。舜帝見大禹才華出眾，又有平活水土之大功，就把帝位禪讓給了大禹。

大禹即位後，熔天下銅器鑄九鼎，將自己治水時所見到的種種妖魔形態都刻在鼎上。這九隻大鼎巨大沉重、氣勢恢宏，象徵著國泰民安、欣欣向榮，也象徵著國家最高權力，「鼎」從此成為帝王社稷的標誌。

第5章

太公封神，
仙家勢成

太公封神，蓬萊飛仙。從上古神話到道教神話，中間經歷了一個過渡時期，這一時期從西周起到東漢終，綿延千餘年，於多元文化的交織激蕩中，書寫了一章別樣精彩的神話傳奇。

一、封神大戰

啟建立夏朝，凡四百七十年，傳至桀，為商湯所滅；商朝享國五百五十四年，為周武王所滅。商周爭天下時期的「封神大戰」，攪得天翻地覆，人間天界一切權力重新大洗牌，王位爵位甚至神位統統重新「競爭上崗」，為日後中國神祇排行奠定了原始的雛形。

封神之戰，肇始於紂王為九尾天狐所惑，荒淫無道，倒行逆施。他殺皇后、斬二子、剜比干、逐飛虎，社稷傾頹，民心離背，短短幾年就搞得天怒人怨，四海鼎沸。這一時期，儒、釋、道三教教主都尚未誕生，領袖神界的是鴻鈞老祖。他座下兩大弟子，將神界勢力分為兩派——元始天尊的闡教與通天教主的截教。各路神仙分屬二教，互相爭鬥。西岐周文王欲興仁義之師，弔民伐罪。闡、截二教主遂設下賭局，立「封神榜」為據，賭商湯氣運，各擇其主，分別助紂輔周。

紂失天下，鳳鳴岐山，西周當旺。周文王在渭水邊「願者上鉤」，尋得奇人姜子牙。這姜子牙在崑崙山上經過整整四十年的苦修，才得以支起那根沒有鉤的魚竿。他協助文王勵精圖治、厲兵秣馬，到周武王時已時機成熟，遂聯合各地諸侯，揮師東征。各路神仙也紛紛下山出世，一時間天地變色，山河動搖，揭開了轟轟烈烈的封神大戰之帷幕。

由於眾多神魔的參戰，姬發的東征之途，也可稱為「誅仙噬神」之路。騰雲駕霧、呼風喚雨、搬山移海、撒豆成兵……數不清有多少奇人異士出現在這連綿的烽火裡，道不明有多少奇珍異寶被投入這場血戰中；鬥寶、鬥法、鬥陣，種種幻術、法術、奇陣、神兵，各逞神威。踏過無數神、人、妖的屍骸，西周終於戰勝貌似強大的商紂，紂王於摘星樓自焚，周武王登基，開創了周朝八百年基業。

這場曠日持久的戰爭，詳細過程可以參閱神魔小說《封神演義》。戰爭結束後，在大戰中扮演重要角色的姜太公，受元始天尊之託，開始登臺封神。他將這幕大戲裡所有的登場者，不論道行高淺，哪怕是跑龍套的，都一一列入仙班，個個成神，人人有位。四大天王、四瀆龍神、五瘟五嶽、五斗星君、九曜星官、十二元辰、二十四天君、二十八星宿等等，一應天上地下諸神，俱皆封到。共計有三百六十五位正神名歸「封神榜」。

此後創建的道教，大批神祇都是在「封神榜」的基礎上進行增添補充的。比如趙公明、李靖、哪吒、木吒、楊戩等，日後都是道教的天庭大神。而文殊廣法天尊、普賢真人、慈航道人、燃燈道人等若干年後也修成正果，加入佛教，分別成了文殊菩薩、普賢菩薩、觀音菩薩和燃燈上古佛。

由此可見，「封神榜」神話雖然只是上古神話向道教神話的過渡，但其中的人物卻與後世的道教、佛教有著千絲萬縷的聯繫，正是有了「封神」的傳奇，才形成了日後中國龐大的神仙系統。

二、五神山與蓬萊仙話

中國神話可分為兩大系統，一個是崑崙神話體系，另一個是蓬萊仙話體系。崑崙神話發源於西部高原地區，它那瑰麗的故事傳到東方後，與浩瀚的大海相結合，形成了蓬萊仙話系統。八仙過海、秦始皇求長生藥、漢武帝御駕訪仙等，都屬於蓬萊仙話。

神仙雖然遨遊天地，來去自如，但也要有一個歇腳和聚集之地。山，高聳入雲、幽深莫測，符合神仙的超凡身分，所以便成為眾神群仙的集中活動場所。神話之後的仙話，仙與山的關係更為密切。《說文》：「仚（即仙），人在山上貌，從人山。」《釋名》：「老而不死曰仙。仙，遷入山也。故制字人傍山也。」得道成仙，必須隱進深山長期修煉，吐納導引、服食養生，方能「老而不死」。因此隨著「仙」的形象出現，在與西崑崙相對方向的東部，又有了一個仙人的集散之所，那就是渤海中的「三仙山」。它起源於「歸墟五神山傳說」。

相傳在渤海之東的極遠處，有一個深得望不到底的大壑，叫「歸墟」，歸墟中有五座神山，分別是岱輿、員嶠、方壺（方丈）、瀛洲、蓬萊。五座神山都高三萬里、闊三萬里，山上有多座用黃金和漢白玉建成的巍峨宮殿，常年生長著結滿珍珠和美玉的寶樹，無數純白色的飛禽走獸如朵朵白雲般來往穿梭。更有許多身穿雪白仙衣的神仙住在這裡，逍遙悠閒，自由自在。

神山雖好，卻也不是十全十美，它們沒有根基，隨風漂浮，像浮草堆一樣。風平浪靜的日子還好，要是遇上風暴海嘯，就不知會漂到哪兒去。沒有根底的居所，總歸住得不踏實，這令神仙們很煩惱，他們就請天帝想辦法。

天帝也擔心神山會漂到極邊之地陷沒，神仙們鬧住房危機，於是派海神禺強去搞定這件事，務求把神山穩住，不要再東漂西浮。

禺強是天帝的孫子，人臉魚身，大海正是他施展神通的好場合。他找來十五隻巨大的神龜，分成五組，每組負責頂住一座神山，使之不再隨波逐流。當一隻大龜用頭頂住神山時，另外兩隻就在附近守候，六萬年更換一次，如此輪流當值，可保神山永固。神仙們從此快快樂樂地過著定居的日子，也不知過了多少個年頭。

哪知好景不長，在距崑崙山以北不知多少萬里的龍伯國，有一個巨人聽說東方海外有五座神山，風景如畫，還有大龜可釣，頓時興致大發，就起了到五神山自助旅遊兼垂釣的念頭。

這龍伯國巨人的身量高大到難以想像，站直了比五神山高十倍有餘，海水最深處也僅到他的腰際，歸墟雖說深不知幾萬米，巨人卻只當是一個小水池。他來到歸墟之畔，取出一根奇特的絲線，尾端綁上神龜愛吃的大魚，略事揮動，將絲線拋向海底。魚鉤沉到海水裡，正巧落在頭頂神山的巨龜嘴邊。那龜已經餓了將近六萬年，早就飢火中燒，見到好肥的一條生魚壽司從天而降，也不管三七二十一，張口就吞，結果可想而知。龍伯巨人連甩六次魚竿，收穫甚豐，釣上了六隻神龜。他高高興興地背著六龜回家，全家人吃了好幾天的清燉龜、紅燒龜、烤龜、龜羹，還剝下龜殼拿來占卜。

這邊吃得滿嘴龜油，那邊神山可不得了。六隻神龜本是負責頂住岱輿和員嶠兩座神山的，給龍伯巨人釣了去，岱輿和員嶠失去了依靠，竟然被颶風大浪沖到了北極，不久就撞上冰山沉沒了。山上的神仙發覺大禍臨頭，猶如晴天霹靂，慌忙收拾行李，狼狽搬家，一時東海上空，漫天飛著緊抱細軟的各路神仙！等到那些神仙在其他三座神山安頓下來，驚魂甫定，立即向天帝狠狠地告了一狀。

天帝聽聞怒不可遏，龍伯國的人竟敢如此大膽，非嚴懲不可。他親自施展無邊法力，將龍伯國的土地和人都儘量縮小，不讓他們自恃身軀龐大，到處惹是生非。可是，龍伯國的人實在太高大了，不知過了多少年，他們的身軀仍有好幾十丈長。

五座神山沉沒了兩座，剩下的蓬萊、方壺（方丈）和瀛洲三座，至今仍由九隻神龜頂著，基本上所有的地仙都集中居住在這三山上。扶風蕩雲、雲霞起伏的東海「三仙山」，也就成了蓬萊仙話體系的總策源地。

通常，人們習慣於將「神仙」二字連在一起稱謂，其實「神」和「仙」是有區別的。神話中的「神」是天生的，而仙話中的「仙」卻是修煉而成的。所謂蓬萊仙話，即指以三仙山為中心、為標誌的，關於仙人的系列傳說。這些傳說，既配合了宗教勸世之旨，又迎合了人們樂於長生之心，因此能長時間適應歷史變化，千百年來盛傳不衰。

縱觀兩千年的仙話史，它與神話既相聯繫，又有區分。仙話勃興於神話之後，是對神話的延續與變革。崑崙、蓬萊東西對峙，神話、仙話各成系統，而超現實的想像本質相通，所以二者藕斷絲連，其間有著明顯的承繼關係。那麼，為什麼會興起仙話之風呢？這與先秦的戰亂有關。戰國時期，七國戰事不斷，人民生命朝不保夕，離亂之中自然渴望有一個超塵脫俗的環境，既能遠離戰火，又可修身養性、延年益壽，於是在神話幻想的啟發下，想像出一個仙界來。秦、漢大一統後，最高統治者為了能永遠享受舒適的生活，希望長生不死，由巫師轉變而來的方士巧妙迎合最高統治者的心理，大肆鼓吹神仙世界的美妙，於是從上至下掀起了狂熱的神仙信仰。

作為仙境，自戰國時期開始，以仙人為由頭的蓬萊仙話便被方士炒作得非常火熱。據史籍記載，蓬萊城北海面經常出現海市，散而成氣，聚而成形，虛無縹緲，變幻莫測。那些好事的方士便以海市蜃樓的虛幻神奇，演繹出海上三仙山的傳說，惟妙惟肖地描繪說：蓬萊、瀛洲、方丈三座仙島深隱於海，其上諸仙神靈仙風道骨，超凡脫俗，所住的玉宇瓊閣宏偉精緻、金碧輝煌，璀璨得似星辰綴布，月華滿鑲，仿如水晶冰宮，晶瑩剔透。而島外茫茫浩瀚的海天中，環繞著祥雲朵朵，碧波萬頃，當真風光如畫，一派空明。這是一個多麼令人嚮往的神仙世界啊！

三、道教神仙系統

中國神話體系繼經歷上古神話及封神神話這兩個歷史階段後，以蓬萊仙話為發端，逐漸轉入「仙話」階段。至道教出世，融會貫通東蓬萊、西崑崙兩大系統，以無欲守真、清靜無為、貴生養生為教旨，既有泰岳滄海的飄逸縹緲，又有西域雄峰的豪雋蒼茫，乃蔚為大成，定鼎一尊。

道教的來歷，可追溯到春秋戰國時期。當時在今河南鹿邑這個地方，有個人叫李耳，人稱老子，他看到世俗之人為了權力、金錢、欲望而犯下了彌天大罪，卻從不知反省，於是就寫了著名的《道德經》，記述黃帝時代的聖人之道與天地間的「道」理，來教化世人。《道德經》雖然只有五千言，卻是玄而又玄，奧妙深藏，彷彿海納百川，遼闊深邃。舉凡宇宙本原、社會哲學、個人修養等等，無所不包。東漢時期，張道陵創立「五斗米道」，因《道德經》所宣導的自然世界觀和性靈自由的人生觀切合時代思潮，遂奉老子為道教教祖，此為道教定型之始。南北朝時道教逐漸完備，便尊老子為「太上老君」，以《道德經》、《正一經》和《太平洞經》為主要經典，以追求肉體的永恆存在和靈魂的絕對自由為主要目的，歷千百年發展壯大，終於演化成中國最大的本土宗教。

1. 道教修仙的途徑

與西方神話裡一生下來就是神的方式不同，道教仙的原型是人，仙是人的理想化狀態，仙境則是人生的理想歸宿。由於道教主張人人皆可藉由修煉成神成仙，因此其神仙譜系非常開放，對於出身絕無限定，天神、地祇、真人、妖魔，只要經最高統治者點頭，就都能在道教神明中占有一席之地。所謂「神仙終須凡人做」是也。由此可以認定，道教神仙在員工招聘上採用的是領導權威制。

正因為沒有血統和門第的限制，凡人便個個煞有介事地修煉起來。而修仙的途徑大抵有五種：

一是服藥，包括到仙境中取得長生不死之藥或由方士按方合藥。戰國時有大批方士到海外仙山去尋找長生不老藥。然而遇仙得藥終屬可遇不可求，到了西漢時，有人開始用人工的方法來合藥，所用的原料以金石為主，成品則稱為金丹、金液、大丹。

二是服氣和導引。仙家很早就將服氣、煉氣作為修仙的基本手段，服食金丹時，常將之與煉氣結合起來。屈原的《遠遊》就提到過服氣的法門。服氣的道術包括服煉外氣、存思、守一、胎息等，紛紜多姿。與之相配套的是導引和按摩，有汲引氣血、吐故納新的功效。

三是內丹。內丹術是在服氣的基礎上發展起來的。隋唐時，人們越來越了解金丹服食的弊病，所以道門中就有人轉而重視開拓體內固有的資源——精、氣、神，以煉成長生不老之軀。之所以有「內丹」之稱，是相對於傳統的以體外的金石為原料的金丹術（外丹）而言的。宋時，內丹術已漸漸代替外丹術，成為修仙術的主流。

四是舉行各種宗教儀式，以積累功德，最後到達仙人的境界。道教素來擅長以道術為民眾和社會消災祈福，其中以齋法和醮法為主要表現形式。這些儀式是溝通人神的主要途徑，施行的結果既為民眾排難，又同時為自己積功。虔誠行之，久則成道，躋身於神仙之林。

五是在人間建功立業而又不忘根本，功成身退之後，也能成仙，或死後封神。大凡歷朝祀典中能進入道教神譜者，如關帝、都天大帝（張巡）、岳元帥（岳飛）等，都是這一類以功業成神仙者。

道教的修仙途徑雖然有上述種種分別，但在實際的修仙活動中，卻是諸法共修，相互配合的。更有部分成仙者，走的還是捷徑，比如張果老吃何首烏、嫦娥偷食靈藥，都是畢其功於一役，瞬間登天，真是羨煞眾多辛苦修煉者。當然，反正都是吹牛，何妨吹大點兒？

此外，低等動物不能直接成仙，必須經過長期的修煉，先成精，再成人，最後才有成仙的可能。中間若碰到意外挫折，還將前功盡棄。《綴異錄》中就記載了一位狐仙陳述修仙艱難的歷程：「我們狐狸要學仙最難，首先要學人形，再學人說話；學人說話之前，還要把四海九州的鳥語先學全，無一不精，才能學會人語。這就要花掉五百年的工夫。而且在此期間，操行還得分優劣。你們人類多舒坦，憑空就比我們少修煉五百年。要是祖上積德，三代都是貴族、名士，修煉時間還可以打個對折。算起來，有些人只要兩百年就能成仙，你們人類還嫌辛苦漫長，不肯用功，真是資源浪費啊！」

無論是人是妖，得道之後，都需清修三日，吐汙濁，納清思，而後沐淵泉、去俗塵，於金曜三刻參拜紫微殿，覲見玉帝，由玉帝頒賜仙籍。這仙籍就相當於天界戶口名簿和執業資格證，從此閣下真靈如虹，氣沖九霄，就可以天長地久地做個逍遙快活仙了！

2.道教神仙的級別與分類

從理論上講，尊神皆由道氣所化，而道氣是無限的，無限的氣可以化生出無數的神人、真人。同時，人得道可以成仙，而代代都有人學仙，所以神仙的隊伍越來越龐大，歷代仙真越積越多，神仙群體擴張不知凡幾。由於其成員來源不一、背景複雜，如何將這眾多的神仙排出有序的等級，就顯得十分重要。因此道教自創建以來，就十分重視對神仙系統的綜合排列和等級劃分。

早在東漢的《太平經》中，即已開始對神仙排序，將他們分為六等：第一神人，第二真人，第三仙人，第四道人，第五聖人，第六賢人。謂「此皆助天治也。神人主天，真人主地，仙人主風雨，道人主教化吉凶，聖人主治百姓，賢人輔助聖人，理萬民錄也。」不過此時的神仙譜系還比較粗疏，呈初創時期的原始狀態，所造神仙既多且雜，又漫無統序，使信眾無所適從，於道教傳播不利。南朝梁時，上清派陶弘景有鑑於此，遂作《真靈位業圖》，根據世俗「朝班之品序」和尊卑原則，將雜亂無章的諸多神仙用七個階次組織排列起來，清理出了一個較有次序的神譜，成為神仙排行榜的權威標準。

到了宋代，神仙譜系更發展到非常完整的地步，《道藏》中就有多本著作專門闡述群仙譜，而《上清大洞真經》則將神仙又細分為數個等級，詳細分析了每個等級各自的司管所在。從此一個組織嚴密、等級森嚴的神仙世界，正式井然有序地呈現在世人面前。

道教的神仙譜系，以三清、玉皇和四御等主神為首，下屬有各類仙真、俗神、地祇、人鬼等，給他們排序的主要依據是「位業」。業，指修道者的道行高低、貢獻大小、內德厚薄；位，指其在仙界的地位。業越優者，位越高，業與位呈正比關係。一般說來，其劃分的等級有九品：第一上仙，第二次仙，第三太上真人，第四飛天真人，第五靈仙，第六真人，第七靈人，第八飛仙，第九人仙。不過王重陽等內丹家則將仙分成天仙、地仙、人仙、妖仙和鬼仙五個級別。

神仙的等級又與其活動場所有關。群仙的日常活動範圍為諸天、三島、五嶽、十州、三十六洞天、七十二福地等仙境，其中諸天屬於上仙界，居住在這裡的天仙地位最高；其他仙境都屬於下仙界，居住著地仙、人仙、妖仙、鬼仙。

天仙，是指居於天界，在天庭有職位俸祿的神仙。他們道術高深，修行深厚，故待遇也是最好的。由於本身神格高貴，直接插手過問凡間瑣事的情況很少發生。天仙裡位尊者極多，如三清神，統攝三十六天，係最高尊神。「三清」的輔佐神「四御」則是帝王級別的神仙，其中玉皇大帝總管三界、十方、四生、六道；紫微大帝統率三界星神和山川諸神；勾陳大帝協助玉皇執掌南北二極和天、地、人三才，統御眾星，並主人間兵革之事；后土皇則主宰陰陽生育、萬物與大地河山之秀美。此外，如東王公、西王母、三官、斗姆、文昌帝君、諸天天帝、日月星辰、風雨雷電等等，都屬於天仙階層。

地仙，位列第二等，職司管理大地，社稷、山岳、林木、川澤、河海之神均屬此列。這是一個能夠暢遊名山大川的仙人階級，通常被任命管理遍布神州各地共一百零八處的洞天福地。他們有機會藉由長期艱苦修行成為天仙，但是限於資質，極少有地仙能修成天仙。《西遊記》中的鎮元大仙就是地仙之祖，具有強大的實力，連孫悟空都不是對手。

人仙，道教是以人為本的宗教，神系中的許多神仙都是現實生活中的人所神化而成。本著有功於民則祀之的原則，道教將許多歷史名人奉為人仙，包括了各民族的聖賢英傑，各行業的祖師、保護神，甚至各世家的先祖等等。孔子、孟子、關公、岳飛、媽祖、魯班、陸羽、杜康等等，均為道教所崇祀的人仙。此外，藉由修煉而悟得大道的傑出人物，也可成為人仙。

妖仙，人先死亡再蛻變成仙人，或者由低等動物先修煉成妖，再成仙。此乃仙之下者，遠不及白日飛升直接成仙。妖仙中最常見的是狐仙。

鬼仙，與天界三十六天相對應，地也有九重，每重又分四地，每地皆有神主之。鬼仙即是主管地府各部門的神靈，如酆都大帝、十殿閻羅、判官鬼吏等等。

第6章

我命由我不由天

哪吒的前世今生

隨著動畫電影《哪吒之魔童降世》霹靂一聲橫空出世，哪吒，這位曾經因為一九七九年的經典動畫《哪吒鬧海》而深入幾代人心中的小英雄，再次由沉寂迎來了熾熱。這一回，當史上最「難看」的哪吒說出「我命由我不由天」的臺詞時，感動了許多人。影片對哪吒這個傳統的神話形象，藉由解構、重塑等方式，有了全新的詮釋，並且融入新的思考，將哪吒拋入了公眾的熱議與文化爭辯中，勾起了更多人對哪吒身世經歷的好奇心。那麼，未被「魔改」前的哪吒到底是怎樣的呢？

哪吒現讀「ㄋㄨㄛˊ ㄓㄚˋ」，之所以產生各種讀音上的分歧，在於「哪吒」是個外來的「洋名」，出自古印度佛典《佛本行贊》，乃是梵文Nalakūvara（簡稱Nata）的音譯，在北涼、南朝、唐時，又被譯作「那羅鳩婆」、「那吒矩韈囉」、「捺羅俱跋羅」等。由於這些稱謂煩瑣難記，民間就逐漸將其簡化為了「哪吒」。「哪」指儺，鬼神之偶像；「吒」有叱嚇邪惡之意。兩字合起來意即以儺叱吒驅趕鬼神，威力巨大，戰無不勝。

《封神演義》裡敘述哪吒出生在陳塘關，其遺址在今時的宜賓南廣鎮，據說三千年前，李靖就駐守在那裡，於是宜賓人首先認定哪吒是自己的老鄉。南廣河流經多縣，有九彎十八拐，民間稱之為「九灣河」，與《封神演義》亦相符合。而九灣河入長江，長江連東海，哪吒在九灣河口入江處洗澡，動搖東海龍宮之說自然也成立。宜賓翠屏山還有座哪吒行宮，是中國唯一的哪吒祖廟，又有哪吒洞、龍脊石、金光洞、騎龍坳、還生閣等「遺跡」，這些似乎都印證了哪吒的確是宜賓人。可是江油人不服氣，在江油也有太乙洞、肉身墳等與哪吒相關的遺存，民間傳說中還有很多關於哪吒的故事，看上去都不是後人的牽強附會，所以江油可算是哪吒故鄉的有力競爭者。不過說來道去，不管哪吒老家在哪兒，他是個「川娃子」，那是鐵定無疑的了。

作為《封神演義》裡重要的神靈之一，哪吒的形象主要來自古波斯神話、佛教信仰、正統道教神系、民間神系、神魔小說神系的互相交融衍生，頗為繁複。但萬變不離其宗，他永遠都是個孩子。波斯語的「Nuzad」意即新生兒、小孩；其最早原型波斯戰神「努紮爾」（Nuzar）一詞，在阿維斯陀語中也有「年輕、嶄新」之意。在印度時，他是財神俱毗羅的兒子，形象是個夜叉，因為沉迷享受而被仙人那羅陀詛咒，與弟弟Maigriva一起變成了樹，後來被奎師那解放。佛教傳入中國後，在漢化的過渡時期，哪吒又變為佛教四大天王之一的北方多聞天王毗沙門的第三子（後來的「三太子」之稱即源自於此），《佛所行讚·第一生品》中說：「毗沙門天王，生那羅鳩婆，一切諸天眾，皆悉大歡喜。」他的母親是吉祥天女，哥哥是護法神獨健（二郎神原型之一），姊妹也是天女，屬佛門中的豪門世家。《哪吒太子獻佛牙》、《開天傳信記》等作品初步記敘了他的故事，基本確立了他作為佛教護法神的形象。不過這時的哪吒完全是「子憑父貴」的配角，扮演著孝子兼守護神的角色，職責是護衛佛法、掃除邪惡、保護世人，壓根兒不存在鬧海、屠龍、再生之類的說法。

到了宋朝，民俗文化的傳承性與變異性相結合，宗教形態轉為文化形態，哪吒開始與道教產生緊密聯繫，由外國之神完全變為中國之神。最初的紀錄是《夷堅志》中修行茅山正法的程法師，以哪吒火球咒擊退石精的故事，《汾陽無德禪師語錄》、《密庵和尚語錄》、《景德傳燈錄》、《五燈會元》等記載中也有了哪吒「三頭六臂、析骨還父肉還母」的情節，並出現「捆繡球」等兵器。但此時都還只是民間傳說。

元代雜劇勃興，哪吒傳奇進一步發酵，形象較剛傳入時期趨於飽滿。先是出現了以哪吒為主人公的作品《猛烈哪吒三變化》，哪吒三太子奉佛陀之命，先後用兩頭四臂和三頭六臂降伏了焰魔山的異鱗、獅頭、鐵頭、金睛、天邊、淨餓等惡鬼，與夜叉山的天、地、運、色四個魔女。接著受其影響，《二郎神醉射鎖魔鏡》中哪吒有三頭六臂，手持六般兵器，擊敗並捕捉了九首牛魔羅王。雜劇話本《西遊記戲文》中，哪吒有著三頭六臂，以七寶杵與八瓣球為武器，是保護唐僧西遊的十方保官之一，又奉其父之命搜剿花果山，與通天大聖孫悟空惡鬥，被猴王稱為「小孩兒」。這一幼童姿態源自《敦煌毗沙門天王赴哪吒會圖》，圖畫中哪吒的形象為雙手合掌高舉過頂作拜姿的童子。這些特徵都被後來的百回本小說《西遊記》中的哪吒完全繼承。與此同時，哪吒被納入元朝編訂的《道法會元》中，是靈官馬元帥的屬下之一，此書中還有不少篇目都提到了「威烈那吒」或者「威勝那吒」，這象徵著哪吒被正式接納到道教神話體系之中。

哪吒

作為《封神演義》裡重要的神靈之一，哪吒的形象主要來自古波斯神話、佛教信仰、正統道教神系、民間神系、神魔小說神系的互相交融衍生，頗為繁複。但萬變不離其宗，他永遠都是個孩子。

既然跳了槽，出身與「工作環境」自然也要跟著變化。首先哪吒的父親變成了托塔天王李靖。「因世間多魔王，玉帝命降凡，以故托胎於李靖妻素知夫人。」（《搜神大全．卷七》）之所以轉而姓李，可能源自西域佛國于闐的傳承。毗沙門天王以李為姓，按《大唐西域記》等文獻的記載，于闐的王室以毗沙門為神祖，並視其為護國神。五代宋初時，于闐的某位統治者，在與敦煌歸義軍及中原王朝交往中使用的漢名為「李聖天」，自稱是「唐之宗屬」，追認唐朝李姓皇室為祖先，因此被稱為「李天王」。作為護國軍神的毗沙門與能征善戰的唐朝名將李靖重合（李靖字「藥師」，與「夜叉」在唐音中相近），便成了哪吒的漢族生父。在敦煌唐代壁畫中，就有不少他們父子的畫像。天王為金色身，著七寶金剛甲冑，頭戴金翅鳥寶冠，左手托寶塔，右手執戟，足踏夜叉鬼。天王兩側是夫人、天女及五位公子，哪吒即在其中。但此時的他，原先「蓄劉海，著荷衣」的模樣，已被塑造成中國傳統的「手舉尖槍、臂纏紅綾、肩挎乾坤圈、腳踏風火輪、三頭九眼八臂」的哪吒三太子形象。

哪吒傳說在明代時有了很大的發展，特別是藉由明人小說《封神演義》、《西遊記》、《南遊記》的渲染，愈發變得有聲有色，以至在中國民間廣為傳誦，其主要形象也就此定格。在眾多富有中國特色的哪吒故事中，尤以「出世」、「鬧海」和「析骨還肉」最為膾炙人口，婦孺皆知。

哪吒肉球出世的神奇情節，原屬於《搜神大全》中的殷郊，更早的原型大概是高麗文獻《三國史記》中出生時為一個卵的朱蒙。《封神演義》直接拿來套用：商朝時期，陳塘關總兵李靖的夫人懷孕三年六個月，卻產下一個肉球，滴溜溜亂轉。李靖大驚，以為是妖怪，對著肉球一劍砍去，肉球分成兩半，從中跳出一個小兒。只見他紅光滿面，右手套著一隻金鐲，肚上圍著一塊紅綾，光腳、光屁股、丸子頭、包子臉，目射金光，歡蹦亂跳，可愛至極。這正是女媧娘娘座下護法童子、靈珠子化身的哪吒。可是誰能料到，這麼一個可愛的娃娃，很快就要上演一齣令人驚心駭目的「陳塘關少兒殺人事件」。

由於哪吒父子都是佛教的護法神，而護法必須除魔，按民間傳說的定律，為了烘托哪吒高大的正面形象，自然要有「惡勢力」來做陪襯。於是，刊本《三教搜神大全》首先說哪吒「生五日，化身浴於東海，與龍王戰，殺九龍」。宋代的《五燈會元》卷二亦說：「哪吒太子析肉還母，析骨還父，然後現本身，運大神力。」而後《封神演義》進一步將之組合成一齣「哪吒鬧海」的大戲：哪吒去東海九灣河沐浴，因將師父太乙真人所賜寶物乾坤圈置於水中玩耍，引發東海龍宮震顫。東海龍王急令巡海夜叉察看，夜叉惹惱哪吒被打死。龍王三太子敖丙又調集蝦兵蟹將與之大戰，也被哪吒打死，還被抽筋剝皮。從小說原著來看，哪吒殺死夜叉和敖丙，很顯然只是為了爭強鬥狠，根本無關正義。動畫片《哪吒鬧海》的創作者為了給哪吒的暴行賦予偉大正確的主角光環，將行雲布雨的敖丙改編成肆虐百姓、殘害兒童的惡魔，哪吒殺死作祟的妖龍，是為老百姓除害，動機與行為登時高尚起來。哪吒也瞬間成了善良勇敢、不畏強權的小英雄。

在動畫片的宣傳下，「哪吒鬧海」基本上成為國民級故事，推其原型，有三種可能：其一是受到「張生煮海」、「八仙過海」等以與龍王產生衝突為主題的雜劇影響。其二是其父毗沙門天王在于闐神話「天王決海」的演變。其三源自上述元代神話典籍《三教搜神大全》的記載，相較前兩者，這裡的劇情豐富得多，哪吒在東海洗澡時因踏上水晶殿寶塔宮，而被憤怒的龍王挑戰，他先是擊殺九龍，又在天門外截殺了想要「上訪」的龍王，還誅殺了妖族大魔頭石磯，降伏各種孽龍和鬼怪。後來降群魔有功，回歸天庭，被玉帝和如來加封神位，永鎮天門並鎮天下群妖。

《封神演義》的情節結合了上述原型的特點，既有洗澡惹事，又有殺龍子、毆龍王，不過哪吒於天門毆打龍王，只是毆傷，不曾打死，被徹底黑化的龍王到陳塘關興師問罪，雖然哪吒脾氣暴躁，出手莽撞，連斃兩命，但當時的他，不過是個七歲孩童，如果按照未成年人保護法的規定，可以不承擔刑事責任。然而那時沒這部法律啊，龍王逼迫監護人李靖「子債父償」。李靖自幼訪仙求道，怎奈資質有限，求仙不成，只學了五行遁術便下山輔佐商紂王。這些粗淺的道行，讓他在龍王面前也只能唯唯諾諾。哪吒眼見雙親膽戰心驚，被嚇得「頓足放聲大哭」，心中不忍，為了不連累父母鄉親，他毅然聲言「一人行事一人當」，隨即右手提劍，先斬去臂膊，然後剖腹、剜腸、剔骨肉，還於父母，散了三魂七魄，一命歸天，以濃重壯美的形式成就了一幕悲劇傳奇。

哪吒當場自戕後，太乙真人讓他的魂魄托夢給母親殷夫人，請地方百姓為他在翠屏山修建一座行宮，受三載人間煙火，便得重生。行宮建成後，四方遠近居民俱來進香，香火不斷。哪知只受了大半年香火，李靖知道此事後，立即打爛了哪吒金身，搗毀廟宇，焚了道場。太乙真人不得已，只得為哪吒以蓮藕重塑身形。而哪吒方成人形，得了神通，便欲殺李靖而後快。

哪吒之所以追殺李靖，與龍王之事無關，就是因為李靖在哪吒死後還壞了哪吒廟宇，使其不得托生。在哪吒看來，既然身體髮膚受之父母，那麼自己析肉還骨於父母，也就不再有父子情誼，兩不相欠。李靖如此做法，「就是李靖的不是」。因而，哪吒追殺李靖，實在是恩怨分明的表現。但是，明代所看重的程朱理學，是不會讓哪吒忤逆弒父的。《封神演義》裡有一個非常關鍵的細節：燃燈道人祕密傳授給李靖一座玲瓏塔用來防身。李靖有了這座塔，後來才能成為托塔天王。所謂「棍棒底下出孝子」，小說最終讓哪吒屈服於玲瓏塔燒煉的淫威下，被迫與李靖言歸於好，這才消釋了父子冤仇。不過，哪吒弒父雖不成，但反抗父權卻是坐實了。作者故意將李靖設置得卑瑣懦弱，與哪吒的真純勇猛形成鮮明對比，顛覆了「父為子綱」的先天合法性，打破了僵化的封建倫常權威。

哪吒肉身死亡後，被用蓮花重塑身體而復活，很多作品裡都有記載。《西遊記》與《搜神大全》中助其復活者為世尊如來，而《封神演義》則因為作者崇道抑佛的立場而改為太乙真人，使用的材料多了一個金丹，並且加入了道教的三魂七魄觀念。太乙真人將哪吒的魂魄帶走，折荷菱為骨、藕為肉、絲為筋、葉為衣，使哪吒再生。中國人自古熱愛蓮花，蓮花是佛道雙系所尊奉的至純至妙、至神至聖之物的象徵。哪吒借蓮重生，意味著他已徹底脫凡去俗，走向神聖和永生。他從世俗到神明、從凡軀到天神的身分轉換至此得以圓滿完成。

隨後哪吒尋龍王復仇，又助姜子牙與周滅商，戰功顯赫。整個大周營內，論戰鬥力，哪吒僅次於楊戩，不過楊戩是督糧官，很多時候不在戰場上，因此論殺敵數量，哪吒穩居第一。作為西周伐紂陣營中有戰神神格的先鋒上將，他武藝高強、法力廣大，可以變化為三頭八臂，同時使用八件武器，足蹬風火輪，雙手使一對火尖槍，其餘六隻手分持混天綾、乾坤圈、金磚、九龍烈火罩、陰陽雙劍六件法寶，還會隱現法訣、五行遁術，堪稱威力無窮，在伐商征途中過關斬將，屢立大功。改朝換代後，他本可論功排位，享受榮華富貴，但他不願當官，回山潛修，最終肉身成聖，未登封神榜。

道教神話成為中國神話體系的主流後，李靖被吸納成為托塔天王，哪吒也跟著父親東蕩西殺，降九十六洞妖魔、擒牛魔王、收降地湧夫人，深得玉帝賞識，受封三壇海會大神、三十六天將第一部領使、中營金環大元帥等顯職，鎮天護駕，救世護民。至此，哪吒終於從一個佛經古籍上的傳說人物，進化成為中華民族一尊神通廣大的青春戰神。

第7章

領袖群仙

道教元祖神

道教初起時的漢代，是中國歷史上第二個中央集權的大一統封建王朝。在這一歷史背景下，從皇帝到庶民無不處於嚴格的等級秩序之中，每一較高等級都有權力支配更低等級，而皇帝則處於社會等級的最頂峰，其他一切社會權力只有取得皇帝的認可才是合法的、有效的。此際創立的道教，自然不可避免地將世俗的封建等級制也反映到了神仙世界裡。更何況道教是多神教，神仙數量極其龐大，無數的神人、散仙、真人也需要得到有秩序的管理。因此尊卑有序的等級劃定就顯得十分重要。

經過長期演變，雲霄之上的神仙社會逐漸被劃分為七個等級，每個等級都設有一名中位主神，左右配有若干輔神。在這森嚴的等級排列中，以三清、玉皇、王母以及四御為首的主神，處於統治的最高層，下屬成千上萬的各類仙真、神司，可說是道教神系的最高領導核心。

一、母儀仙界——聖母元君（玄妙玉女）

道教有尚陰的傳統，元君，是道教對女仙的尊稱。聖母元君與無形天尊、無名天尊並列為道教三大始祖神，都是宇宙處於本始狀態，無邊無際、無陰無陽、無上無下、無表無裡、無天無地之時出現的神。道教認為他們無所不包、無所不在，是宇宙的本原與主宰，是萬物的開始與生化者。

聖母元君在《仙鑑後集》裡又稱「無上元君」，其他典籍則稱她為「玄妙玉女」。

玄妙玉女其實是與天地同生的鼻祖級女仙，她在天庭擁有至高無上的權力，其位至尊至大，統制天地，三界眾仙皆仰驅隸，人之生死，世之盛衰，也都由她決定，乃是主宰天地、名副其實的最高神祇。

玄妙玉女位尊名顯、母儀仙界的另一層原因，是因為她生下了太上老君和西王母。

老子成了太上老君後，長期受到歷代皇帝的崇拜，特別是在唐朝，李家天子為了抬高自己的門第，硬是與太上老君攀親續譜，讓一千多年前的老子做了自己的祖宗，賜號封尊登峰造極。玄妙玉女作為大唐皇帝們奶奶的奶奶，自然也跟著大大沾光，「聖母」之名傳於寰宇，為天上人間所共同讚頌。

二、天庭「大哥大」——玉皇大帝

玉皇大帝，全稱昊天金闕至尊玄穹高上玉皇大帝，簡稱天公、玉帝、玉天大帝、玉皇上帝等，是中國天界的最高主宰。儘管在道家仙牒中，他的地位還列於三清之下，但在普通百姓心目中，他的名氣卻是最大的。畢竟「玉皇大帝」這個頭銜大得嚇人，一般草民只知道看名下菜，自然認為他是萬神之帝。不僅元始天尊、太上老君成為他的屬神，就是佛祖如來也須避讓他三分。

老百姓若是遭了罪，朝天大喊：「老天爺，你開開眼吧！」喊的就是玉帝他老人家。

玉帝居於太微玉清宮，集諸天之帝、仙真之王、聖尊之主等職銜於一身，上掌三十六天，下握七十二地，總管三界（天上、地下、人間）、十方（四方、四維、上下）、四生（胎生、卵生、濕生、化生）、六道（天、人、魔、地獄、畜生、餓鬼）的一切事務，有制命九天階級、徵召四海五嶽之神的權力，所有道教神、仙、聖都要聽命於他，威權極大。

「玉皇」之名，首見於陶弘景《真靈位業圖》，究其信仰，最初源於上古的天帝崇拜。道教玉帝由於出現較晚，形象比較單薄，資歷比較淺，道教為了進一步將其正統化，編寫了《高上玉皇本行集經》，詳細全面地記述了玉帝的出身和履歷：

很久很久以前（大凡神話和童話，都有一個這樣的公式化開頭），有個國家叫光嚴妙樂國，國王名叫淨德，王后名叫寶月光。夫妻二人年紀一大把了，還沒有子嗣。國王擔憂社稷無託，便遍禱眾真聖，希望上天能賜給他一個兒子。一連半載，從不間斷，他的虔誠終於感動了元始天尊。一天晚上，王后夢見天上毫光億道、瑞彩千條，太上道君坐在五色龍車上，懷裡抱著一個身放異彩光焰的嬰孩，在眾仙真的環擁之下，從天而降。王后立刻明白了太上道君的來意，心中驚喜，慌忙跪於道旁連連磕頭，乞求賜此子為未來社稷之主。夢醒之後，王后便覺懷有身孕。足足十二個月後，於正月初九誕下太子。

這太子幼而聰慧，長而慈仁，輔助國王俯含眾生、行善救貧，深得民心。淨德國王駕崩後，太子隨即舍國，遁入普明香岩山修道，歷三千二百劫，修得金仙，初號「清靜自然覺王如來」；

又經億劫，得萬方諸神擁戴，始證玉帝。他妙相莊嚴、法身無上，綜領萬聖、主宰宇宙，行天之道、布天之德，堪稱天界的楷模、神仙的極品。「玉帝」之「玉」，即表示玉帝之位如白玉雕像那樣純潔清淨、永不變色，象徵他是永不退位的終身天帝。

別看道教把玉帝的來歷編得這麼玄，挺能唬人，其實熟悉佛教史的人一看就明白，這壓根兒就是釋迦牟尼成佛故事的翻版。而且從各種小說來看，玉帝似乎也沒有什麼大本事，論法力比不上如來佛祖，論法寶比不上太上老君，既沒見他降妖除魔，也沒見他禮賢下士，那憑什麼天宮眾仙會尊他為至高無上的玉皇大帝呢？

資歷，玉帝最無可比擬的優勢就是資歷，這是他難以撼動的「從政資本」。按照佛祖的說法，玉帝出生得比恐龍還早，《西遊記》第七回：「佛祖聽言，呵呵冷笑道：『你那廝乃是個猴子成精，焉敢欺心，要奪玉皇上帝尊位？他自幼修持，苦歷過一千七百五十劫。每劫該十二萬

玉皇大帝

玉皇大帝是中國天界的最高主宰，有製命九天階級、徵召四海五嶽之神的權力，所有道教神、仙、聖都要聽命於他。道教將玉皇大帝的誕辰定為正月初九，此日稱為「玉皇誕」。

九千六百年。你算，他該多少年數，方能享受此無極大道？』」由此可以推算，玉帝當出生於中生代的三疊紀，距今約兩億兩千六百八十萬年。想想，天上還有哪個神仙比他更早？

玉帝雖說至高無上、至尊無比，但在中國民間，老百姓似乎對他不是很敬重，他經常被當成揶揄嘲諷的對象。蓋因在基督教的救贖觀念中，最終的裁判結果掌握在上帝手中，上帝的羔羊們無論怎麼努力，也無法確定自己能否在末日審判中進入天堂。只有在羔羊們無盡頭的恐懼中，上帝的威嚴和神聖才能顯現出來。而中國人的轉世輪回，起決定作用的不是上天，而是自己前世今生行善或作惡的結果，即便是玉皇大帝也無法參與對人類命運的判決。

更何況玉帝還心胸狹窄，睚眥必報。鳳仙郡的郡侯在玉帝巡行三界那天與妻子爭吵，一時發怒將供桌推翻在地，潑了供品，讓狗吃了，這就讓玉帝勃然大怒，三年不給鳳仙郡降雨，害得百姓民不聊生。沙僧本是天宮的捲簾大將，忠心耿耿，只因在蟠桃會上不小心打碎了一個琉璃盞，就被玉帝重打八百大板，貶到流沙河忍飢挨餓，每十天還要受百箭穿胸之痛。玉帝的妹妹真心與楊君相愛，在人間結為夫妻，生下一子楊戩（二郎神），可玉帝偏要棒打鴛鴦，把妹妹抓回天庭，壓在大山之下，多虧二郎神長大後法力神通，劈桃山救母，才令一家團聚。單單欺軟也就罷了，他更怕硬，一個孫猴子、一根金箍棒，就能把他攪得六神無主、心驚肉跳。這一樁樁一件件，又怎會令中國老百姓對他生出敬畏之心呢？

由於玉帝在中國民間的威望不是很高，所以流傳有不少關於他的笑話。他如何坐上天界第一把交椅這個源頭問題，也被老百姓拿來尋開心。據說玉帝的俗家名字姓張名友仁，封神大戰結束後，太公姜子牙分封眾神，由於私心作怪，他想給自己留下玉皇大帝這個最高的職位。眾神分封完畢，唯有玉帝寶座空著，就有神好奇地問道：「太公何故留下玉皇不封？」姜子牙捻鬚笑道：「自然『有人』受封。」話音剛落，只聽台下一個普通將領磕頭道：「張友仁謝過丞相。」說完化成一縷白光，張友仁飛升玉帝皇座，把姜子牙驚得痛心疾首，懊悔不迭。

因為玉皇大帝姓張，按照「為尊者諱」的老傳統，人間帝王不能與最大的老大相衝突，所以「張」雖然是大姓，中國歷史上卻沒有一個姓張的做正統皇帝（除了少數幾個割據的短命政權）。姓張的只能做名臣做大將，如張良、張居正、張飛、張遼等，或者做神仙，如張天師、張三豐等，但皇帝寶座肯定不能坐！張軌（前涼）、張邦昌（偽楚）、張士誠（偽周）、張獻忠（大西）這四個人不識好歹，硬是要過皇帝的乾癮，結果沒多久就覆亡了。

道教把玉皇大帝的誕辰定為正月初九。正月為一年之初、四季之首，一切生命因而萌發；九為數字之極尊，代表「極大、極多、極高」，所以一年中第一個初九（上九）為玉帝聖誕，與他至高的地位相呼應，此日稱為「玉皇誕」。每逢是日，道觀總要舉行盛大隆重的祝壽道場，行「齋天」大禮，以祈福延壽。而每年的臘月廿五，據傳是玉帝下巡人間的日子，屆時他親自視察各方情況，依據眾生的品行良莠來賞善罰惡。

三、天界第一夫人——西王母

王母娘娘，又稱西王母、瑤池金母、金母元君、九靈大妙龜山金母等，是一位在上古時期就已經名聞天下的女神。其信仰淵源古遠，由來已久。據考證，早在母系氏族社會時，她就是青海湖以西一個游牧部落的女頭領，後來逐漸被中國神話體系所吸收改造，歷經三次演化，終於定型為我們現在所知的樣子。

上古時代是西王母神話演化的第一個階段。這一時期，西王母是一個人面獸身的怪物形象，諸多古籍對此都有記載，顯示出濃厚的圖騰色彩。《山海經．西次三經》云：西王母居住玉山之山，「其狀如人，豹尾虎齒而善嘯，蓬髮戴勝，是司天之厲及五殘」。意思是說西王母的外形大致像人，形態威猛，披頭散髮，長著一條豹子的尾巴、一口老虎的牙齒，經常用高頻率的聲音狂嘶猛吼，是上天派來掌管天災、瘟疫、刑罰的神。她住在玉山（即崑崙山）絕頂的石洞中，有三隻長著紅色腦袋、黑眼睛，叫作「青鳥」的巨型猛禽，每天替她叼來食物和日用品。由此可見，此時期的西王母是介於人獸、人神之間的凶神。黃帝討伐蚩尤時，她曾遣九天玄女授黃帝三宮五意陰陽之略、太乙遁甲六壬步斗之術、陰符之機、靈寶五符五勝之文，黃帝遂克蚩尤。

崑崙神話中的西王母雖然神通廣大，但凶惡的模樣在普通人看來畢竟太過恐怖，不利於西王母在神界地位的提高。所以慢慢地，西王母開始「整容轉型」。《歸藏》和《淮南子》中，西王母就變成了掌不死之藥的吉神。《莊子．大宗師》又將西王母寫成得道之人，說：「夫道，有情有信，無為無形……西王母得之，坐乎少廣，莫知其始，莫知其終。」西漢初奉行黃老無為之術，帝王多求長生以延年。西王母因能製造不死藥使人長生不老，又有「其實如桃，食之不勞」的嘉果，而受到方士們推崇，為貪生怕死的帝王們所孜孜以求，因此漢代普遍把西王母當作賜福、賜壽、賜子，化凶消災的吉神供奉。有些文人為了維護西王母的形象，宣稱《山海經》中那個蓬髮虎齒的怪物，只是西王母的使者「西方白虎之神」，而非王母真形。綜上可見，從春秋戰國至漢初，西王母或為凶神，或為吉神，或為人王，或為得道者，形象不一。

魏晉南北朝時期，是西王母神話傳說演化的第二階段。此時，人們把西王母神話傳說和周穆王巡崑崙、漢武帝訪仙的歷史事實聯繫起來，西王母形象開始逐漸人格化、溫和化，變得端莊漂亮起來。

「瑤池阿母倚窗開，黃竹歌聲動地哀。八駿日行三萬里，穆王何事不重來。」據《穆天子傳》記載，周穆王風流瀟灑，見多識廣，愛江山更愛美人，聽說西王母是絕代美女，特地乘坐由造父駕馭的八駿至崑崙山拜訪。一見之下，西王母果然麗色天姿、風華綽約，又能歌善舞、姿態優雅，周穆王為之傾倒不已，居然「樂而忘歸」。他贈西王母以「白圭玄璧」，兩人同遊瑤池，相談甚歡。周穆王還在山上立了塊碑，上刻「西王母之山」五字。分別之日，西王母和周穆王深情對唱。西王母唱道：「白雲在天，山陵自出；道里悠遠，山川間之；將子無死，尚能復來。」面對西王母的深情，周穆王回唱道：「予歸東土，和治諸夏，萬民平均，吾顧見汝，比及三年，將復而野。」這裡的西王母完全是一位溫婉多情、半人半仙的西域女王。

光陰似箭，韶華易逝，幾百年轉眼過去，西王母對周穆王的思念漸漸淡了，凡間另一位君主漢武帝進入了她的視野。對此最為神奇玄幻的描述，莫過於漢晉時輯成的《漢武帝內傳》、《博物志》等書了。此類書敘西王母見武帝有志學仙，便下凡與之宴飲的逸事，洋洋灑灑、繪聲繪色，極盡渲染鋪陳之能事，讀之令人一詠三歎，禁不住擊掌稱絕。其以筆酣墨飽的文字，把西王母的威儀、神情、衣著、容貌描寫得淋漓盡致。且看：群仙數萬伴駕，五十大仙側立，青鳥使侍，確定了西王母神靈之尊的地位。獅虎麟鶴引導，天馬乘輿君臨，「神鳳紫輪飛行羽蓋二十四乘，五色仗幡命靈之節」，其姿態威嚴已經超過了當朝君主漢武帝。而戀愛中的女人是美麗的，所以漢武帝看到的西王母是「文采鮮明，光儀淑穆……修短得中，天姿掩藹，容顏絕世」的美豔高貴形象，與人面獸身的形象迥然不同，也與會見穆天子時大相徑庭。宴席間，西王母不但親賜武帝仙桃，還命心腹侍女奏樂廷前，或鼓或鐘，或簧或笙，或石或琴，或鈞或磬，歌《玄靈》之曲，唱「大象寥廓」之詞，「眾聲澈朗，靈音駭空」。詩文間雜，

西王母

西王母是在上古時期就已經名聞天下的女神。在形象形成的過程中，她經歷了身分與相貌的三次大嬗變，終於成為神通廣大、雍容華貴、諳熟世情、吉祥永壽的美娘娘。

華麗豐蔚，把一個神仙化的西王母描繪得儀態萬方、光彩照人。

經歷了「美女」與「野獸」這兩大演變後，西王母從人獸合一的凶神或圖騰，到與穆天子相會的女王與佳人，再附會以女仙與漢武帝的傳奇故事，其原始的象徵意義已逐步淡化和失落。到了道教興起，全面吸收西王母加入道教神系，西王母終於徹底脫胎換骨，成為領治群仙、雍容華貴的仙界領袖。道教既然推崇王母，自然要抬高她的出身，於是宣稱她是元始天尊與太元聖母所生，將她列為七聖之一，號「太真西王母」。據《列仙全傳》載，她生而飛翔，與東王公共理陰陽二氣，分掌三界十方之男女仙籍，育養天地，陶鈞萬類。

民間盛行玉皇大帝信仰後，熱心的道教更將女仙首領的西王母嫁給了玉帝，西王母又搖身一變，成為「天界第一夫人」，尊稱「王母娘娘」。她配位西方，居崑崙之間，有城千里，玉樓十二，瓊華之闕，光碧之堂，九層元室，紫翠丹房，左帶瑤池，右環翠山。天上天下、三界十方，女子得道登仙者，都歸西王母管轄。她「一月三登玉清，再宴崑崙，五校眾仙」，有「三千侍女、上官金華玉女七百人」做其侍衛，其中主要有王子登、董雙成等。她的神威，使「十方高聖同擁護，九曜仙真共策行」。神格崇高僅次於三清。

至此，王母完成了身分與相貌的三次大嬗變，性格也由獸性轉變為人性、神性。每一階段的變化都合情合理，令人信服，終成雍容華貴、熟諳世情、吉祥永壽、令人豔羨的美娘娘！

王母娘娘「總領仙籍，承統玉清」，與玉帝平起平坐，既不臣屬靈霄殿，也不隸屬玉清殿，在西崑崙自成體系。她居住在崑崙山上的空中花園——懸圃裡，懸圃的「閬風苑」旁就是瑤池。

瑤池湖水粼粼，碧綠清澈。仙鳥雲集，或翔於湖面，或戲於水中，金風送爽，瑞氣蒸騰，一派祥和景象。池畔有一平臺，西王母的各種大型宴會都在此舉辦，特別是每年的三月初三，天界各路神仙齊集瑤池，「開金碧之靈園，奏笙簧之元樂」，大張壽筵為王母慶壽，稱之為「蟠桃盛會」。《博物志》稱：「那蟠桃三千年一開花，三千年一生實」，吃了能長生不老，壽與天齊。

蟠桃大會作為天界一年一度、普天同慶的超級盛典，十分講究禮儀規矩。不料起自草根的孫猴子偏不服氣，一番蠻攪，硬生生將豪門盛宴弄成了自助餐會，讓王母顏面掃地。

四、三清

在莊嚴肅穆的道教三清大殿中，供奉著神態端莊的三位至上尊神，這就是道教的最高神——「三清」。

三清是玉清、上清、太清的總稱，乃道家哲學「三一」學說的象徵。東漢末年以來，由於佛教傳入中土，道徒為與佛教抗衡，便竭力擴充完善道教的神仙譜系，同時比附佛教三世佛，創立了「三清」尊神。

《道德經》曰：「道生一，一生二，二生三，三生萬物。」「道」無所不在、無所不包，是一切的開始。有了「道」，才有宇宙，宇宙生元氣，元氣化生陰陽二氣，從而產生天下萬物。三清就是「道」的神格化體現，也可以理解為是「道」的三個化身。

「氣」是道教塑造神靈的一大教理依據，據《道教宗源》記載，三清尊神生於天地之先，由混洞太無元之青氣，化生出「元始天尊」，居清微天之玉清境，故稱玉清；由赤混太無元玄黃之氣，化生出「靈寶天尊」，居禹餘天之上清境，故稱上清；由冥寂玄通元玄白之氣，化生出「道德天尊」，即太上老君，居大赤天之太清境，故稱太清。三君各為教主，稱為三洞尊神，為神王之宗、飛仙之主，統御諸天神。玉皇大帝與中天紫微北極大帝、勾陳上宮南極天皇大帝、承天效法后土皇地祇，並稱「四御」，他們共同輔佐「三清」。四位天帝的排名還在三清之下，可見三清在道教的地位實乃最尊、最高。

1.玉清元始天尊

元始天尊，又稱元始天王、上臺虛皇道君，是「三清」首席大神，道教神仙中的「NO.1」。「元始」一詞本是道家敘述世界本原的哲學用語，後來被道教加以神化，《歷代神仙通鑑》稱元始天尊為「主持天界之祖」，在太元（宇宙所有劫數開始）之前出生，所以稱為「元始」。

元始天尊的地位雖然高，但出現卻比太上老君要晚。道教形成初期並無元始天尊，他被捧出的時間約在晉代，最早見於葛洪《枕中書》：「昔二儀未分，溟涬鴻蒙，未有成形，天地日月未具，狀如雞子，混沌玄黃，已有盤古真人，天地之精，自號元始天王，遊乎其中。」一開場就把這位道教新教主與上古神話中開天闢地的盤古大神拉上了關係，說元始天王其實就是盤古，在混沌玄黃的雞子之中度過了四劫，又復經四劫，天地始分，相去三萬六千里，元始天王獨居於天界中心之上的玉京山，以仰吸天氣、俯飲地泉為生。

再經三劫，出現了一位天姿絕美的玉女，號曰太元聖母（即前文的聖母元君）。一次，元始遊行空中，邂逅太元，喜其貞潔美貌，便招她返玉京山，結成夫妻。不過，元始似乎有性冷淡，對夫妻生活比較漠視，竟然每經一劫才與太元聖母歡愛一次，先後生下了有十三個頭的東王公、半獸半人的西王母、玉清真王等子嗣。此後天皇生地皇、地皇又生人皇，太庭氏、庖羲、神農、祝融、五龍氏等都是元始後裔。

元始天尊

元始天尊是「三清」首席大神，道教神仙中的第一位。《歷代神仙通鑑》稱元始天尊為「主持天界之祖」，在太元（宇宙所有劫數開始）之前出生，所以稱為「元始」。

又過了數劫，元始天王感到壽數將盡，軀體與元神都面臨消亡。於是他化作青氣，趁聖母仰頭吸取天上靈氣之時，雜在精氣之中躍入太元聖母體內，借此法轉世重生。太元聖母懷了他十二年後，終於從胳肢窩裡生出了元始天王再世托生的嬰兒。他一生下來就會行走說話，而且無論走到何處，都會有五色祥雲簇擁著他。因其前身是盤古、元始天王，所以稱為元始天尊。

南朝梁時，陶弘景作《真靈位業圖》，將道教神仙分列班次，共分七階，其中將元始天尊列為道教第一級的中位尊神，其級位已凌駕於太上老君之上。至此，經過道教筆桿子們的苦心經營，元始天尊終於坐上了第一把交椅，攫取了原屬於老子的教主地位。道教安排他「居天最高」，住在三十六天最上層的「大羅天」中，所居仙府稱為「玄都玉清三元宮」。玉清境內，有紫雲為閣、碧霞為城，黃金鋪地、玉石為階。眾神仙定時上玉清境朝拜元始天尊，天尊稟自然之氣，沖虛凝遠，常存不滅。每至天地初開，元始天尊便以祕道授諸天仙，所度皆天仙上品，太上老君、太上丈人、天真皇人、五方天帝及諸仙官皆恭聆教誨。

元始天尊門下有十四位得意高足，後來都直接或間接參與了封神大戰，大大影響了中國神話的進程。他們分別是姜子牙、申公豹、廣成子、赤精子、玉鼎真人、太乙真人、黃龍真人、文殊廣法天尊、普賢真人、慈航道人、靈寶大法師、懼留孫、道行天尊、清虛道德真君。

元始天尊的形象是「頂負神光，身披七十二色」，左手虛捻，右手虛捧，象徵「天地未形，混沌未開，萬物未生，陰陽未判」時的無極狀態。其神誕之日為農曆正月初一。

2. 上清靈寶天尊

靈寶天尊，又稱靈寶君、玉晨大道君，是道教的第二尊神。他居於三十六天之第二高位「禹餘天上清仙境」。

靈寶天尊出現的時間晚於太上老君與元始天尊，《洞真大洞真經》載，靈寶天尊乃玉晨之精氣、九慶之紫煙所化，寄胎於洪氏。其母含苞凝元，懷了他三千七百年，才在「西那天鬱察山浮羅丹元」之岳生下他。

靈寶長大後，先是無師自學，坐於枯桑之下啟悟道真。精思百日後，元始天尊下降，授靈寶《大乘之法十部妙經》。於是靈寶拜元始天尊為師，成為中國第一個「研究生」。學成之後，靈寶搬進三十六天的第二天「上清境」，正式開始輔佐導師開展「度人」工作。他以靈寶之法，經九千九百億萬劫，度人有如塵沙之眾，不可勝量。凡遇有緣好學之人請問疑難，靈寶天尊皆不吝教誨。他出入有金童玉女各三十萬侍衛，「萬神入拜，五德把符，上真侍晨，天皇抱圖」，可見氣派之大。後世更稱譽《靈寶度人經》為「群經之首，萬法之宗」。

作為一名「人民教師」，靈寶天尊是優秀的、稱職的。然而，他其實只是元始天尊和太上老君的陪襯，三清的位置裡本沒有他，他在民間的名氣也比較小。「封神榜」時期，世間有三大教，元始天尊的闡教、太上老君的人教，以及通天教主的截教。所謂成王敗寇，由於截教在商周大戰中全面失利，於是就成了邪惡的代表，三大教主之一的通天教主自然不被計入「三清」之列，道教便讓靈寶天尊的靈寶派收編了截教的殘餘勢力，陶弘景《真靈位業圖》又列他坐第二神階中位，靈寶天尊這才得以位列三清。

靈寶天尊的形象常是手捧如意，居元始天尊之左側位。他的神誕日為夏至日。

3. 太清太上老君

宇宙元氣之中蘊有精華，精華純真，稱之為「真精」，真精乃老子之本相。其大無邊，稱之為「太」；其高無極，稱之為「上」；其尊無比，稱之為「老」；為宇宙之首，所以稱之為「君」——太上老君。

太上老君，又稱道德天尊、混元老君，列「三清尊神」第三位，是道教初期崇奉的至高神。《雲笈七籤》云：「老子者，老君也，此即道之身也。元氣之祖宗，天地之根本也……乃元氣道真，造化自然者也。」

太上老君的前身即老子，春秋時著名的思想家、哲學家，道家學派創始人。據《史記》載，老子姓李名耳，字聃，曾任周代守藏史（「國家圖書館館長」），因見周德日衰，遂辭職西去。在西出函谷關時，守關的官員尹喜請老聃寫部書，給後人留下點精神財富。於是老子一揮而就，著《道》、《德》上下篇五千言傳世。此書博大精深，是中國哲學本體論的第一部名著。

東漢末年，天師張道陵創立五斗米道，自稱得老子親傳《道德經》真言，遂以《老子五千文》為道教經典，尊奉老子為道教教祖。這是一種極其高明的做法，因為張道陵本身的名氣不足以與釋迦抗衡，唯有抬出一位古代聖賢作為教門祖師，方能抬高道教身價。老子既是道家學說創始人，學問修養又連孔子都佩服，自然有資格與佛祖分庭抗禮。

而他的高壽，他的不知所蹤、半雲半霧，「神龍見首不見尾」，也都便於將其神化。張道陵所作《老子想爾注》和東漢王阜所作《老子聖母碑》都將老子演化為太上老君，並與「道」相等同。至此太上老君正式成為老子的神格化體現。

老子由人而神，升級為太上老君後，道經中關於他的神話事蹟比比皆是，神乎其神。單就他的出生，就堪稱轟轟烈烈，「神」氣十足。尤以《老子內傳》、《仙鑑》記載最為詳細：

在遙遠的不可想像的年代，老子從宇宙中分神化氣，寄胎到玄妙玉女腹中。玉女得胎後，她所居住的地方，六氣和平、眾惡不侵，冬無凝寒、夏無酷暑，常有祥光覆映左右，五行之獸守衛堂前。這樣過了八十一年。一天，玉女夢見天開數丈，一群真人捧日而出，旁邊玄雲繚繞。醒來後，正值旭日初升，玉女站在李樹上，只見日精漸漸變小，駕九龍從天空墜下，化作流星，如五色彩珠飛到口邊，玉女忙捧住吞到口中，忽然從左肋下誕生一小兒。這孩子一生下來就走了九步，步落之處，蓮花綻起。他左手指天，右手指地，說道：「天上地下，唯我獨尊，我當開揚無上道法，普度一切動植眾生。」玉女將他扶坐到李樹下，他又指著樹說：「這樹名就是我的姓。」因待在娘胎裡的時間太長，小兒一生下來就是滿頭白髮，故名喚「老子」。

老子生下九天，身體便有了九次變化，廣額寬鼻、方口厚唇，額上刻三五紋理，耳朵有三個耳洞；到了六歲時，耳大齊肩，於是取名叫重耳，又號老聃。

他長大後，頂有日光，面凝金色，身長一丈二尺；平時身穿五色雲衣，頂戴重疊之冠，手持鋒鋌之劍，足紋八卦，居於金樓玉堂。出行時雷聲隆隆、電光閃閃，青龍、白虎、朱雀、玄武四大神獸環列四周，儼然為最高神。

陶弘景《真靈位業圖》將老君列為第四中位，以其為太清道主，下臨萬民，主宰象徵天地形成、萬物化生的「太初期」。他住的地方也不俗，乃三十六天之第三十四天，稱為「太清境太極宮」。

至唐代，出於政治宣傳的需要，李唐皇朝尊老子為族祖，追加尊號「太上玄元天皇大帝」，並建太清宮專奉老子，遂使道教直接與皇權相結合，一度成為國教，得到空前發展。太上老君之名益顯，威靈更盛。他的「道」，是道教的信仰核心與基礎，而進一步發揚為得道成仙、長生不老、列位仙班，是道教信徒追求的最高境界。信徒們都相信太上老君是「無上大道」的化身，是永世長存、常分身救世的至尊天神。

太上老君性情恬淡無欲，主張無為而治。在神仙世界，他既是眾多神仙頂禮膜拜的教祖，又是逍遙自在、具無上法力的天仙。在紅塵俗世，老子更是成了那些備受利益擠軋、疲於奔命以及厭倦名利的人竭力追求的偶像，成了許多中國人參悟人生的一份精神映照。

其度世之法，有九丹、八石、玉醴、金液等，尤以煉丹術最為高明。他煉的九轉金丹，培自八卦爐，有起死回生之神效。由於太上老君熔金銷銀之術高明，因此金銀業也奉太上老君為本行業的保護神。他的神誕日為農曆二月十五日。

在三清殿中，太上老君常手持陰陽扇，供奉於元始天尊之右側位。他雙耳垂肩、長髯飄灑，那深邃的目光和額上的皺紋，彷彿正向人們講述著玄妙的「道」理以及長生的祕訣哩！

第8章

萬千星輝耀天河

「夫星宿者，體生於地，精成於天，列居錯峙，各有所屬。在朝象官，在野象物，在人象事。」變幻莫測的星空，神祕幽遠的星體運行，激發了先民無限的情思和幻想。他們崇拜星宿，認為星宿是山岳蒸騰的精華之氣凝集而成，天上的每一顆星辰都是神，分別掌管著宇宙萬物的運行變化，以及人世間一切休咎禍福。古代星象家又依據「伏羲仰觀天文以畫八卦，故日月星辰之行度運數……八卦無不統之」的原理，綜合運用陰陽、五行、易經等學說，進一步解釋了周天星辰的形成、運行與變化。星空被劃分為三垣（紫微垣、太微垣、天市垣）、二十八宿（東方青龍、南方朱雀、西方白虎、北方玄武，各七宿）共計三十一個星區，並以北極為天中（太一），統領天體諸星，從而構成了一個層次分明的星宿神系，一個職司廣泛的龐大星神團。

一、天宮外交家——太白金星

太白金星，在傳統的星占中屬西方，而西方在五行中為金，故名。中國古代又稱之為啟明星、長庚星、白帝子。

金星有別於其他星辰的一大特點是：它有時是晨星，破曉前出現在東方天空，這時為「啟明」；而有時又是昏星，黃昏後出現在西方天幕，此際為「長庚」。它是太陽系中最接近地球的行星，猶如一顆耀眼的鑽石，是人們在漫天星辰裡肉眼能觀察到的最明亮的星星，日出前或日落後，在地平高度四十八度範圍內就可以欣賞這顆美麗的星辰。

金星因為出色的光芒，有史以來就一直是美的代表，不僅古中國人敬畏推崇它，歐洲、南美各國人民也對它有不同程度的感情寄託。在希臘與羅馬神話中，金星即維納斯（Venus）女神，是愛與美的化身。巴比倫人則叫它「天之愛姬」、「光之使者」、「牧者之星」。

太白（金星）與歲星（木星）、辰星（水星）、熒惑星（火星）、鎮星（土星）合稱「五星七曜星君」。在占卜術中，五星各有卦意。金星主殺伐，喻兵戎，當金星和天狼星不期而遇時，占卜師往往會大驚失色，認為天下將烽煙四起，蒼生浩劫。而在道教中，太白金星是地位僅次於元始天尊、太上老君和玉皇大帝的「第四把手」。他在民間知名度頗高，影響也很大，現今人們普遍認為他是一位白髮蒼蒼、慈祥和藹、忠厚善良的老人，但據《七曜禳災法》描述，其最初形象是穿著黃色裙子、戴著雞冠、演奏琵琶的美麗女神，明朝時候，才演變為童顏鶴髮的年邁老者，身背一角天書，手持一柄光淨柔軟的拂塵，神格清高，是輔佐玉皇大帝的軍機重臣，並時常奉玉皇大帝之命監察人間善惡，被稱為西方巡使。

在整個天庭的官僚體系中，李姓幹部占據了重要位置：文官一把手太白金星姓李，武將一把手托塔天王姓李，太上老君也姓李，還有鐵拐李……在這麼多李姓官員裡，太白金星李長庚能夠脫穎而出，絕非偶然。他能夠做到一人之下萬人之上，完全得益於他善良的本性、寬廣的胸懷，以及圓熟的處世手腕。這幾點，在對孫悟空的態度上得到了完整的體現。

《西遊記》裡能贏得孫悟空敬重的人少之又少。對於大權在握的玉帝，他鄙夷地呼之為「玉帝老兒」；對於太上老君，他毫不客氣地偷吃金丹、打翻丹爐；對於如來，也只是畏而非敬，去西天路上還嘲笑如來是「妖怪的外甥」；其他各路神仙更是被他呼來喚去，不拿正眼瞧。只有觀音菩薩和太白金星讓悟空敬重有加，悟空對觀音的敬重源於她的幫助和指引，而對太白金星的敬重，則是由於太白金星高超的交際藝術和樸實的人格魅力。

孫悟空攪地府、鬧龍宮，玉皇大帝第一次要發兵征討，是太白金星替悟空說情，官封弼馬溫；猴子嫌官小，反出天宮後，又是金星出面，招安悟空做了齊天大聖，管理蟠桃園。他對孫悟空的心理拿捏得非常準確，擔當的是出色的調停人，而不是狐假虎威的欽差大臣。儘管身居高位，但他能上能下，對猴子的無禮絕不放在心上，他在玉帝面前奉承玉帝，又在悟空面前誇讚悟空，表面上看似是「欺騙」，實際上是一種極有技巧的外交手段。在他的成功調停下，玉帝和悟空化干戈為玉帛，得了個「雙贏」的局面。這個和善的老頭兒對維持天庭的和諧，做出了巨大的貢獻。

後來，在唐僧師徒西天取經的路上，太白金星又多次暗中相助：雙叉嶺救唐僧、力戰黃風怪、掃蕩獅駝洞，還在無底洞充當和事佬，為豬八戒「性騷擾」一案開脫，令取經團每個成員都深深地為他的高尚神格所折服！在民間，更傳說詩仙李白正是太白金星轉世，因此取名李白，字太白。

二、眾星之母——斗姆

斗姆是道教尊奉的一位與眾不同的女仙，在漢字語意裡，「斗」在地為量器，在天為星斗，泛指「北斗」；「姆」即母親。斗姆就是北斗眾星的母親。《正統道藏》中載：「生諸天眾目之明，為北斗星之母。斗為之魄，水為之精，主生。」所以她的地位十分高貴，道教宮觀中，多在星宿殿中主供斗姆元君，配祀六十甲子太歲星君。

對斗姆的崇拜起源於古人對星宿信仰的延伸。宋代時，道教為了抬高重要星神的地位，造出了斗姆這一眾星之母來統攝星宿體系。《北斗本生真經》和《雲笈七籤》都記載了斗姆的來歷：

在遙遠的古代，有個小國，國王叫周御王，他有一位漂亮而賢慧的妃子叫紫光夫人，深受寵愛。紫光夫人一心希望生下幾個傑出的棒小子來輔佐社稷。某年春天，陽光明媚，百花競放，紫光夫人來到御花園遊玩，看到園中金蓮花池的泉水清澈溫潤，熱氣升騰，氤氳喜人，遂入泉洗浴。洗著洗著，忽然間心有所動，池中放微妙光明，竟然出現了九個蓮花骨朵。一會兒，這些骨朵上的花苞逐一開放，從裡面生出九個胖小子來，個個天真活潑，可愛極了。他們長大後，老大勾陳星成了天皇大帝（四御之一），老二北極星成了紫微大帝（也是四御之一），其餘七兄弟分別成了貪狼、巨門、祿存、文曲、廉貞、武曲和破軍七星，合起來即「北斗七星」。

紫光夫人身為二位大帝和北斗七星之母，自然不同凡響，一下子被封為「北斗九真聖德天后」，又稱「大圓滿月光王」，全稱「九靈太妙白玉龜台夜光金精祖母元君」。作為九皇之母，她以道母之尊號令九皇，凡九皇所掌神職，一概可以向她祈禱，比起逐一求禱九皇，更為集中有效。因此，她逐漸得到了人們的虔誠信仰。

斗姆的形象極為奇特：額上長有三目，肩上共有四頭。上身左右各長出四臂，共有八臂；正中兩手合掌作結印，其餘六臂分別拿著日、月、寶鈴、番天印、弓、金戟等法器。這種造型在道教藝術中是非常罕見的，但在密教裡卻很常見，所以也有一種說法，認為斗姆的原型來自佛教護法神摩利支天。摩利支天也是一位與星辰有關的女神。

道教造出斗姆這位顯神，又賦予她許多神通不凡的本領。不管你多麼貧窮下賤、多麼背運倒楣，只要誠心禮拜斗姆，稱念她的名號，就會消災滅禍，延生得壽。

既然禮敬斗姆功德無量，民間自然會有一些信奉斗姆而獲庇佑的傳說。清初筆記《堅瓠集》記載：康熙年間，有一城裡民居發生火災，蔓延到了張君安開的店鋪，危難中，張君安「合掌稱斗姆寶號不輟，火光照耀人間，人見張君安屋上，有老人策杖巡行，火焰隨滅」。原來「君安奉斗齋多年，極其誠敬，故斗姆垂救，及門而止。奉斗之力，昭然可信」。清代屈大均《廣東新語》也載有明末總督熊文燦宣揚斗姆幫助其剿滅海寇之事。

這些斗姆滅火、助戰之類的傳聞軼說，證明了斗姆信仰在民間的影響力。不過縱深而言，她的影響力還是不如她的兒子——文曲星、北斗七星等來得大。

三、北斗七星君

北斗七星，包括天樞、天璿、天璣、天權、玉衡、開陽、搖光這七顆大熊座星辰，以其在北方，聚成斗形，故名北斗。其中前四星為斗身，後三星為斗柄。北斗七星君，就是這一複合式星群的神祇統稱。

中國是世界上天文學發展最早的國家，古人經過長期觀察星空，發現北斗七星的三個特點：

其一，北斗七星中的天樞和天璿二星的連線永遠指向北極星。古人把天想像成一個巨大的圓形屋頂，所有的星辰都在上面巡遊。而北極星居天之中心，是永恆不動的，天帝的紫微宮就在這裡，與人間的紫禁城遙相呼應。紫微宮的左右兩列，分別是紫微左垣和紫微右垣，垣是城牆的意思。皇宮城牆外面有一駕御車整裝待發，這就是北斗七星，天帝常駕其巡視四方。二十八宿也以北斗為中心。因此，北斗七星是夜間用來指示方向最好的標誌。

其二，北斗七星的斗柄在一年不同的季節裡，指示不同的方向。自古流傳的節令歌訣曰：「斗柄指東天下春，斗柄指南天下夏，斗柄指西天下秋，斗柄指北天下冬。」它不但可以指示季節，還可以按其運轉規律將一年分為二十四節氣，劃分出十二時辰，定十二月，對於制定曆法大有幫助。

其三，借助北斗七星，在夜間可以區分時刻。由於地球自轉的原因，北斗每天都要旋轉一周，夜間就能夠利用斗柄離開初始位置的角度，來推算當時的時刻。

以上特點，相關古籍中都有完整的記載。北斗似乎控制著四方，隱然領袖群星。因此，北斗信仰在星辰崇拜中占有突出的地位。

道教神話中，稱七星乃斗姆所生，一曰貪狼、二曰巨門、三曰祿存、四曰文曲、五曰廉貞、六曰武曲、七曰破軍，合稱「七元解厄星君」。這是道教吸收民間的星宿信仰，將北斗星進一步神格化、社會化的結果。七星君的神職專掌人間壽夭禍福。《老子中經》中稱北斗君「持人命籍」。可見世間億萬生靈，都要由北斗星君決定其為男為女，壽長壽短。

拜北斗求長命的風氣流傳甚廣，歷史上許多名人都對北斗崇敬有加。《三國演義》第一百零三回「五丈原諸葛禳星」中，即有諸葛亮在帳內祈禳北斗，踏罡步斗，企望增壽一紀的描寫。《吳書．周瑜傳》也寫到周瑜命道士禮拜北斗，為己延壽的真實歷史。

北斗七星君是玉帝的得力輔臣，協助玉帝處理春、秋、冬、夏、天文、地理、人道七大政事，自然界天地的運轉、四時的變化、五行的分布，以及人間世事的否泰都由北斗七星君決定，所以民間又敬稱他們為「七瑞星」。他們受命巡遊四方，訪查天下人的功勞過失，並以此決定其人的壽數際遇，對於凡人來說是擁有莫大權力的星神。相傳在北斗星君出遊之日置香案焚香禱告，祈禱之事萬求萬靈。因此自古以來供奉北斗七星君的香火就長盛不衰，秦始皇更是建立了北斗祠，把祭祀北斗列入國家祭典。

隋唐以來，隨著佛教地藏和民間東嶽大帝、酆都、閻羅信仰的廣為流行，北斗總領世間人籍的職能削弱了。於是，有了本命星君之說。《北斗星君賜福真經》認為人的魂魄與歸宿均在「斗府」，「斗」即是人的本命元辰，每個人的性命五體因出生干支的不同，而分屬北斗七位星君管轄，某人屬相歸屬於七星中的哪顆星，那麼，哪顆星就是他的「本命星君」。若於本命日向本命星君稽首祈福，受其護佑，就能保全天命、延生注福。其中，肖鼠之人屬貪狼星君；肖牛肖豬之人屬巨門星君；肖虎肖狗之人屬祿存星君；肖兔肖雞之人屬文曲星君；肖龍肖猴之人屬廉貞星君；肖蛇肖羊之人屬武曲星君；肖馬之人屬破軍星君。

七星雖是一母所生，性格脾氣卻截然不同：

貪狼星生來任性妄為，古書稱之為「殺星」、「桃花星」。「殺」代表殺氣很重，個性衝動；「桃花」代表人緣。七星中貪狼星最為多才多藝，個性也最多變，善惡常在一念之間，一直被諸神視為異類。

巨門星古來稱為「暗星」，在陰性星群裡地位很特別，他心思細密，個性耿直，常直言不諱，好走極端，愛認死理、一意孤行是家常便飯。

祿存星掌爵祿，品性淳厚，待人熱情，虛懷若谷，但凡事大包大攬，常做出些過猶不及的事

北斗七星君

道教神話中，北斗七星為斗姆所生。分別為貪狼、巨門、祿存、文曲、廉貞、武曲、破軍，合稱「七元解厄星君」。這是道教吸收民間的星宿信仰，將北斗星進一步神格化、社會化的結果。

情來。

文曲星天資聰敏，好文不好武，世間書卷，過目能誦，出口之言，字句珠璣，詩詞歌賦、琴棋書畫無不精通，俊雅磊落、口才便捷是他的特點。

廉貞星性情暴烈，心胸狹隘，好忿好爭，得理不饒人。古書稱之為「囚星」。「囚」字代表心高氣傲，不肯低頭，常常劃地自限，逞強爭勝，鋒芒太露。

武曲星重視秩序，勇於任事，不畏挫折，舉止沉穩威嚴。他好武不好文，是七子中武功最好的一個，使一桿紫紋龍音槍。世人知武曲星使槍，個個都學槍法，把槍稱為兵器之王！直到唐代出了大劍客虯髯客，才破了槍乃百兵之王的說法。

破軍星心性狡黠，倔強固執，待人欠缺圓通，權力欲望太大，以狠毒、冷血聞名仙界。他又被世人稱為災星，原因就在於他善施各類瘟法，從金、木、水、火、土五行中，創新出極具破壞力的奇門遁甲之術，有頃刻改變局勢的能力。

七星不同的個性，決定了後來的一場禍事，就是被稱為「七星亂世」的天劫。北斗七兄弟大鬧靈霄寶殿，連當時有十成功力的玉帝也壓制不住他們，最後還是由七子的兄長天皇大帝與紫微大帝出面講和，元始天尊做中間人，才把一場天界大亂平定下來。七兄弟在那場大亂中得罪神仙太多，自知各自性格奇特，不易合群，再留職天宮恐再生事端，一番商議後，一齊退出仙班，歸隱而去。他們留下天樞、天璿、天璣、天權、玉衡、開陽、搖光等七個弟子，繼任北斗星君，但此七子所學不到他們二成，北斗諸星名氣漸弱，後與其餘各斗合併聽命於五斗星君麾下。

四、南斗六星君

南斗，即二十八宿中的斗宿，也就是北方玄武七宿的第一宿，由南方的六顆星星組成，形狀如斗，因位置與北斗相對，故名南斗。秦時宇內一統，秦始皇敕令建立國家級別的南斗祠，南斗信仰由此開始流行。

古人相信星辰具有決定人類命運的超自然力，《星經》云：「南斗六星，主天子壽命，也主宰相爵祿之位。」勢位富貴是凡人熱切祈求的，所以南斗與北斗一樣具有重要的地位。後來民間又流行「南斗注生，北斗注死」的說法，道教吸收後將南斗六星進一步神格化，成為司命主壽的六位星君。《上清經》云：南斗六星，第一天府宮，司命星君；第二天相宮，司祿星君；第三天梁宮，延壽星君；第四天同宮，益算星君；第五天樞宮，度厄星君；第六天機宮，上生星君——總稱「延壽六司星君」。這六宮都設在南極長生大帝的封地之中，隸屬長生大帝管轄。從他們各自的稱謂中，就能看出六星各自的職掌所在。

南斗六星君司職人類壽命，可使短命者壽命延長，據說彭祖就曾向他們求壽，活到八百多歲。關於南斗延壽有一個很著名的故事，載於晉代干寶的《搜神記》：

三國時魏國有位精通天象卜巫的術士叫管輅，最會相面，無不靈驗。一天，他相看了一個叫顏超的年輕人的面相，認為他未及成年就會夭亡。顏超的父親聽後，十分著急，趕緊向管輅討求解救的辦法。管輅告訴顏超說：「你回家後，趕快準備一大壇好酒和一大盤鹿肉乾，於卯日那天，到麥地南頭的大桑樹下，會看到有兩個人在那裡下圍棋。你不要出聲，上前只管斟酒、擺鹿肉乾，杯中酒盡，立即再給他們斟上，一直服侍到他們酒乾肉盡為止。他們要是問你話，千萬不要回答，只管叩頭作揖，就有救了。」

顏超依言而往，準時來到桑樹下，果見有兩人南北而坐，全神貫注地下著圍棋。顏超上前置脯斟酒，殷勤服侍。那兩人只顧著下棋，順手喝酒吃肉，絲毫也沒留意有人在旁。幾巡過後，不知不覺酒肉已盡，北坐穿白袍的弈者伸手不見有酒，猛地抬頭，發現了顏超，叱問道：「你在此幹什麼？」顏超連忙跪下，不斷地磕頭，就是不答話。南坐穿紅袍者掐指一算，原來如此，便說：「我們適才吃了他的酒肉，怎麼著也得幫個忙了。唉，真是吃人的嘴軟，拿人的理短！」北坐者為難地說：「可是文書已經註定了。」南坐者說：「請借文書一觀。」一看，顏超陽壽只有十九歲，便取筆一改，將「十九」改為「九十」，對顏超說：「我救你活到九十歲。」

顏超大喜，拜辭而歸。管輅對他說：「南邊紅袍者是南斗星君，北邊白袍者是北斗星君。南斗掌生，北斗管死。人凡受胎，都要先在南斗那裡登記，然後再到北斗那裡報到。那文書正是生死文書。」顏超聽了感歎不已，後果然高壽，到九十歲方無疾而終。

道教在隋唐時又創造了五斗星君，除南、北二斗外，又加上了東、西、中三斗。道書《度人經》稱：「北斗落死，南斗主生，東斗主冥，西斗記名，中斗大魁，總監眾靈。」除了南、北斗之外，其他三斗純是為了說明道教五方五行的理論才拼湊出來的，全無根據。從中亦可看出南、北斗信仰才是最正宗、最源遠流長的星宿信仰。

五、筆下自有千鐘粟——文曲星、祿星

文曲星，位列北斗第四星，乃紫微垣星官，又名文昌星、文昌帝君。其在封建時代主科舉文章、功名利祿，故又稱為祿星。文曲代表口才、術數，文昌代表文運、文章，若昌曲齊會，則其人必定文韜過人，天下奇才。屬於文曲星降世的，多為輔國良相，舊小說裡就常稱一些著名才子是「文曲星下凡」。

文昌帝君是文曲星神格化的具體崇拜對象。他原是天上六星之總稱，《晉書・天文志》云：「文昌六星，在北斗魁前，天之六府也，主集計天道。」六星各有星名，稱上將、次將、貴相、司命、司中、司祿，古代星相家認為這六顆星是吉星、福星、貴星，掌有建威武、正左右、理文緒、定老幼、主災咎、行功爵等神職。其中，以司命、司中、司祿信仰最顯，尤以司命影響最大，可見當時文昌神主功名取士的職能並不十分顯著，人們更關心的是自己的年壽災咎。不過，隨著封建科舉制度的完善，文昌神主宰功名利祿的功用日顯，「職司爵祿科舉之本」，成為文人求取祿賞仕進而虔信禮拜的尊神。

文曲星與祿星合二為一，始於宋元之際。祿，即官吏的俸祿，高官厚祿是士人們一心嚮往的。科舉制度的興起，讓平民百姓有機會靠讀書做官改變自己的命運，無數讀書人耗費一生光陰來背誦聖賢的經典文章，為的就是圓蟾宮折桂的美夢。宋代時科舉已成為文人入仕最為重要的途徑，求取功名的學子們為了在激烈的競爭中脫穎而出，莫不是自身努力讀書之外，又祈求神明的

幫助。只不過讀書既然是為了當官，何必再浪費精力逐一叩頭拜神，索性將文昌神和祿星糅合到一塊兒，文運爵祿一起求，燒香許願都省事兒。

祿星的原型，本是梓潼神張亞子。張亞子是蜀人張育與亞子兩位人物合併而成的神靈。東晉寧康二年（374），張育自稱蜀王，起兵抗擊前秦苻堅，英勇戰死。蜀人在梓潼郡七曲山建張育祠，尊奉他為雷澤龍神以資紀念。而張亞子又名張堊子，於周初降生於黃帝族裔，歷代顯化，至晉時化為張堊子。《太平寰宇記》記有他顯靈的神異故事：張亞子曾經在長安見到姚萇，說：「劫後九年，君當入蜀，若至梓潼七曲山，幸當見尋。」姚萇在前秦建元二年（344）果然來到梓潼七曲山，見到一神人。神人說：「君早還秦，秦無主，其在君乎？」姚萇請問那神人的姓名，神人說他叫張亞子，說罷就不見了。姚萇回到秦地後果然稱帝，於是就在秦地立廟來祭祀張亞子。

唐「安史之亂」時，唐玄宗入蜀，夜宿七曲山，夢見張亞子顯靈，謂玄宗不久將退位為太上

祿君

祿星的原型，本是梓潼神張亞子。宋代張亞子神信仰流傳，張亞子被加封為「英顯王」。各種傳說使其成為主宰「千鍾粟」的祿神。到了元代，祿神與文昌神正式合為一神，同時掌管天上的文昌府和人間的祿籍。

皇。唐玄宗遂舉行隆重祭祀，追封張亞子為左丞相。唐末，僖宗避亂奔蜀，加封張亞子為「濟順王」，並親解佩劍贈給亞子。由於唐朝帝王的推崇，張亞子的影響迅速擴大，逐漸由地方神演變為全國性的大神。張育祠後與梓潼神亞子祠合併，張育隨即傳成張亞子。

宋朝，張亞子神信仰傳衍益廣，廟宇遍布各地，宋皇復加封其為「英顯王」，其顯靈之事也越傳越神。陸游《老學庵筆記》載：「李知幾少時，祈夢於梓潼神。是夕，夢至成都天寧觀，有道士指織女支機石曰：『以是為名字，則及第矣！』李遂改名石，字知幾，是舉過省。」後來果然省試及第。吳自牧《夢粱錄》亦云：「梓潼帝君廟，在吳山承天觀，此蜀中神，專掌祿籍，凡四方士子求名赴選者悉禱之。」又傳說梓潼神獨具慧眼，能在萬千人中分辨出哪一個將來會做宰相，而他暗示的方式就是以風雨相送。大文豪王安石在幼年時曾陪父親遠遊，途經梓潼廟，突然風雨大作，父子二人趕忙進廟躲避。但這風雨卻讓廟中一位書生非常興奮，原來他是專程來此祭拜梓潼神的，求功名的讀書人如果趕上梓潼神「風雨送貴人」，那就表明此番赴考必定金榜題名，甚至可以官至宰相。這位書生因為這場風雨高興壞了，自負輕狂地認為自己必定高中，結果卻名落孫山。失意的書生再次來到梓潼廟，向當地人抱怨說梓潼神根本就不靈驗。直到若干年後，王安石高中狀元，後來又一直升到宰相，梓潼人才恍然大悟，「風雨送貴人」的說法果然靈驗，只不過這貴人不是那位倒楣的書生，而是當時才七八歲的小王安石。

這些傳說，使得梓潼神名正言順地成為主宰「千鐘粟」的祿神。祿神在民間很受歡迎，民間常有「加官晉祿」、「福祿壽齊」、「官上加官」、「馬上封侯」等題材的年畫、風情畫和吉祥圖案等。這一類畫還常常使用諧音的方法，以某種實物來代替字義，如以「鹿」代替「祿」，身穿官袍的祿神騎著鹿，或是一官人模樣的人以手撫鹿，無不突出著「進祿」及官運通達的主題。

元仁宗時，封祿神張亞子為文昌帝君，司文事，主大比制科，祿神與文昌神正式合為一神，同時掌管天上的文昌府和人間的祿籍。一位是在人間屢屢應驗的功名科舉神，一位是天上主管提拔人才的星官，二者強強聯手，相得益彰。司文，則貴賤命運所繫，文武醫卜、士農工賈，凡一民一物之枯榮貴賤，皆隸文昌帝君之造化；掌祿，則主宰凡人之食祿、財祿、壽祿、官祿、俸祿，是決定人們在世間能享受多少利祿的主神。於是，文人們向這一幸運之星祈求應試順利、升官發財的香火數百年來旺旺旺，從未有斷。每逢文昌帝君誕辰，童生、秀才、廩生、貢生、舉人以及私塾老師都要準備全牛及供品，至文昌廟行「三獻禮」祭祀之。

關於文昌帝君的靈驗，《宋稗類鈔．科名》裡還記載了這樣一個故事：兩個窮舉子赴京應試，夜裡宿在文昌廟內，午夜時忽然驚醒，聽到文昌帝君正為來春的狀元擬一篇殿試卷，並決定招來未來狀元的魂魄以傳授試卷。這兩個舉子把文昌神的答卷都記了下來，心想必中狀元無疑。誰知臨考之時，題目雖然和神靈所擬的一樣，但答案兩個舉子卻忽然一句也不記得了，只好交白卷而出。後來看到新科狀元的卷子竟和文昌帝君所作一模一樣，這才悟到祿命是上天註定的，自己命裡沒有，強求也沒有用。遂就此罷筆絕試！

文昌帝君雖然是道教的神，但又帶有濃厚的儒家色彩。按照儒家「君子坦蕩蕩」的原則，他的身旁常有一聾一啞兩位貼身親信相伴，即俗稱的「天聾」、「地啞」。因為文昌帝君掌管文人仕途窮達，特意安排聾、啞二僕相隨，「使其知者不能言，言者不能知，天機弗泄也」。這也反映了士子們對考官的極度不信任，和對考場黑暗的憤懣不平。

六、壽星

道教是一個以追求長生不老為目標的宗教，因而在其神譜中，有一位能夠令人健康長壽、命數綿久的神仙特別受歡迎，這就是壽星。

壽星，又稱老人星、南極仙翁、南極真君，是天空中亮度僅次於天狼星的恆星，也是南極星座最亮的星。由於壽星在夜空中能持續不斷地發光，象徵人壽久長，因此備受人們的追捧。

南極老人最初是掌國運興衰的神仙，後來才逐漸演變為司人長壽的神祇。《史記・封禪書》唐司馬貞索隱：「壽星，蓋南極老人星也，見則天下理安，故祠之以祈福壽。」《天官書》認為，老人星出現，天下安；老人星不見，兵禍起。《史記正義》對此解釋說：「老人一星，在弧南（天狼星東南），一曰南極，為人主占壽命延長之應……見，國長命，故謂之壽昌，天下安寧；不見，人主憂也。」因此古人對壽星極為關注，常常在秋分時節到城南郊外觀測南極星，以卜吉凶。

對壽星的崇拜自古以來就極為普遍，秦漢時，即立壽星祠祭奉，將壽星視為主人間壽夭之神，列入國家祭典。東漢以後，還將祭祀老人星與敬老活動結合起來。據《漢書．天文志》記載，每年仲秋之月，國家都會對邁入七十歲的老人「授之以玉杖，餔之糜粥。八十、九十，禮有加賜」。借此祝老人飲食不乏，身體安泰。可見，尊老敬老自古就是中華民族的傳統美德，後世為老人祝壽，以南極仙翁作為長壽吉祥的象徵，正是這種民俗的延續和繼承。唐開元二十四年（736），唐皇又詔示所司特置「壽星壇」，祭祀老人星。

不但國家禮敬，壽星在民間也備受尊崇，在彈詞《白蛇傳》以及後來的《三仙寶傳》裡，南極仙翁均作為好心腸的慈祥老頭兒出現。《盜仙草》一段，白蛇飲雄黃酒現形將許仙嚇死，她潛入崑崙山盜取仙草，途中與鶴、鹿二童鬥法，不敵，南極仙翁憐惜白蛇對愛情的堅貞，贈以靈芝將許仙救活。而在明代馮夢龍的《警世通言．福祿壽三星度世》中，也專門講述了南極星翁的故事。元明雜劇中，亦有《南極登仙》、《群仙祝壽》、《長生會》等講述壽星的著作，可見壽星已深深植入了中國傳統文化之中。

明洪武三年（1370），乞丐皇帝朱元璋認為「命在己不在天」，曾經下令罷黜壽星祀。然而，壽星信仰已深入民間，廣大民眾對之篤信不疑，道教中的奉祀也依舊不廢，《真靈位業圖》把南極仙翁排在「太極左位」，稱「南極老人丹陵上真」，還將其與賜福天官、文昌帝君並列為「福祿壽」三星。「人間福祿壽，天上三吉星。」這三顆亮星高懸照耀，象徵幸福、富貴與健康長壽，最是討巧討喜。

壽星的形象是在明末定型的，此前的壽星一般是「如意蓮花冠，鶴氅、牌子、玎璫、白髮、白髯、執圭」，而現今普遍供奉的壽星公相貌，神味已極淡薄，但人味兒卻很濃：他身量不高，大耳白眉，披著過腰的飄逸銀髮，襲一領廣袂仙衣，左手拄著龍頭拐杖，右手捧著瑤池仙桃，笑容可掬地望著世間的善男信女，好一副慈祥和藹、雍容富態的氣派。特別是他的額頭，碩大的腦門光禿禿地向前突出著，酷似仙桃，異常醒目。壽星的身畔通常還點綴有松、鶴、龜、靈芝、葫蘆、梅花鹿等吉物，更增添了吉祥的意味，突出了長壽的主題。

壽星這一最終定型的形象，係各種元素糅合而成。白髮，因耄耋長壽聯想而來；長拐杖，出於東漢時的敬老儀式，七十以上老人都賜以九尺長鳩頭玉杖。至於他的特大號腦門，據《通俗編》記載還有一則傳說：壽星母親懷上壽星已經九年，尚不能分娩。母親不知天降異人，至少都要懷胎十年方能出世。她焦急地問肚子中的孩子：「兒啊，你為什麼還不出來呢？」壽星在娘胎中說：「如果家門口的石獅雙眼出血，我就可以出生了。」這話被隔壁的屠夫聽到了，就用豬血塗在石獅雙眼中，母親告訴了肚中的兒子，壽星急忙從母親的腋下鑽了出來。因為未足年份，發

壽星

壽星是天空中亮度僅次於天狼星的恆星，因為其在夜空中不斷發光，故古人以之象徵人壽久長。作為神的壽星形象定型於明末，他腦門突出，慈祥和藹，雍容富態，身邊常點綴著松、鶴、龜、靈芝等吉物，更增添了吉祥的意味，突出了長壽主題。

育不全，他的頭就變得長而隆起了。

凡間以年過半百入壽齡，五十歲起的生日正式稱為「祝壽」。到時雖無各路神仙前來祝賀，但大廳正中卻少不了懸掛一張為西王母獻桃祝壽的《壽星圖》，以此祝老人家福如東海，壽比南山，既親切又包含著濃濃的敬意。

此外，也有一說法認為壽星是仙人彭祖，這在《神仙傳》或《列仙傳》中都有記載。彭祖，姓錢名鏗，係上古五帝之一顓頊的玄孫，軒轅黃帝的第八代傳人。因「制羹獻堯」而受封於大彭，因此號為「彭祖」。他經歷了堯舜、夏商諸朝，到商末紂王時，已七百六十七歲，兒孫都死過五十四個，依然不見衰老。相傳他活到八百歲，然後不知所蹤，是中國正統史書中記載的壽命最長的人。

彭祖生性恬淡，不關心世俗名利，不追求虛名榮耀，只是專心致志地講求養生長壽之道。對於上古時期的《九都》等養生的經書，他潛心研習，融會貫通，學以致用；並且經常服用水桂雲母粉、麋角散等，使得顏面長葆青春。

他對氣功也頗有研究，經常盤腿危坐，調理氣息，揉拭雙目，摩挲身體，凝神屏氣地練功。他臉無怒容，笑口常開，有時生病或疲勞時，就運用氣功祛病，內氣潛轉，直達五臟六腑，最後到四肢毛髮，那氣流像輕雲一樣在體內流轉，既驅除疲勞又能治癒疾病。

由於以上原因，再加上他擅食補、懂導引，因此壽命綿長，成為中國文化中長壽的象徵。

七、讀書人的主宰——魁星

愛喝酒划拳的人，在行酒令時，一定知道「五」的酒令喊什麼。對，是「五魁首」。不過划拳者未必知道，「五魁首」的確切含義其實跟酒毫無關係，倒是跟古代的文人頗有淵源。這要從魁星崇拜說起。

魁星，又名大魁夫子、大魁星君，乃北斗第一星，《史記・天官書》稱為「璿璣」。張守節《史記正義》謂：「魁，斗第一星也。」魁星又是北斗前四星（天樞、天璿、天璣、天權）的總稱。因四星排列成方形，形似斗，故又稱「斗魁」。

魁星原為奎宿，即仙女座和雙魚座，居二十八宿中西方七宿之首。漢代緯書《孝經緯・援神契》云：「奎主文章。」所以奎宿被看作主宰文運之星，相傳大文豪蘇軾便是天上奎宿降世。而祕書監則稱為「奎府」，皇帝寫的字稱為「奎書」、「奎章」。後來文人們為了科考功名「一舉奪奎」，互相不擇手段，明爭暗鬥，於是有好事者心血來潮，將「鬼」與「斗」二字合而為一，造出一個同音的「魁」字，取代了「奎」。魁星由此成為文人學士所尊崇的神星。

魁星既主宰文章興衰，自然和文曲星一樣，在古代知識份子心目中具有極高的地位。唯一的區別是，文曲星經過歷代帝王正式冊封，已被納入道教的「體制內」，享受官祭，屬於「公務員」性質，福利俱全。而魁星雖然流傳甚廣，但一直只是民間信仰，香火再盛也還是「國家高級約僱工」。

魁者，第一也。科舉考試中進士第一名（狀元），稱作「魁甲」；鄉試第一名（解元），稱作「魁解」。在古代，科舉的成敗，往往決定著一個書生一生的命運。明清時期科舉制度達到頂峰，科舉考試實行的是「五經取士」制。所謂「五經」，就是《詩》、《書》、《禮》、《易》、《春秋》這五部儒家經典。每經所考取的頭一名稱之為「經魁」，在鄉試中，每科的前五名必須分別是其中一經的「經魁」，就是五個第一，故稱「五魁首」。這非常不容易獲得，就像現代考試中國文、數學、英語、物理、化學各科頭名一樣。

人們不僅以魁代奎，還給魁星的來歷以美好的解釋：魁星原本是一名書生，雖然長相奇醜無比，臉上布滿麻點，又是個跛腳，但他志存高遠，發憤苦讀，終於高中三甲。皇帝殿試時，問他臉上為何全是麻點，他答曰「麻面滿天星」；皇帝十分高興，又問他為何跛腳，答曰「獨腳跳龍門」。於是龍顏大悅，欽點他為狀元，死後成為星神，專主文運。

另有一則傳說認為，魁星生前是個孤兒，雖滿腹經綸，卻因相貌醜陋，殿試時驚嚇了皇后

魁星

魁星主宰文章興衰，在古代知識份子心目中具有極高的地位。其形象張牙舞爪、赤髮藍面，一腳獨立於鰲頭之上，另一隻腳向後蹺起如踢斗狀。左手橫胸擒龍狀，托起一具墨斗；右手高舉一支飽蘸濃墨的大筆，筆尖指斗，表示以妙筆點定才高八斗之人。

娘娘，導致屢試不中。他怒火萬丈，仰天疾呼：「有才無貌，天何生我？」憤恨之下將裝書的木斗踢掉，拋服去冠，投海自盡。霎時間雷霆霹靂、狂風巨浪，驚動了東海龍王，龍王忙令靈鼇浮頭，將其救起。此事也震驚了天庭玉皇，又敬又憫之下欽賜他為魁星。所以魁星神像，腳下必有鼇頭。唐宋時，皇宮正殿的臺階正中石板上，雕有龍和鼇（大龜）的圖像，考中進士者要站在臺階下迎榜，頭名狀元則榮幸地站在大鼇的腦袋上，遂有成語「獨占鰲頭」。

綜上所述，文士們自然十分樂意奉祀魁星，希望對自己能有所庇護，最起碼也求得心理上的寄託。農曆七月七，女子乞巧，讀書人也沒閒著。這一天不但是中國的情人節，還是魁星的生日。想求取功名的人一定會在七夕這天祭拜魁星，祈求他保佑自己「考運」亨通，一舉奪魁。從漢代開始，這位讀書人的保護神即香火鼎盛，到唐宋更盛，幾乎每個城鎮都有魁星樓、魁星閣。

樓建了，閣蓋了，但魁星長什麼樣呢？誰也沒譜，索性就在「魁」字上打主意。先對「魁」字中的「鬼」加以藝術化，上半部變成個頭，下半部的左撇變成舉筆的手，右面的彎勾變成向上反踢的腿，「厶」則變成墨斗，另寫「斗」字於腳的上方，構成了別具一格的魁星形象，並正式固定下來。這魁星張牙舞爪、赤髮藍面，一腳獨立於鼇頭之上，另一腳向後蹺起如踢斗狀；左手橫胸擒龍狀，托起一具墨斗；右手高舉一支飽蘸濃墨的大筆，筆尖指斗，表示以妙筆點定才高八斗之人。士子一旦被點中，文運、官運就會隨之俱來。此即所謂的「魁星點斗，獨占鰲頭」，被認為是前程無量的大吉之兆。誰考試前夢見魁星，誰就能成為考場上的幸運兒。

第9章

常沐嵐風聽疾雨
豁然霹靂觀驚雷

風雨雷電

「盤古之君，龍首蛇身，噓為風雨，吹為雷電。」風雨雷電作為自然界最普遍為人類親身感受接觸的現象，自遠古時起就因其神祕而傳奇頗多。上古時期，黃帝的屬臣裡即有他們的身影，《韓非子・十過》：「昔者黃帝合鬼神於西泰山之上……蚩尤居前，雷神開路，風伯進掃，雨師灑道。」至道教譜系，風伯、雨師、雷公、電母這四大神明又組成了分工細緻的天界「氣象局」，專司天地萬千氣象。他們並屬玄武神系，在孕育蒼生、潤澤萬物方面有不可替代的重要作用。

一、風伯

風起風靜，由誰主宰？風神信仰由此自然而然地出現了。由於對產生風的原因認識不同，起初中國各地的風神信仰各具特色，有的民族看到鳥翅撲打，便把風神幻想成某種神祕的風鳥；《山海經》裡也認為北方的風神是鳥類，稱為「鵷」。到了戰國時期，風神信仰才逐漸集中起來。

一說風伯為飛廉，原是蚩尤的師弟。他相貌十分奇特，鹿身、豹紋、頭如雀，頭上有角，崢嶸古怪，還有著蛇一樣的尾巴，基本上保存了諸多原始崇拜的殘遺。他曾與蚩尤一起拜一真真人為師傅，在祁山修煉。

修煉時，飛廉發現山上有一塊大石，每遇風雨來時便飛起如燕，等天放晴時，又安伏於原處。他暗暗稱奇，時刻留心觀察。有一天半夜，這塊大石又動了起來，轉眼就變成一個形同布囊的無足活物，它從地上深吸兩口氣，然後仰天噴出。頓時狂風驟發，飛沙走石，這活物似飛翔的燕子一般，在大風中盤旋飛舞。

飛廉見此奇景，忍不住一躍而上，將它撲在地上。響聲驚醒了一真真人，他趕來仔細一瞧，不由得捋著鬍鬚笑了起來。原來這活物竟然是「通五運之氣候，掌八風之消息」的「風母」。飛廉因緣際會，得此寶物，從此認真鑽研，終於從「風母」處學會了招風、收風的奇術。

風雨雷電神

風伯、雨師、雷公、電母這四大神明組成了分工細緻的「天界氣象局」，專司天地萬千氣象。他們並屬玄武神系，在孕育蒼生、潤澤萬物方面有不可替代的重要作用。

飛廉與蚩尤有同門之誼，當蚩尤與黃帝展開對決時，蚩尤就請來飛廉助陣，飛廉與雨師施展法術，頃刻間暴雨狂風，把黃帝大軍吹打得暈頭轉向，陷入了重圍。後來多虧了風后製造的司南車，黃帝才辨清了風向，殺敗蚩尤。飛廉也被黃帝降伏，乖乖地做了掌管風候的神，成了風伯。

第二種說法，認為風伯是箕星，又稱箕斗、斗宿，是二十八宿中東方七宿之一。

風伯原屬自然神，道教吸收了這一信仰，列風神入譜系，唐宋以後逐漸人格化，飛廉與箕伯相互影響融合，形成了「白鬚老翁，左手持輪，右手執箑，若扇輪狀」的固定形象，並取名吒，號長育。「吒」說明風的特徵，「長育」是指風吹拂大地，化生萬物。因風伯的主要職能是配合雷神、雨師滋潤萬物生長，所以受到歷代君主的虔誠祭祀。

和煦的風、清涼的風，帶來舒適與愜意，然而風伯也時不時地發點壞脾氣，以颶風毀壞屋舍、傷害人命，形成自然災害，因此又被視為凶神。天神后羿曾經縛風伯於青邱之澤，為民除害（見《淮南子・本經訓》）；而民間也有殺狗祭風神之俗，祈求雨隨風至、風止雨歇，這都與風的難以駕馭有關。

二、雨師

古代中國數千年來都是農業社會，民間對於作物生長必不可少的降水極為重視，因此掌管四季下雨的雨神是與民眾生產、生活關係最密切的神。早期的雨神崇拜因地區不同而異，戰國時開始統一，通稱為雨師。

風伯與雨師這對搭檔，在上古神話時期，不甘心居於黃帝之下，但實力又不夠，於是在涿鹿之野追隨蚩尤與黃帝作戰，黃帝召來女兒旱魃，收風息雨，大敗風伯和雨師。不過在蚩尤被斬首後，寬宏大量的黃帝最終赦免了風伯和雨師，要他們改惡向善，從此為民造福。

雨師的原型人物是誰，歷來說法不一，秦漢古籍記載以萍翳為雨師者居多。屈原《天問》云：「蓱號起雨。」漢王逸注稱：「蓱，萍翳，雨師名也。」《廣雅．釋天》：「雨師謂之萍翳。萍翳又稱屏翳。」

魏晉以來，則以玄冥為雨師。因為玄冥是古代五行官中的水官，水與雨相通，所以被當成雨師。這玄冥原本是東海五神山散仙之一，由於人物瀟灑、神采飄逸，深得眾女仙青睞。他也處處逢場作戲，廣交女友，是有名的風流仙人。

後來雨師被道教納入神系，或云為商羊，或云為赤松子。赤松子，又寫作「赤誦子」，傳說是炎帝神農氏時主行霜雨的雨師。神農氏時，人間曾經發生過一場罕見的旱災，一連數月，天上沒有一滴雨灑落，田裡的禾黍全都枯萎了，江河也乾涸斷流。旱情最嚴重的地方，川竭山崩，皆成沙磧，人畜都瀕臨渴死的境地。神農氏為此連頭髮都快愁白了。這時，不知從哪裡跑來一個蓬頭跣足、形容古怪的野人，他上披草領，下繫皮裙，手裡還拿著根柳枝。野人自我介紹說：「我叫赤松子，曾隨師傅赤道人在崑崙山西王母石室中修煉多年。赤道人常化飛龍，南遊衡嶽，我亦化為赤龍，跟在他身後，學會了行雲布雨的本領。現在特來幫你解決旱災。」

神農氏聞言大喜，讓赤松子馬上顯示一下本領。只見赤松子取出一種叫「冰玉散」的粉末吞下，化為一條赤龍，直沖雲霄。霎時間，天空烏雲密布，傾盆大雨兜頭澆下，眼看就要枯死、旱死的莊稼與人民，又恢復了勃勃生機。神農氏大喜，立即封赤松子為雨師，專管布雨施霖之事。

不過這位赤松子先生雖然有點本事，但性情散漫，後來不知如何從西王母那得了不死藥，能入火不焚，隨風雨上天下地。他成了仙，上了天，還順便拐跑了炎帝的小女兒。直到高辛氏的時候，赤松子才想起自己的職責，又回到人間做雨師。

此外，《事物異名錄》還說雨師是陳天君。他的典型形象是烏髯壯體，左手執盂，內盛一龍，右手若灑水狀。民間更有傳說雨師為唐朝大將李靖。此皆影響甚小，不足憑信。

自南北朝開始，雨師漸漸只行於官方祭祀系統中，民間祈雨或求龍王，或求商羊，最初的雨師在民間反而漸漸地湮沒不聞了。因此現在專門奉祀雨師的祭典已不多見，只在道教大型齋醮儀禮上，才設置雨師的神位，隨眾神受拜。

值得一提的是，雨神崇拜傳到華洋融匯的香港後，發生了重大嬗變：既不在姜子牙「封神榜」七十二部正神中，也不在道教神祇譜系裡的黃大仙，竟成了雨神的化身。

黃大仙俗名黃初平，晉朝人，年幼家貧，八歲時替人牧羊，十五歲時在故鄉金華赤松山遇仙人，進入福地修煉，一修就是四十年。他的哥哥也找他找足了四十年。一日兄弟倆終於在赤松山相見，哥哥已滿頭白髮，黃初平還是蒼鬢壯年。哥哥很驚訝，問四十年前放的羊在哪裡？黃初平答道：「在山之東。」哥哥放眼望去，只有白石一片。黃初平呵呵一笑，輕喝一聲，登時白石都變成了山羊。他將羊群交給哥哥，隨後將手往天邊一招，一隻白鶴翩翩飛來，黃初平跨鶴徑往南天而去。哥哥這才知道黃初平已經得道成仙了。這一黃大仙「叱石成羊，騎鶴南天」的故事，至今還在赤松山一帶流傳。

黃大仙得道後，時常下凡到民間懲惡除奸、降雨驅疫，而他的「有求必應」更是人所共知，因此信奉他的人非常多，特別是在香港，黃大仙廟香火鼎盛，是許多香港人的精神寄託。無論是保平安、求事業、問姻緣，或者有任何疑難，都可以找黃大仙求解迷津。

三、雷公

無論在東方還是西方神話中，雷神都是個響噹噹的硬角色，對他的崇拜，乃是一種古老的，並且具有全球性的文化現象。有些民族甚至除了「雷」一字之外，再沒有其他字眼來表示神。這是因為疾雷擊毀樹木、擊喪人畜，又響天徹地，它可能帶來的災害，對原始人類有著最直接的感性衝擊，足以激起人類的最大怖畏和恐懼感，進而對之加以頂禮膜拜。

中國的雷神崇拜由來已久，上古時期天帝的部下裡就有雷神，《甲骨文辭》中就經常出現「帝令雷」的字樣。在民間傳說中，更有認為雷神是黃帝的大臣雷公所化，《歷代神仙通鑑》裡記載：黃帝與雷公一起去旅遊，「至一澤邊，雷公下車，自往掬水解渴，忽翻入澤底。帝急令人撈救，崖上但聞澤中震聲如雷，其人奔起曰：『直沒至底，見雷公已化為神，龍身而人頰，自鼓其腹而鳴。』」。

雷神雖然威風凜凜，但形象一直欠佳，係由獸形向半人半獸形，再向人形逐次遞變。《山海經・大荒東經》云：「東海中有流波山，入海七千里。其上有獸，狀如牛，蒼身而有角，一足，出入水則必風雨。其光如日月，其聲如雷，其名曰夔。」這個「夔」，就是最早期以獸形出現的雷神。不過初次出鏡的雷神只是在「黃帝大傳」中扮演了一個小角色，登場只一幕，臺詞都沒有，乾吼了幾嗓子就被黃帝捉來殺了，把牠的皮剝了做鼓，敲一下聲震五百里，拿來鼓舞士氣正好合用。

到了戰國時期，雷神進化了，好歹有了個人的頭，「雷澤中有雷神，龍身而人頭，鼓其腹則雷也」。人們認為雷聲在天，而龍亦飛騰於天，便將二者結合了起來；又因為雷聲很像鼓聲，就在其腰間安置一鼓用來發聲。可惜雷神沒有走上搖滾樂隊鼓手的道路，他的形象在六朝又進一步演化。王充的《論衡・雷虛》記載：「累累如連鼓之形；又圖一人，若力士之容，謂之雷公。使之左手引連鼓，右手推椎，若擊之狀。其意以為雷聲隆隆者，連鼓相扣擊之（音）也；其魄然若敝裂者，椎所擊之聲也。」《搜神記》則稱雷神「色如丹，目如鏡，毛角長三尺，狀如六畜，似獼猴」。《鑄鼎餘聞》卷一說：「大首鬼形，白

雷神
雷神崇拜是具有全球性的古老文化現象。中國的雷神形象威猛，以雷鼓催雲助雨。同時，他還具有復雜的社會職能，常替天行道，專劈人間的惡人。倘若被雷擊中，稱之為「殛」，就是俗稱的「天譴」。

擁項，朱犢鼻，黃帶，右手持斧，左手恃鑿，運連鼓於火中。」這時候的雷公就比較威風了，除了有鼓，還多了把斧與椎，看誰不爽，就可以來一傢伙。

明清之際，又出現了「完全進化版」的雷神，這一雷神「狀若力士，裸胸袒腹，背插兩翅，額具三目，臉赤如猴，下頦長而銳，足如鷹，而爪更厲，左手執楔，右手持槌，作欲擊狀。自頂至膀，環懸連鼓五個，左足盤躡一鼓」。此時雷神的形象已趨於豐滿，由於雷來自空中，人類首先很自然地將之與翱翔於天空的鳥類聯繫在一起，因此賦予了他雙翅；而雷又威力無比，人們就給他裝備了「楔」、「槌」一類的強力武器。藉由一系列的細節描繪，這一形象就成了日後雷神的「標準像」，具體特徵即猴臉、尖嘴，所以民間有「雷公臉」、「雷公嘴」的說法。孫悟空、雷震子的相貌即是典型的雷公臉。

《封神演義》裡，商朝的太師聞仲死後被封為「九天應元雷聲普化天尊」，也就是「雷祖」，率領雷部天雷、地雷、人雷各十二雷公，以及催雲助雨護法天君二十四名。雷祖平時居於神雷玉府，在碧霄梵氣之中。行雷之所則是高八十一丈的雷城，有雷鼓三十六面，行雷之時，雷祖擊鼓一下，即時雷公雷師興發雷聲。在這裡，雷神已脫離了單一天神的原初狀態，形成了完備的雷部諸神體系，為道教雷法道派的發展奠定了基礎。

隨著雷神人格化進程的演進，雷神又有了「雷公」、「雷王」等稱呼。「雷公」是民間對雷神的一種最為普遍的稱呼，最早見於屈原的《楚辭．遠遊》：「左雨師使徑侍兮，右雷公以為衛。」明代都印的《三餘贅筆》則從易學的角度對「雷公」一詞進行了精闢的解釋：「《易》：

震為雷，為長男陽也。而雷出天之陽氣，故云公。」這一說法顯然受到傳統哲學中元氣論以及陰陽學說的影響。在都印看來，雷乃是出於「天之陽氣」，而陽氣又常常與威猛的男性聯繫在一起，所以喚雷為「公」，順理成章。此外，由於雷神的人格化，天鼓也脫離了雷公的身體，成了他司雷時役使的工具，往往被踏於腳下。

雷公的人事檔案雖然掛在天界「氣象局」，但他也兼職給「公安局」和「法院」做事——「主天之禍福，持物之權衡，掌物掌人，司生司殺。」——因此又從單純的自然神，轉變成了具有複雜社會職能的神。他幹得最起勁的，就是拿個通了電的大錐子替天行道，專劈人間的惡人。轟隆震撼的「天怒之音」對犯罪份子的威懾指數很高，倘若被雷擊中，稱之為「殛」，就是俗稱的「天譴」，那是極重的懲罰。唐宋筆記中，多有記轟雷從天而降，劈打不孝子和貪官奸商的故事，反映出人們對雷公既存敬畏心理，又寄望他主持正義的願望。

四、電母

電母，是掌管天庭閃電的女神，俗稱閃電娘娘、金光聖母。在上古時期，雷神和電神只有一個，電母這一形象，原本是沒有的。那時候的電力經營和現在一樣，都屬於壟斷行業，由雷公一人負責。《山海經》中的雷獸「夔」，「其聲如雷，其光如日月」，就是兼管雷電。後來玉帝把雷電集團一拆為二，雷公只管打雷，又找來一個「電父」負責放電。《管輅別傳》裡列氣候之神，說的就是「雷公、電父」。本來倒也相安無事，可到了唐朝，當時女性地位高，非說要「男女搭配幹活不累」，於是硬生生將「電父」變性成了「電母」。

其實從電父過渡到電母，也是理所當然的事情。因雷乃天庭陽氣，故稱「公」，所以雷神必然男性化。而與之相配對的電神，按照中國人陰陽對立、男女匹配的慣性思維，很自然地就演變為女性化的雷公配偶神。

宋元以後，關於電母的來歷出現種種傳說，並有姓有名，似模似樣。《鑄鼎餘聞》稱「電母秀使者，名文英」。元代軍中有電母旗，《元史．輿服志》載：「電母旗，……畫神人為女人形，衣朱裳白褲，兩手運光。」《北遊記》中則稱電母為朱佩娘娘。

到了明朝，《封神演義》出世，書中東海金鼇島十天君之一的金光聖母，由於曾受聞仲之邀，與另九位天君擺下「十絕陣」，她的「金光陣」以閃電為主要攻擊武器，所以「封神榜」上封她為「坎宮斗母」，坐鎮斗府，執掌閃電。

因為雷神長相醜陋，所以在人們的描繪中，作為雷神的夫人，閃電娘娘的形象也不美麗。傳說她頭髮短而蓬亂，呈褐紅色，腳上只長了三個趾頭。直到宋朝時，她的形象才開始變成容貌端莊的女性：雲髻霞帔、面貌嫻雅，端正潔素、目光犀利，雙手各執一鏡，以光華閃電照射下界，在慈祥中顯露著無盡的威嚴。

第10章

冰肌玉骨殊人間

中國仙女

在星星居住的銀河裡，仙女們羽衣飛揚，樂音婀娜；她們輕挪蓮步，馱月而歌。風濤湧動著萬山白雲，清泉在溝壑和岩縫裡隨意叮咚，眾多仙女在清幽的環境中，享受著高山之巔、洞天福地的寧靜與美妙，柔美的軀體散發出雅致馨香，雲端因了她們而如斯美麗！而俯視人間，時間是那樣短促，空間是那樣渺小，千萬年世事滄桑，凡人的深沉感慨，只不過是這些尤物們多愁善感時的談資罷了。

一、女壽仙——麻姑

人間為老人祝壽時，所掛賀圖有男女壽星之分，男壽星的偶像是南極仙翁或彭祖，而女壽星就是永遠年輕漂亮的麻姑。

麻姑是中國神話傳說中有名的女壽仙，為道教所尊奉。她在天庭眾女仙中的地位很高，僅次於聖母元君和西王母。關於她的文字記載，最早見於春秋戰國時期成書的《道書》；而把麻姑納入道教神仙譜系的，則是東晉時著名的道教理論家葛洪所著的《神仙傳》。

1. 身世來歷

《神仙傳》中麻姑的故事非常精彩，但關於麻姑的身世來歷則語焉不詳，後世便多有附會之說，並形成了眾說紛紜的麻姑傳說，但有一點卻是共同的：麻姑是由凡人修煉而為壽仙的。

南朝劉敬叔的《異苑》認為麻姑原為秦時會道術的女子，因違反道規而被丈夫誅殺，並投屍水中。她死後顯靈，庇佑當地百姓，所以人們便建廟祭祀她。

而《太平廣記》引《齊諧記》，則說麻姑為東晉孝武帝時人，「太元八年，富陽民麻姑，因吃蛇肉，嘔血而死」。

《古今圖書集成．神異典》則說麻姑為放逐宮女，「姓黎，字瓊仙，唐放出宮人也」。

《堅瓠祕集》又說麻姑為五胡十六國後趙將軍麻秋之女。麻秋是胡人，為人殘暴凶狠，他督促民夫修長城，晝夜不停，唯有雞鳴天亮時才讓小歇一會兒。善良的麻姑非常同情民夫，便常常偷學雞叫，引得群雞都啼鳴起來，民夫們便可乘機休息。麻秋知道後，大怒，欲斬殺之，麻姑只好逃入姑餘山中，拜南嶽魏夫人為師學道。魏夫人授她《上清大洞真經》和《黃庭經》，教她誦經、思神、服氣、咽津，又傳給她煉丹的方法和符籙祕術。麻姑勤修之下，終於成仙飛升。

而顏真卿在名帖《麻姑仙壇記》裡說，麻姑「是好女子，年十八九許，頂中作髻，餘髮垂之至腰，其衣有文章，而非錦綺，光彩耀日，不可名字，皆世所無有也」。

總之，在佛教尚未在中國普及的中古歲月以前，仙女麻姑就已被中國民間視如今天的觀音菩薩一般。南方各省的民眾，會在每年的農曆七月初七登麻姑山以祭祀麻姑誕辰，留有「緬思七日之羽儀，遙聽雲間之環佩」的詩句。北方各族人民也喜歡她，但由於不知麻姑是何方聖賢，因而將其編成是南北朝時隨梨山老母修道成仙的少女。

不管麻姑的出身如何，她在人間時，以祛病禳災、拯貧濟困為己任，為百姓交口稱頌。到了唐朝，有鑑於麻姑在民間的廣泛影響，唐玄宗下詔在麻姑山上建立了廟宇並予以冊封，從此麻姑正式成為道教正神之一，列入神仙榜內。

2. 滄海桑田

麻姑是道教所信奉的元君、女真，所以道教理論家們自然少不了對麻姑的事蹟踵事增華，加以渲染。其中以《神仙傳》中載錄的麻姑事蹟流傳最廣，不但記載了麻姑的外貌及神奇事蹟，對麻姑驚人的本領（穿木屐在水上行走，以及擲米成丹砂）也有著出神入化的描述。

漢桓帝時，某年七月七日，神仙王方平降於人間蔡經家。他獨自坐了很久，然後叫使者去邀請仙女麻姑赴宴。使者不知該怎麼說，王方平就教他說：「王方平敬告麻姑，我很久沒來人間，今天在此停留，不知尊駕能否前來一敘？」過了一會兒，使者回來了，帶回麻姑的口信：「麻姑拜上，一晃已經五百多年沒有見面了，但尊卑有序，一直沒有機會敬奉，還麻煩您派使者前來相邀。我已先受命巡查蓬萊，現在就去。事畢後，即刻來拜見你。」

大約兩個時辰後，麻姑下凡了。蔡經及全家急忙出來與麻姑相見，只見她是一個十七八歲的俊俏女子，在頭頂當中梳了一個髮髻，剩餘的長髮烏溜溜地垂到了腰際，姿容美妙，楚楚動人。

她的衣服有花紋，卻不是錦緞，光彩耀眼，難以言表。

麻姑和王方平寒暄完畢後，笑著說道：「自從上次與您見面之後，我已經親眼見到東海三次變成桑田；剛才到蓬萊，那地方的海水，又比昔日召開群仙大會時少了一半，不多久，也會變作山陵陸地吧！」王方平也感歎道：「古代的聖人，也曾說過海中會飛揚塵埃這樣的話呢。」

此後，「滄海桑田」和「東海揚塵」就成了後人感慨歲月變遷的常用典故，所謂「東海揚塵猶有日，白衣蒼狗剎那間」是也！

3. 麻姑獻壽

麻姑作為女壽仙，影響甚廣，那麼她是何以坐上頭號女壽星的寶座的呢？

首先，自然是因為她見證過「東海三為桑田」。滄海每變一次桑田，不知要經過多少萬年，而麻姑竟然已經見過三次滄桑變化，她該有多大歲數？她稱呼高壽至八百歲的彭祖為小孩子，其實還是客氣的，彭祖和她相隔豈止千百歲！所以，「最長壽的女壽星」這個稱號，麻姑當之無愧。

其次，傳說麻姑曾在江西麻姑山修道，吃了山裡的千年茯苓而升天成仙（茯苓有駐顏美容、延緩衰老之功效）。麻姑山中有十三泓清泉，麻姑就用此泉水釀造靈芝酒。此後，她遊居湖南衡山，衡山有橋，橋下有瀑落三疊，就是著名的「絳珠瀑布」，麻姑於是又在「絳珠池」釀酒。她利用麻姑山和衡山優異的水質，歷十三年，釀出了香飄千里、醇透天庭的絕世美酒。酒成之日，正值三月初三王母娘娘壽辰，大設蟠桃宴，上、中、下八洞神仙齊去祝壽。百花、牡丹、芍藥、海棠四仙子山中採花，特邀麻姑同行。麻姑就帶著靈芝仙酒前往瑤台為王母祝壽。王母飲過佳釀，大喜，乃封麻姑為虛寂沖應真人。這就是「麻姑獻壽」的來歷，而「福如東海，壽比南山」中的「南山」，即指「衡山」。

二、月中仙子──嫦娥

嫦娥，又名姮娥，是公認的仙界第一美女。在道教神仙譜裡，嫦娥被封為月神，因道教以月為陰之精，故又稱「太陰星君」，尊號「月宮黃華素曜元精聖后太陰元君」。

嫦娥本是帝嚳的女兒，她美貌非凡，芳名遠播，心術不正的河伯對她垂涎三尺。一日，河伯趁嫦娥在河邊洗衣時，露出猙獰的面目，要強搶嫦娥入水。正在危急關頭，剛剛射下九個太陽的英俊青年后羿恰巧路過，他撞見了河伯的惡行，氣得劍眉倒豎，怒髮衝冠。拈弓搭箭，嗖的一聲，射瞎了河伯的一隻眼睛。河伯疼痛難忍，落荒而逃。英雄救美女，美女就這樣老套地愛上了英雄。

然而后羿射日的豐功偉績，卻受到了其他天神的妒忌，他們聯合到天帝那裡進讒言，使天帝逐漸疏遠了后羿，最後把他永遠貶到人間。嫦娥受到牽連，只好與后羿一起在人間定居下來，靠后羿打獵為生。

可是凡人皆有生老病死，她的美麗雖然是上天賦予的最珍貴禮物，但最終還是會被生活一刀刀割裂。嫦娥對紅顏易老、生命將滅懷有極大的恐懼。心懷愧疚的后羿覺得自己對不起被連累的妻子，為了能免除病痛和死亡的威脅，他特意從西王母處討得兩份不死之藥，想讓夫妻二人能在世間永遠幸福地生活下去。

這不死藥吃一份可長生，吃兩份則可飛升成仙。嫦娥經受不住天上逍遙自在生活的誘惑，趁后羿外出狩獵時，獨自吞食了全部不死藥，頓時身輕如燕，平地騰空，凌雲御風，向天上飛去。由於背棄了丈夫，她怕天庭諸神嘲笑，就投奔月亮女神常羲，在月宮安下身來。

從此，嫦娥就在荒蕪冷清的廣寒宮中過著永夜不寐的生活。在天上，她雖然永遠嘗不到「紅顏彈指老，剎那芳華盡」的悲哀，但是永恆的寂寞從此註定與她形影不離，只有搗藥玉兔和砍桂樹的吳剛相伴，這還能給嫦娥些許安慰。每逢中秋佳節，人們仰望天空中如玉盤般的朗朗明月，總會想起這位清高孤獨的佳人。

三、洛神

洛水，一條神奇的河流，雖然發源於陝西，但有關它的那些傳奇故事，卻都有聲有色地發生在河南，特別是在洛陽。河出圖，洛出書。出「洛書」的地方，就是洛河，所以自古以來洛河就被視為神河。洛神的傳說伴隨著神祕的洛水，在中國民間更是廣為流傳。

相傳洛神本是上古伏羲氏的女兒宓妃，她的美貌在史籍中多有記述。因為迷戀洛河兩岸的美麗景色，宓妃瞞著父親下凡，來到洛河岸邊。那時，居住在洛河流域的是一個勤勞勇敢的氏族——有洛氏。宓妃與他們和睦共處，還把從父親那兒學來的狩獵、養畜、織網的方法都教給了有洛氏族人，贏得了有洛氏的愛戴和尊重。

然而宓妃絕世美麗的容顏，引來了黃河河伯的垂涎。河伯名叫馮夷，人臉龍身，住在黃河深處，以魚鱗為屋、龍鱗為堂。他化成一條白龍，掀起軒然大波，將宓妃捲到了水府深宮。被軟禁的宓妃終日鬱鬱寡歡，只好以彈奏七弦琴排遣愁悶。優美的琴聲引來了善射的天神后羿。后羿此時正因為妻子嫦娥偷吃仙藥，獨自飛升月宮而心中淒涼。一個是俠骨熱血的獨身英雄，一個是柔情似水的孤寂美人，兩顆孤獨的心碰撞在一起，萌生了愛情。在聽說了宓妃的遭遇後，后羿非常氣憤，施展神通將宓妃救出深宮。惱羞成怒的河伯潛入洛河興風作浪欲圖報復，后羿與河伯大戰，一箭射掉了河伯的左耳（河伯上回搶嫦娥未遂，這次搶宓妃又不成，卻兩次給人家做媒，真夠衰的）。河伯倉皇而逃，又不甘心失去美人，便惡人先告狀，向天帝誣陷宓妃與后羿私通。

天帝震怒，將洛神宓妃貶落凡間轉世，后羿則永遠不得成仙（真是命中無豔福，兩任愛侶都是絕代佳人，偏偏皆反受其累）！

後來洛神轉世，投胎為美女甄宓。她雪膚花貌、嫻雅飄逸，被譽為「三國五大美人」之一，及笄之年就與袁紹的兒子袁熙定親。誰知紅顏命薄，未及成親，曹操已攻下鄴城，袁熙亦告陣亡。之後，曹丕將甄宓接入府中，納為己姬。曹丕之弟曹植偶然見到甄宓，登時驚為天人。而甄宓對曹丕也並無感情，只是迫於權勢才不得已屈從。她十分欣賞才華橫溢的曹植，兩人雖沒有機緣接近，但彼此默契於心，愛情已在不知不覺中產生。

洛神
洛神本是上古伏羲氏的女兒宓妃。宓妃瞞著父親下凡，來到洛河邊，與居住在洛河邊的有洛氏和睦相處，把從父親那裡學來的狩獵、養畜、織網的方法都教給了有洛氏族人。

美好的愛情在亂世總難以成全，更何況是在險惡的宮廷中。不久，曹丕稱帝，曹植被排擠到遠郡，甄宓也被郭后和司馬懿合謀害死。曹植聞知噩耗，悲痛萬分，恍恍惚惚間來到煙水茫茫的洛水之濱。忽然天邊一片祥雲飄然而至，上面站立著一位仙女，自稱是洛水之神。曹植仔細觀看，只見她明眸皓齒，粉面朱唇，如芙蓉出水，神情容貌都酷似甄宓。曹植虔誠地向她行禮，詢問仙居何處。洛神面帶悲戚，欲言又止，暗示曹植人神殊道，難償宿緣，並取出明珠一顆，以作留念。曹植連忙摘下隨身的一只玉佩，雙手奉上。二人默默相視，似有不盡的惆悵。片刻太陽升起，朝霞滿天，洛神儀態萬方，飄然離去。人如花飛，情如孤舟，只餘曹植雙眼淚垂，一切都如鏡花水月，在歲月的無情裡蒼涼無限。

曹植有感而發，寫出了千古名篇《洛神賦》，其中有「榮曜秋菊，華茂春松。彷彿兮若輕雲之蔽月，飄颻兮若流風之回雪……穠纖得衷，修短合度，肩若削成，腰如約素……丹唇外朗，皓齒內鮮，明眸善睞……儀靜體閑，柔情綽態，媚於語言……」等句，形象鮮明、色彩絢麗，令人目不暇接，被讚為描寫女子姣好曼妙的上乘之作。李商隱在他的詩作之中，就曾經多次引用，甚至說：「君王不得為天下，半為當時賦洛神。」

四、天仙配——織女／七仙女

漢武帝時，西王母的名聲仍然頗佳，不知怎的，從東漢開始，這位仙界的「婦聯主席」就漸漸成了「天庭母老虎」的代名詞，各類神魔小說和民間傳說都或多或少地醜化她、抨擊她。之所以如此，原因多多，但與她硬生生拆散董永和七仙女的美好姻緣而受到世人抵觸，也有著莫大干係。

王母娘娘有很多女兒，七仙女是最小的，心靈手巧，因「年年機杼勞役，織成雲錦天衣」，故又稱「織女」。她和姊姊們一樣，美麗善良，樂於為人指點迷津、勸善導引，深得三界生靈敬重。而董永只是漢朝的一個窮書生，賣身葬父，身無分文，只得給地主家放牛，所以綽號「牛郎」。

這天，董永和往常一樣與老牛閒聊，老牛十分感激董永平日裡的精心飼養和愛護，決心幫董永撮合一段姻緣。牠告訴董永，明天玉帝的女兒織女，將和她的姊姊們到明鏡湖洗澡，你只需在天未明時到達湖畔，如此如此，便能抱得美人歸。董永聽了半信半疑，但想到自己都老大不小，也該娶個人來暖暖炕頭了，就答應了下來。

次日清晨，董牛郎悄悄地躲在湖邊的蘆葦叢中，透過瀰漫的曉霧，果然看見七個絕色仙女在湖中嬉戲沐浴。他按照老牛的指點，迅速抱起掛在樹上的一件粉紅衣裳，飛奔而去。響聲驚動了仙女，其他仙女慌忙穿上衣服飛回天上去了，只剩下衣裳被搶走的織女，無法返回天庭。董永乘機來到織女面前，要織女答應做他的妻子，才肯把衣服還給她。無奈之下，織女只得答應下來。

從此茅屋青青，田園新綠，小夫妻倆相親相愛，你放牛來我織布，生活得十分和睦美滿，織女還給牛郎生了一兒一女。後來，老牛在臨死時，叮囑牛郎要把牠的皮和角留下來，到急難時可以幫大忙。老牛死後，夫妻倆忍痛剝下牛皮和牛角，把牛身埋在山坡上。

織女和牛郎私自成親的事傳到天上，已經是人間的幾年後了，但天上卻只有幾天，所以丈母娘西王母來不及阻止。她心裡那是一百個不樂意，決定棒打鴛鴦，於是親領天兵天將，電閃雷嗚，把織女強行抓回天宮。

牛郎回家不見織女，知道肯定是天神把心愛的妻子抓走了。於是，按照老牛臨死時的囑咐，急忙把兩隻牛角往上一拋，牛角登時變成了兩個籮筐，他把兩個孩子放入籮筐中，一肩挑起，然後披上牛皮，牛皮驀然鼓起，風馳電掣般地帶著牛郎和孩子飄向霄漢，眼看就要追上織女。

王母娘娘心中大急，連忙拔下頭上的金簪在牛郎與織女之間一劃，頓時一道寬闊的銀河橫亙於眼前，波濤洶湧，白浪滔天，牛郎再也過不去了。「盈盈一水間，脈脈不得語」，二人只能淚眼婆娑，隔著一重廣闊的波光，一個河東、一個河西地互相遙望。

天長地久，玉皇大帝和王母娘娘從天庭窺見淒景，感動於牛郎織女之間的情真意摯，於心不忍，就准許他們每年七月七日相會一次。從此，每年的七夕，趁銀河風平浪靜之時，人間的喜鵲就要飛上天，群集於銀河上，口尾相銜，搭起一座鵲橋，讓牛郎織女相聚。據說七夕過後，喜鵲的羽毛都會七零八落地脫掉不少，就是因為辛苦搭橋的緣故。七夕也因此成了中國的情人節，有情人總會在這天的夜晚，仰望星空，默默守護著忠貞不渝的愛情。

五、天庭舞蹈家——玄天二女

在各類名目繁多的天庭飲宴或聚會上，總能見到仙女們翩翩起舞的曼妙身姿。仙樂飄飄，蓮香四溢，霓裳羽衣輕舞飛揚，觀者如痴似醉，無不傾倒。這其中舞跳得最好的仙女，當屬玄天二女。

燕昭王在位時，廣延國進獻來兩個善於跳舞的女子，一位名叫旋波，一位名叫提謨。她們都長得柔美綽約，膚如凝脂、氣息芬芳，兼且體態輕盈窈窕，走路既無身影也無足跡，當真是無與倫比的絕代佳人。昭王用絲綢製成華麗的篷帳給她們住，拿似玉的美石之膏給她們喝，拿丹泉的粟米給她們吃，十分寵愛她們。

有一天，昭王登上崇霞台，召二女來跳舞觀賞。二女最拿手的舞蹈，一個叫「縈塵」，指的是她們體質輕，可與飛塵相混；其次叫「集羽」，指的是她們舞姿婉轉，如羽毛般隨風飄動；最後一個舞蹈名叫「旋懷」，是指她們的肢體纖美，彷彿能攬入懷中、裝進袖內。

昭王急欲一飽眼福，命人擺設麟文之席，撒上華蕪之香。這種香出自波弋國，滴落地上，連土石都香；灑到朽木腐草之上，草木無不茂盛；用它來熏枯骨，肌肉都能重新生長出來。用這樣貴重的香屑鋪地，厚達四五尺，二女在上面跳起舞來。她們容顏妖豔嫵媚，伴著陣陣香風，舞姿勝於翔鸞，令人看得如入夢幻仙境。而她們的歌聲也宛如天籟輕揚，清脆和諧，即使用「繞梁驚塵」來比擬，亦不算過分。如此歌舞了一整天，香屑上也沒留下任何痕跡。

燕昭王知道這兩個女子必定是神異之人，就讓她們住在崇霞台，安設枕席予以優待，並派衛兵保護她們。原來兩女子乃是天界著名的舞蹈家「玄天二女」，她們知悉昭王喜好神仙之術，並且對舞樂頗有研究，便託形下凡，為昭王獻舞。後世就以玄天二女的「縈塵」、「集羽」和「旋懷」舞，來比喻極盡奢華的宮廷舞蹈。但這美妙的絕世舞姿，後人再也無緣得見，只能在想像中去體會了。

六、湘江女神

「湘江水神」娥皇、女英，本是堯帝的女兒，這對姊妹花同嫁於舜帝，姊姊為后，妹妹為妃。舜對她們十分敬重，並無正次之分，三人舉案齊眉，感情甚好。《列女傳》記載，她們曾經幫助舜機智地擺脫弟弟「象」的百般迫害，成功登上帝位，事後卻勸舜以德報怨，善待那些死敵。她們的美德因此被記錄史冊，受到民眾的廣泛稱頌。

舜登基之後，與兩位妃子泛舟海上，度過了一段美好的時光。此後，舜南巡三苗，雖積勞成疾，仍堅持不懈，終於病逝於蒼梧，葬九嶷山。娥皇和女英聞聽哀信，頓覺山崩地裂，肝腸寸斷，她們沿水路急赴湘江奔喪。一路上失聲痛哭，天昏地暗，血淚泣灑於山野竹上，形成美麗的斑紋，無法褪去，世人乃稱之為「斑竹」，亦稱湘妃竹。

數日之間，娥皇、女英茶飯不思，痛悼亡君，最終雙雙投湘江殉情，性情之壯烈，曠世罕有，其精魂化為湘江水神。在與岳陽樓隔水相望的洞庭湖君山島上，至今還矗立著一座專門祀奉湘水女神的廟宇——湘妃祠，供後人憑弔祭祀。波光瀲灩的江面上，似乎還時時忽閃著她們那溫婉美妙的秋波。千載之下，猶使人對這一永恆的「女神美」不勝嚮往！

七、何仙姑

何仙姑，是著名神仙組合「八仙」中唯一的女性，她手持荷花，風神俊雅、飄逸脫俗，好似萬綠叢中一點紅，格外引人注目，在中國可說是家喻戶曉。除東北、西北幾個省份以外，幾乎每個省都有自己的何仙姑來歷的傳說。成仙得道不容易，何況又是鳳毛麟角的美麗女仙，所以誰都希望她是自己家鄉的人。

《歷代神仙通鑑》關於何仙姑身世的說法比較主流：何仙姑原名何秀姑，是唐朝時廣東增城人，她出生時，紫雲繞室，頭生六毫，異兆滿屋。由於父親開豆腐坊，她自幼就常取雲母溪中水幫父親磨豆子，日夕滋潤之下，出落得十分標緻。十五歲時，何秀姑入山採茶，迷失了道路，遇見漢鐘離、呂洞賓和張果老，三位神仙分別給她吃了仙桃、仙棗和雲母片。自此以後，她便不飢不渴，身體輕捷，並能預卜未來、洞知休咎禍福、辨識仙草靈藥，鄉親常來請她算命、看病，漸漸地，何秀姑的名字變成了何仙姑。

何仙姑受到大家的頂禮膜拜，整日裡忙著采藥治病，日子過得十分充實。幾年後的一天，她深入雲母山密林采藥，又遇到兩位神奇的人，其一是個白面書生，鳳目柬眉，身材修長，腰間斜插一管洞簫；另一人則穿著整潔的藍布衫，手持藥鋤，肩背藥筐，俊逸不俗。他們在何仙姑面前一唱一和，反覆念著同一段口訣，爾後騰空而去，倏忽不見蹤影。原來他們就是韓湘子與藍采和。何仙姑心知有異，早已將適才的口訣默記於心，念誦幾遍，頓覺飄然欲飛。從此她常常一個人悄悄來到深山中修煉，逐漸地便能自由往來於山岳之巔。

時值武則天廢唐稱帝，她聽說出了一個何仙姑，能夠不食人間煙火，各種疑難雜症藥到病除，十分感興趣，就備妥鑾輿，派使者前往召請何仙姑至東都洛陽論道。使者與何仙姑一起跋山涉水來到洛陽城外，在洛水邊等渡船時，何仙姑突然憑空不見了。使臣大為恐慌，急忙派人四處尋找，卻杳無蹤跡。使者嚇得坐在洛河邊發呆。薄暮時分，突見五色雲起，一位女仙子與一個手拄鐵拐、身背碩大酒葫蘆、衣著襤褸的瘸腿老漢，從五色祥雲中並肩飄然而出。使臣驚訝不已，定睛細看，原來是何仙姑已成仙飛升。

那麼幾位神仙為什麼要輪流來點化何仙姑呢？原來每年三月初三，十洲三島，上、中、下名山洞府，天上人間一切神仙都會應邀西赴瑤池，參加王母娘娘的蟠桃大會。這天呂洞賓、漢鐘離等剛要起身去瑤池，卻聽聞飲宴的規矩改了，每洞神仙裡都要有女仙到台前為王母敬酒。

上八洞，是福星、祿星、壽星、張仙、東方朔、陳摶、彭祖、驪山老母，有驪山老母敬酒；下八洞是廣成仙祖、鬼谷子、孫臏、劉海、和合二仙、李八百、麻姑，也有位麻姑仙女敬酒。但偏偏中八洞的六位神仙都是男子（此時尚未收曹國舅），缺少一女仙。不能台前敬酒，這蟠桃盛宴也就難赴得很，看著其他眾仙陸續往崑崙山去，六仙心急火燎，遂商議到凡間去超度一位女仙。

他們分好工，先由漢鐘離、呂洞賓和張果老以仙家靈藥為何仙姑固培仙質，然後再由韓湘子與藍采和傳授妙法口訣，最後，由鐵拐李提攜何仙姑白日飛升，翩然淩空而去，成為八仙中唯一的紅粉佳人。

清雅高潔的何仙姑一到位，再加上最後入夥的曹國舅，「八仙」的格局就此定型。這位美麗的女仙，來自民間，關愛民間，念念不忘人間的疾苦，經常在南方一帶消疫除災、解救苦難、揚善懲惡，深受敬仰和愛戴！

八、女仙總動員——《墉城集仙錄》

《墉城集仙錄》是唐末五代道士杜光庭所撰，這是一部專門的女仙集傳，因西王母居於金墉城，統領女仙，故名。原本十卷，收錄女仙一百零九人，現僅存六卷，只三十八人。

作為女仙傳說的集大成者，該書不僅收錄了廣為流傳的女仙事蹟，如金母元君、上元夫人等，也為一些名不見經傳的女仙立了新傳，如太微玄清夫人、東華上房靈妃、董上仙等。在杜光庭筆下，女仙們「駐隙馬風燈之景，享莊椿蟾杜之齡，變泡沫之姿，同金石之固，長生度世，代有其人」。她們以「墉城」為總歸宿，形成了一個較有系統且彼此聯繫的女仙譜系。從中我們可以得知女仙世界的若干特點：

1.女仙世界具有森嚴的等級制度。「得仙者亦有九品……各有差降，不可超越……男子得道，位極於真君；女子得道，位極於元君。」

在聖母元君之後，是「洞陰之極尊」的西王母及其所統領的崑崙系女仙和她的女兒們：上元夫人、九天玄女、南極王夫人、雲華夫人、紫微王夫人、太真夫人等。這些女仙，或是「統領十方玉童玉女之籍」，位於「上元之高尊」；或是「主領教童真之士」，地位都極為尊崇。地位略遜的則是上清派所崇拜的女仙：三元馮夫人、碧霞元君、太清玄微左夫人等，她們多是上清高真。而處於等級最末的是來自民間傳說中的女仙：如嬰母、鉤弋夫人、杜蘭香、蠶女、弄玉、昌容、女幾、河間王女、采女、太陽女、太玄女等等。

這樣，就建立了以崑崙山為中央根據地，以西王母為宗，彙集幾乎所有女仙的等級序列。「位配西方，母養群品，天上天下，三界十方，女子之登仙者，得道者，咸所隸焉。」

2.女仙形象，皆是儒家之人性與道教之神性的完美結合。女仙們往往集仙容、仙術、仙壽、仙德於一身。

道教認為，神仙的基本特點，一是長生不死；二是神通廣大，法術高強。這就是道教之神性的體現。在杜光庭筆下，女仙們或貌雅容麗、雍容華貴，或天姿清耀、靈眸豔絕，或衣服奇麗、姿容藹然，可謂個個年輕貌美，人人嬌妍多姿。她們不僅容顏絕世，而且長生久視。儘管歷世百千載，然多呈少女面貌，如西王母「年二十許」，上元夫人「年可二十餘」，王母女兒皆年約十三四，采女「年二百七十餘，視之如十五六歲耳」，太陽女「年二百八十歲，顏如桃花，口如含丹，肌膚充澤，眉鬢如畫，光彩射人，視之如十七八者」。無不仙壽延年，超凡脫俗。

女仙大多身懷絕技、變化多端、仙術高超，西王母「以西華至妙之氣，理於四方」；九天玄女授黃帝兵符、神書、寶劍，助黃帝戰勝蚩尤；雲華夫人「授禹策召百神之書」。更有女仙憑藉自己的仙術，施福於人間，堪稱行善典範。如蠶女「食桑葉吐絲為繭，用織羅綺衾被以衣被於人間」；昌容「能致紫草賣與染家……得錢以救貧病者」。這些女仙善良真摯，無私奉獻，不求回報，造福於凡人，得到了人們的尊重和愛戴。凡此種種，充分體現了道教女仙在具有神性的同時，也具備了儒家人性的一面。神性與人性互為表裡，相得益彰，塑造出了一個個光彩奪目的女仙形象。

3.女仙們在仙界大多地位尊貴，她們不再作為男性神仙的配偶而存在。

聖母元君「至尊至大，三界眾仙，皆仰隸焉」；金母元君扼守成仙之門，「仙人得道升天，當揖金母而拜」；嬰母授許遜、吳猛孝道；紫微王夫人向楊羲傳道；杜蘭香向張碩傳授「舉形飛化之道」……女仙或是由於傳道授書，或是由於幫助男性成仙而受到尊崇，已經具有了獨立的神格和不凡的地位。

女仙，不像男神仙那樣具有兩面性，既可行善，亦可作惡。女仙作為單向度的「至善」神，反映了中國人的思維特點。女性作為神仙也好，凡人也罷，總是柔弱的、善良的，她們終歸是人類美好想像的開始和結束！

第11章

御風逍遙天地間

劍仙傳奇

劍仙傳奇，是中國傳統神話文化的精粹之一，它代表著仙武雙修的最高層次，同時也是養生學的巔峰。呂洞賓真人御劍飛空的神跡，「口吐劍光取人首級於千里之外」的記載，讓多少熱愛中華神話的國人為之心馳神往。

一、雲生清角意飄然——劍仙的歷史

劍仙之說由來已久，依據道家歷代傳承的祕典《最上乘劍仙心法》記載，其最早可追溯到華夏遠祖軒轅黃帝問道廣成子，於鼎湖之畔「作神劍利器十五，以鎮九州」之時。到了戰國時的燕國，劍仙說開始逐漸流行，當時燕國、趙國、韓國等地的青年大多崇尚劍術、好搏擊，所謂「燕趙多慷慨悲歌之士」，勤修苦練之下形成了多種劍法流派。我們十分熟悉的越女便是此時劍仙的代表人物，《吳越春秋》中載有她鬥劍敗袁公的事蹟。

秦滅六國後，始皇帝熔九州之鐵鑄金人，嚴禁民間習武。天下劍術難興，遂分為晉地劍仙、燕地劍仙、川地劍仙三處。此後八百餘年間，雖然道教勃興，各流派如丹道門、玄真門、符籙門等迭次崛起，但無一與「劍仙門」有關，道家珍典《道藏》上對各種道法都有所談及，唯獨劍仙一門，雪泥鴻爪，一筆帶過。

劍仙之說真正形成並成熟，還是始於唐代傳奇。由於大唐皇室尊崇道教，朝廷、民間風氣蔚然，夾雜神話色彩來演繹時事的傳奇筆法極為盛行，不但道教中人被加以神化，有一大部分的隱俠異士也升格為仙人。道教八仙之一的呂洞賓，就是在此時被神化成為劍仙的。聶隱娘、紅線等也成了半人半仙的傳奇劍客。

這一時期的劍仙，無論男女都是那麼特立獨行。他們師承神祕，或任俠於江湖，一舉一動驚世駭俗；或隱跡於民間，逢危遇困方顯非常本色。值得一提的是，男劍仙極少有迷戀凡間女色者，而女劍仙卻時常對凡間男子情有獨鍾，只是典籍記載中雖不乏美麗仙子恩愛時的賢良淑慧，更多的卻是一朝情冷後的霹靂手段，劍光一閃間，不知多少負心人的頭顱落地。更讓人喪膽的是，無論男女劍仙，多有收集仇人腦袋的異類嗜好，連大名鼎鼎的虯髯客登場，都拿出一顆「銜之十年，今始獲之」的負心人頭顱來炫耀。此外，更有孤傲者如空空兒，進退千里行蹤縹緲，出手必中，不屑再擊；駭異者如青衫客，談笑殺人於杯酒之間，切首充肴驚動四座；熱忱者如崑崙奴，高牆箭雨閒庭信步，豪門盜妓促緣結善……總體來說，唐代的劍仙們亦正亦邪，於法理之外自有一套行事標準，難以常情度之。

宋元間劍仙多隱世不出，至明初張三豐真人創武當一派，劍仙之名方再度揚播於天下。張三豐所留下的武當一派劍術，今傳人尚多。他所言的「內執丹道，外顯金鋒」正是武當劍仙修真之旨。其再傳弟子沈萬三之女沈線陽，得九天玄女神劍玉匣之法，也是劍仙傳人。

到清代，道家人才輩出，如李涵虛、柳華陽、黃元吉等，皆為不世仙才。於是乎道家學術大行於世，劍仙學亦隨之興旺。大才子袁枚所著的《新齊諧》卷八《姚劍仙》，寫劍仙玩劍「火光自劍端出，熠熠如蛇吐舌」，代表了當時民間對劍仙神異的普遍看法。

當然，也有人對劍仙這一虛無縹緲的存在者嗤之以鼻。清代著名內丹家劉一明就認為「屋上騰身走，暗中取人首，只說是法成駕鬥牛，誰知不能夠長久，勸人把劍仙俠客一筆勾」，從中可以看出正統道家對劍仙之術的不以為然，將之視為末流，不能成大道。

歲月流逝，朝代更替，劍仙傳說悠悠而承，經過不斷糅合宗教典故與民俗傳說，劍仙系統終於在晚清臻至大成。原本隻身縱橫的劍仙，演變為廣收門徒聚眾割地的宗派，正邪之間也變得涇渭分明。神州祕界、名山大川、洞天福地，盡皆遍布著劍仙的諸多勢力派別。這一時期劍仙不但數量驟增，出身也變得包羅萬象，道家傳人、佛教弟子、藏密活佛、魔教巨梟、通靈妖物……但凡在古代典籍中有記載的神通行當，在近代都不甘寂寞，紛紛以劍仙之名出世。最昌盛的地點便是開風氣之先的上海。

一九二〇年代至一九四〇年代的上海，是近代中國最為西化的城市，但人們往往崇尚科學而又不得究竟。生活在準西方環境中的上海人，在先進的西方文明面前明顯感到底氣不足，他們需要一個本族文化做支點，需要一個通俗化的形象來支撐他們在亂世中脆弱的神經。於是，老上海的民眾開始推崇劍仙，半「洋」半「仙」的社會氛圍，東西方文化半通不通地融合，使得劍仙傳說在上海有了發展壯大的空間與土壤。

於是乎，一九三二年，中國奇幻文學史上劃時代的巨著《蜀山劍俠傳》橫空出世了。這部還珠樓主寫的劍仙系列小說，和今日的金庸武俠一樣，幾乎人手一本。書中人人會飛，個個善打，怪獸、靈丹、祕笈、神兵層出不窮。《蜀山劍俠傳》糅合了神魔、武俠、奇情等諸多通俗流行元素，熔儒、釋、道三家思想精義於一爐，而予以高度哲理化、藝術化的發揮，縱橫恣肆，驚世駭俗，大大迎合了市民階層的心理需要。俊男美女的劍仙組合、脾氣怪異的奇人隱俠、凶殘暴戾的邪道魔魁、巍峨瑰麗的仙府祕境，在還珠樓主的生花妙筆下構成了一個奇幻迷離的劍仙世界，令無數讀者沉迷其中難以自拔。其後醉仙樓主、天風樓主、東方玉、墨餘生、徐夢還、丁劍霞等人，繼續發揮玄思妙想，各類劍仙小說洋洋而出，「奇幻仙俠派」作品蔚為大觀。劍仙也就此脫離了歷史考證和道教真實，徹底成為神通廣大、御宇凌霄的飛仙劍俠。

二、劍嘯蒼穹縱青冥——劍仙之劍

御劍乘風來，除魔天地間。那五彩飛騰的劍光，就是劍仙的身分標誌。

劍為兵中之神，有君子之風。劍術是中華武學的重要組成部分，在中國傳統武術和神話傳說中有著很高的地位。自古，行俠者佩劍，文雅高尚者佩劍，將軍統帥麾軍佩劍，因此，劍不僅是衡量功夫境界高深的尺碼，更是一種身分與尊榮的象徵。

劍在道教中也有著重要的地位，在道教的法事活動中，「劍」是降妖伏魔的神物；在道教的傳承意識上，「劍」又代表著「法」、代表著正氣、代表著決心。劍仙作為道教中人，自然最看重劍。他們所持的劍，有道劍、法劍之分。

「道劍」出於無為，乃無形之器，是智慧之劍、心靈之劍。內修成道，外修成劍，奉德之情，應機而現，殺奸以去邪。其修煉方法是本著「天人合一」的思維，練就「心劍合一」的劍術。「采無極至精，合先天之元氣，假乾坤之爐鼎，運元始之鉗鍵，慧火煉成，靈泉磨利，以太極為環，剛中為柄，美利為刃，清靜為匣……斬絕貪愛痴之緣，誅盡七情六欲，除掉奸邪煩怒。」練至最高境界時，身如游龍，身與劍合，劍與神合，於無劍處，處處皆劍。劍氣如虹，劍行如龍！

「法劍」為金鐵之物，乃有形之器，世俗共睹。冶人以技藝，托古劍之氣而煉神化精。冰冷堅硬的外形，尖銳鋒利的劍刃，出鞘時鋒芒畢露、寒光四射的風采，配以劍仙瀟灑飄逸的身姿、變化多端的劍術，放光射芒的馭空飛行，端的是迅捷如電無堅不摧。

劍仙驅邪衛道，遁劍飛騰，所仗者多為法劍。法劍主要靠劍光傷人，劍體的大小和形態倒不是關鍵，甚至有仙劍尺寸煉得越小，劍光威力反而越強的說法。而大名鼎鼎的劍膽，平時不過一個沉甸甸的鐵球，和劍字連關係也難扯上，但一旦灌注真力卻會劍氣磅礴、光華千丈，劈山斬岳，威力無窮。

劍仙在淬煉法劍中提升修為，故而法劍被視為道教法器正統。每一柄法劍都浸透著修煉者的功元心性，騰騰如焰的劍光更透露出劍仙的法力境界，通常能煉就極品仙劍，也就離成為真正的神仙不遠了。

劍仙煉劍的方式大同小異，劍光位階也井然有序。雖然看光識劍並非絕對，但除卻來歷不凡的上古神兵外，正道劍光為白、銀、金、紫，劍初成時光色純白，精修後能化為銀色，煉到頂峰就會金光奪目。紫色劍光威力和金光相仿，還有辟邪之力，但煉製困難，極為罕見。而邪派劍光則是青、黃、赤、黑，這已成為劍仙界的常識。

法劍修煉到一定境界，還可以藏匿在劍仙體內，人劍合一，運轉如意。劍在人在，白光起處殺人於無形。所以傳聞中的劍仙，通常不過拍拍後腦、按按頭頂、彈彈指尖，就會有白光一道奔敵而去，千里刺人，若囊中探物，令人防不勝防。

法劍如此神異，得之便可傲視凡塵。然而修煉時的艱辛也是常人所難以想像的，要將一塊凡鐵鍛成與性命相合的通靈仙器，需用元神苦煉苦磨，併合以上古神鋒，所耗費的光陰動輒以十年百年計算。威力強大的頂尖法器，更多是經歷了千年以上的玄功淬煉。尤其在淬煉時，需要以自身的精元為媒介，引導天地元氣流通劍體而去蕪存菁，從而藉由神氣相融使劍通靈。這個過程非常危險，如果因修為不足而失去對元氣的控制，就會前功盡棄，修為大減，甚至走火入魔成為廢人。

法劍雖然難煉，卻也有捷徑可循。最理想的莫過於修煉已成型的仙劍，借前人法力提升自身修為。或是取五金之精、靈物丹元等靈性質材煉劍，讓淬煉事半功倍。一些邪派劍仙乾脆殺生害命，盜取精血魂魄煉劍，雖然力量駁雜不純，以元補元卻也別有威力。

三、劍影動八方——純陽劍仙呂洞賓

奉行積極人生態度的劍仙，相較於極少干涉凡間事務的傳統仙人，更是民間傳奇津津樂道的對象，至今仍然活躍於大量的文學作品中。其中最著名者，莫過於八仙中的呂洞賓。其足踏寶劍、分波劈浪的瀟灑形象，可說是深入人心。

呂洞賓，原名呂岩，唐末道士。據說他出生時「異香滿室，天樂浮空，一鴻似鶴」，飛入其母王夫人房中。王夫人驚醒，即生洞賓。因為出生年、月、日、時都為陽數，故又號純陽子。

呂洞賓家世代為官，祖輩都做過隋唐官吏。他自幼熟讀經史，通曉典故百家，但考了三十多年科舉而不第，直至四十六歲時，又去赴試，在長安酒肆遇雲房先生漢鐘離，被點化而得道，遂成為八仙之一。他是八仙中影響最大、知名度最高的一位核心人物。道教的重要派別全真道把他奉為北五祖之一，故世稱「呂祖」。

呂洞賓是八仙中最活躍的人物，他瀟灑倜儻、文才出眾，喜好舞劍、飲酒、作詩，還是一位很風流的神仙，可說是仙界中的異數。在民間，關於他的神奇傳說非常多，這其中除了岳陽弄鶴、三度城南柳、三戲牡丹仙子外，最為膾炙人口的，當屬飛劍斬黃龍、招蛇化劍、斬蛟劈虎等與劍有關的事蹟了！

呂洞賓精通劍術，他曾遇火龍真人，傳以日月交拜之法，得雌雄二劍。這兩口寶劍不但能辟邪通靈，還能化為青龍取人首級於千里之外。真人並授其天遁劍法。洞賓攜劍游江淮、試靈劍、斬黃龍，為民除害，並發願以手中雌雄劍「浮沉濁世，行化度人」。此後，呂洞賓在天遁劍法的基礎上，又自創出智慧三遁劍，「一斷煩惱，二斷色欲，三斷貪嗔」，傳留至今。後來道教弟子為了紀念這位劍術大師，索性將呂傳授的三遁劍法更名為「純陽劍法」，這就是今日「純陽劍法」的由來。

呂洞賓總是身負寶劍，雲遊四方，有時以劍為筆，題詩寫賦。從呂傳世的詩文中，可以窺見其剛毅的個性和不畏艱辛的精神。他在《劍詩》中寫道：「欲整鋒芒敢憚勞，凌晨開匣玉龍嗥。手中氣概冰三尺，石上精神蛇一條。」從詩中我們看到他為了修煉高超的劍術，情願忍受修行的辛勞。身為一個無拘無束、無牽無掛的出家道人，能凌晨即起，在寒風冰雪中苦練劍法，其堅強剛毅的性格躍然紙上，讓人敬佩。

人都是有追求的。呂洞賓的追求可用一個「俠」字概括。他苦練劍法的目的，正如他詩中後段所寫，是為了讓「奸血默隨流水盡，凶膏今逐漬痕消。削除浮世不平事，與爾相將上九霄」，剪除邪惡，斬殺凶頑，消除浮世不平之事，便可以實現「上九霄」成仙的目的，一股俠腸仙氣蕩然於字裡行間。

呂洞賓的詩中也有「劍術已成把盞去，有蛟龍處斬蛟龍」，「夜深鶴透秋空碧，萬里西風一劍寒」，「家居北斗星杓下，劍掛南天月角頭」等句。這些句子則流露出這位神仙劍俠瀟灑情懷的另一面。

第12章

三山五嶽盡拱伏

山神漫談

「山不在高，有仙則名。」山，群峰巍峨，氣勢磅礴，雲出其間，松海茫茫。觀其形，自然造化，鬼斧神工；體其神，人文聚集，意蘊無窮。古人浪遊煙霞，放情丘壑，但見山高水遠、雲纏霧繞、險峻雄偉，既讚賞又敬畏，於是乎，就把充滿神聖感、莊嚴感的山川視作神明。之後，這種崇拜又得到有意識的強化，山岳被人格化，人們祀之為神，頂禮膜拜，幾乎每座山都有了一個或多個專屬山神。山神文化，遂成為自然與人文、宗教與哲思的有機交融。成書於兩千多年前的《山海經》，就記載了有關山神的種種傳說，《太平廣記》裡也收錄了不少山神的故事，而《五藏山經》裡還對諸山神的狀貌做了詳盡的描述。

一、萬山之祖——崑崙山

「橫空出世，莽崑崙，閱盡人間春色。飛起玉龍三百萬，攪得周天寒徹。」這是毛澤東詞《念奴嬌．崑崙》中的傳世佳句。莽莽崑崙山，又稱崑崙墟、崑陵，它西起帕米爾高原，橫貫亞洲中部，由新疆、西藏入青海、四川，山脈全長兩千五百公里，平均海拔五千五百米，山勢如巨蟒，西窄東寬，氣吞萬里，以無比磅礴的氣勢，撐起了雄渾的青藏高原，成為世界第三極，被譽為「亞洲脊柱」。

「崑」是高的意思，「崙」則指屈曲盤結的狀貌。這高莽接天的崑崙山是產生中華民族神話傳說的搖籃，它在古老的中國神話體系中擁有崇高的地位，相當於希臘神話裡的奧林匹斯山。

中國神話可分為兩大系統，一個是蓬萊仙話體系，八仙過海、海外仙山等，可歸為蓬萊神話體系。還有一個就是崑崙神話體系，女媧煉石補天、西王母蟠桃盛會、精衛填海、姜太公封神、白蛇盜草等神話，均出自崑崙。崑崙神話雄渾博大，獨具特色、影響深遠。所以崑崙被古人尊為「萬山之祖」、「龍脈之宗」，享有「國山之母」的美稱。

千百年來，神祕的崑崙山留下了無數瑰麗動人的傳說，根據《山海經》、《淮南鴻烈》、《博物志》這三部古代最具權威性的地理書籍記載，崑崙山高萬米，是天帝在地上的陪都。這裡處中央之極，方位西北，係天乾之所在，亦即日月星辰圍繞的方向。「天不問其高幾里，要於仰視之，去天不過十數丈也……」因此連接天地的天柱，以及通天的天門都設在這裡。聖人神仙若想上天，都必須經由崑崙山頂上的「建木」。

由於擁有上天入地的便利交通，自然便有許多神仙選擇在崑崙山居住。眾神聚居，崑崙就顯得格外壯麗繁華。每年的三月初三，崑崙山仙主西王母都在北麓的「瑤池」（即崑崙河源頭的黑海）舉行蟠桃盛會，群仙眾神歡聚一堂，一派和諧祥樂的氣象。

作為天帝（即黃帝）的行宮，崑崙山上共有八大宮殿：碧玉堂、瓊華宮、玄圃宮、閬風巔、天墉城、紫翠丹房、玉英宮和崑崙墟。宮殿周圍都圍以白玉欄杆，正門對著東方，由神獸陸吾把守。陸吾即開明獸，是位半人半獸的神，人面虎身，有九個頭，非常威武。

宮殿西面，生長著璿樹，東邊是沙棠樹和琅玕樹。琅玕樹上能生長美玉，狀如珍珠，宮中的鳳凰和青鸞都以此為食。琅玕樹由一位名叫離朱的天神看守，他有三頭六眼，因為三個頭輪流睡覺，所以不分晝夜，總有一雙眼睛注視著琅玕樹的動靜。

宮殿北面，生長著碧瑰、珠玉、玕琪等樹，「每風起，珠玉之樹，枝條花葉，互相扣擊，自成五音，清哀動心」。南面有雕鳥、蝮蛇、九尾神獸、六首蛟，還有一種非常奇特的生物叫「視肉」。視肉沒有四肢百骸，樣子有點像牛肝，在一堆肉中生了一對小眼睛。其肉味道鮮美，而且總也吃不完。

崑崙山宮殿的四周，有九重山連綿重疊，每一重之間相隔萬里，從山下仰望，五色雲霧繚繞其間，映出巍峨神聖的「神闕之象」。山腳下弱水環繞，「天下之弱者，有崑崙之弱水焉，鴻毛不能起也」。弱水外又環繞著炎炎的火山，山上有一種燒不完的樹，不論風吹雨打，永不熄滅。其火焰發出燦爛的光輝，把崑崙山頂的宮殿照耀得分外美麗。

這火中還生長著一種大鼠，身體比牛還大，重達千斤，身上的毛有兩尺長，細滑如絲。這種鼠一離開火，用水一潑就會死掉，把毛剪下可以織布。這種布做的衣服永遠不用洗濯，穿髒了只要在火中一燒，就潔淨如新，稱為火浣布。

距崑崙山東北四百里，有一座懸圃，是天帝培養靈藥的苗圃花園。此園由一位名叫英招的天神管理，他長得馬身人面，渾身虎斑，背有雙翅，能騰空飛行，乃崑崙四獸神之一。懸圃下面，有一股一塵不染、清澈晶亮的泉水，名叫瑤水，是瑤池的源頭之水。

崑崙山還盛產美玉，特別是一種柔軟的白玉，玉中分泌出潔白油潤的玉膏，天帝每天以此作為食物，多餘的玉膏則用來灌溉苗圃。每過五年，苗圃就會結出甜雪、素蓮、黑棗、碧藕、白橘、沙棠、玉膏七種靈藥。

這就是神妙莫測、優雅博大的崑崙山所構成的神話世界。

二、五嶽大帝

崑崙而下，神州之山，以五嶽為尊。五嶽大帝即鎮守東嶽泰山、南嶽衡山、西嶽華山、北嶽恆山、中嶽嵩山的五位神明，民間合稱為五嶽大帝。

對五嶽的祭祀與崇拜，殷周以來即有之。西漢時，對五嶽的祭祀開始成型，那時人們認為五嶽有通天地、興風雨、主萬物生長的功能，廟祀五嶽的典禮從此歷代沿襲，形成制度。

隨著神仙信仰的發展和深入，五嶽不斷被神化。晉葛洪的《枕中書》以太昊氏為青帝，治岱宗山；祝融氏為赤帝，治衡霍山；金天氏為白帝，治華陰山；顓頊氏為黑帝，治太恆山；軒轅氏為黃帝，治嵩高山。但這五位上古神話人物，做五嶽的神並不長久。道教創立後，視五嶽為洞天福地，推出了屬於道教嫡系的五嶽之神，與五行、五方、五色相匹配，形成了一個完整的五嶽信仰體系。道教五嶽之神在唐代被封為王，在宋代被封為帝，元朝時加封「聖帝」。其信仰深入民間，神格崇高，是中國神話體系中相當重要的一大脈流。

1. 東嶽大帝

東嶽泰山古稱太山、岱山，亦稱岱宗，地處山東省中部，山勢雄偉，居五嶽之首，因此五嶽大帝中自然以東嶽大帝最為尊崇。秦漢以前，古人認為泰山峻極於天、厚達接地，是人神相通的地方，為蒼龍帝主出生騰飛之發祥地。所以帝王登極，都必須到泰山封禪祭告天地，以保佑國家昌隆長久。

東嶽大帝作為泰山的化身，是上天與人間溝通的神聖使者，是歷代帝王受命於天，治理天下的保護神。他全稱「天齊大生仁聖帝」，所居洞府名為「蓬玄太空洞天」，係三十六洞天之第二洞天。對於他的來歷，有多種說法，最為可靠的說法認為東嶽大帝是創世神盤古的玄孫，所以他能成為五嶽之首也就不足為奇了。

在傳統的中國民間意識裡，泰山位居東方，屬震，是太陽升起之地，也是萬物的發祥之地，更是人死後靈魂的歸宿地。因此，泰山又是一座掌管生死的神山，而泰山神則是陰間鬼魂的最高主宰。

東嶽大帝既掌神職，又管鬼職，道教又賦予了他極高的權力：氣應青陽，位尊震位，獨居中界，統攝萬靈，並最終將神、鬼統一於泰山神的管轄之下。從此泰山神有了雙重的神性職能。他服青袍，戴蒼碧七稱之冠，佩通陽太明之印，乘青龍，領群神五千九百人，仙官、仙女九萬人，主宰百鬼。掌人間善惡之權，統理十八地獄六案簿籍，舉凡官職、生死、貴賤等事，都可過問，乃是一個名副其實的「萬金油長官」。由於萬求萬應，因此中國各地禮敬東嶽大帝蔚然成風，其香火之旺盛，幾遍於全國各地。

2. 南嶽大帝

南嶽衡山又名潛山、霍山，「霍」者，萬物生長，垂枝布葉，霍然而大之意。《述異記》認為南嶽乃是盤古大神的左臂所化，其地處湖南省中部，山色青翠，盤紆數百里，有大小山峰七十二座，以祝融、天柱、芙蓉、紫蓋、石廩五峰最高。上古時，黃帝與祝融經過衡山，黃帝問起衡山名字的來歷，祝融答說：「此山橫亙於雲夢山與九疑山之間，如一桿秤，能夠稱量天地的輕重，所以叫衡山。」黃帝很滿意，就封祝融為第一代衡山神。

道教的南嶽大帝全稱「司天大化昭聖帝」，所居洞府名為「朱陵太虛洞天」。對於他的來歷，諸書記載不一。《龍魚河圖》載：「南方衡山君神，姓丹名靈峙。……一云衡山君爛洋光。」東方朔《神異經》云：「南嶽神姓崇，諱覃。」《歷代神仙通鑑》認為南嶽真身是曾經輔助大禹治水有功的伯益，至今衡山仍有當年大禹治水的禹王石。而《封神演義》中則封崇黑虎為南嶽大帝。

由於五行之中，南方色赤，因此南嶽大帝的裝束為頭戴九丹日精之冠，衣赤錦飛裙，披神光朱文之袍，佩夜光天真之印，乘赤龍，統領七萬七百仙眾。其主要神職是主掌星象分界，兼理鱗甲水族魚龍之事。歷朝歷代的君王都十分重視前往衡山登禮，舊時全國各地均建有南嶽神廟，以衡山南嶽大廟最為著名。

3. 西嶽大帝

古代地理家有「泰山為龍，華山為虎」之說。西嶽華山，又稱太華山，地處陝西華陰。「華」者，獲也，取萬物滋熟可得獲之意。此外，由於「華」通「花」，而華山山峰遠望若蓮花，故名。華山高聳巍峨，山高「五千仞」，有東朝陽、南落雁、西蓮花、北雲台、中玉女諸峰。由於奇峰絕壁，十分陡峭，故華山自古即有「天下第一險」之稱。相傳華山是上古時盤古的腳趾所化，是連接天庭的天梯，許多修仙者即由此上達天界。

帝王祭祀華山的目的是為了鞏固權力和統

五嶽大帝

崑崙而下，神州之山，以五嶽為尊。五嶽大帝即鎮守東嶽泰山、南嶽衡山、西嶽華山、北嶽恆山、中嶽嵩山的五位神明，民間合稱為五嶽大帝。其信仰深入民間，神格崇高，是中國神話體系中相當重要的一大脈流。

（圖右到左：東嶽大帝、南嶽大帝、北嶽大帝、西嶽大帝、中嶽大帝）

治，因為西嶽「能興雲雨，產萬物，通精氣，有禎祥」。原始的華山本沒有正式山神，但出於國家威儀的需要，道教也創造了一位西嶽大帝以供官方配享。西嶽大帝全稱「金天大利順聖帝」，所居洞府為「太極總仙洞天」，位列三十六洞天之第四洞天。《恆嶽志》述其來歷曰：「西嶽華山……嶽神姓羌。」《龍魚河圖》亦云：「西方華山君神，姓誥名鬱狩。一云華山君浩元倉。」《封神演義》則以蔣雄為西嶽正神。

西方色白，所以西嶽大帝的形象，據《雲笈七籤》稱「領仙宮玉女四千一百人……服白素之袍，戴太初九旒之冠，佩開天通真之印，乘白龍」。其神職是主管世界珍寶及五金之屬，陶鑄坑冶，兼管羽翼飛禽類。迄今在華山周邊的民間，尚流傳有不少華山神的神奇故事。

4. 北嶽大帝

恆者，常也。北嶽恆山，相傳為盤古右臂所化，地處山西省渾源縣，山脈奇絕、自成天險，兵家自古即有「占恆山而絕天下」之說。黃帝與蚩尤的涿鹿之戰就發生在恆山。恆山仙跡頗多，茅山派祖師茅盈、八仙之一張果老都曾隱於恆山。恆山主峰天峰嶺上，相傳有吉祥的瑞獸白澤出沒其間，白澤趨吉避凶，使得恆山成為遠古人類崇拜的著名神山圖騰。

北嶽大帝全名為「安王大貞玄聖帝」，所居洞府稱「太乙總玄洞天」，係三十六洞天之第五洞天。《神異典》引《恆嶽志》述其來歷：「顓頊氏為黑帝，治太恆山。」《龍魚河圖》云：「北方恆山君神，姓登名僧。」《封神演義》則封崔英為北嶽正神。

北方色黑，《雲笈七籤》稱：北嶽神君服元旒之袍，戴太真冥冥之冠，佩長津悟真之印，乘黑龍，領仙人玉女七千人。他的神職，主要在於管理江河淮濟，兼任虎豹蛇虺等屬。

5. 中嶽大帝

嵩者，山高也。中嶽嵩山地處河南省登封市西北方，挺拔於中原腹地，是儒、釋、道三教薈萃之地，由太室山和少室山組成。古人認為嵩山是上天的大門，掌管著人間的天象徵兆，再加上其鄰近古都洛陽，因此戰國以前嵩山的地位要高於泰山，享受著莫大的尊崇。夏、商、周三代祭天，總是先祀嵩山，然後才按序拜泰山。直到秦始皇泰山封禪後，嵩山五嶽最尊的地位才被泰山取代。著名的伊水和洛水，也都發源於嵩山。

嵩山屹立中天，相傳是盤古死後的腹部所化，這一帶又是黃帝部落的聚居地，炎黃聯盟、堯舜禪讓、大禹化熊、塗山女化石、石中生夏啟，都發生在嵩山。而道教更視嵩山為修仙絕佳處，松濤狂嘯，長歌嵩高，此中的仙跡俯拾皆是，數不勝數。周太子在此歸逸二十年，修煉成仙，駕鶴而去，更為後人所津津樂道。

中嶽大帝是五嶽中信仰起源最早的山神。《山海經．中山經》云：「其神皆神面而三首，其餘屬皆豕身人面也。」可見中嶽神的早期形象是半人半獸。到了《封神演義》裡，姜子牙大封天下諸神，以聞聘為中嶽正神。道教吸收了中嶽大帝後，《龍魚河圖》認為，中央嵩山君神，姓壽名逸群。東方朔的《神異經》則說中嶽大帝的姓名是惲善。他的全稱為「中天大寧崇聖帝」，所居洞府是「上聖司真洞天」，位列三十六洞天中的第六洞天。

中嶽大帝在歷朝皇帝的禮敬重視下，幾乎每朝都有新封號。他服黃素之袍，戴黃玉太乙之冠，佩神宗陽和之印，乘黃龍，領仙官玉女三萬人。主掌土地、山川、林木，是雄偉、剛性與堅強的象徵！

三、泰山女神碧霞元君

碧霞元君，俗稱泰山玉女、泰山娘娘、泰山老母等，是泰山上最顯赫的山神，也是中國歷史上影響最大的女神之一。因她愛穿碧衣紅裙，故成仙後被賜號「天仙玉女碧霞元君」。明清以前，她在民間的影響甚至大大超過了泰山主神東嶽大帝。人們把她的神廟建在泰山的最高處，儼然一位威靈赫赫、庇佑九州的「泰山女皇」。

碧霞元君的身世來歷自古說法不一，一說為黃帝所遣之玉女。據《玉女考》和《瑤池記》記載，當年黃帝建岱嶽觀時，曾派七位仙女，雲冠羽衣，前往泰山迎接西崑崙真人。其中一位仙女後來留在泰山隨真人修行，終於得道，成為碧霞元君。

另一說則稱碧霞元君原是凡人之女，漢明帝時，善士石守道與妻金氏有女，名玉葉。此女相貌端莊，為人聰穎，三歲解人倫，七歲學道法，曾參拜過王母娘娘。十四歲時入泰山黃花洞修煉。三年修煉丹成，元精發而霞光顯。於是憑靈泰山，成為泰山女神碧霞元君。

第三種說法則來自《蒿庵閒話》。漢代時，人們在泰山頂上雕刻玉女石像，並修建玉女池以奉祀。五代戰亂頻仍，殿堂傾塌，石像撲地，玉女之像也剝蝕淪落於玉女池內。到了宋朝，真宗東封泰山，在玉女池中洗手，玉女石像竟自動浮出水面。宋真宗急忙下令疏浚該池，用白玉重雕玉女神像，造神龕供奉。並命有司建「昭真祠」，遣使致祭，號為「聖帝之女」。明朝時，將昭真祠擴建為「碧霞宮」，自此碧霞元君成為官方認可的泰山女神。

道教吸收碧霞元君後，認為碧霞元君乃應九炁而生，原為上界天仙，已證太一青玄之位。她見眾生遭遇沉淪，遂受玉帝之命，分身化氣，陟降泰山，化為玉女之身。後被冊封碧霞之號，統領岱嶽神兵，照察人間善惡，護國安民，普濟眾生。

人們之所以對碧霞元君尊崇備至，一方面固然源於原始崇拜中的山岳崇拜，但也與元君的職司分不開。《東嶽碧霞宮碑》載：「元君能為眾生造福如其願，貧者願富，疾者願安，耕者願歲，賈者願息，祈生者願年，未子者願嗣……而神亦靡誠弗應。」由此可知，碧霞元君在民眾的心理層面上簡直是有求必應，無所不能。隨著影響的不斷擴大，她的神職功能更不斷擴大，遠遠超越了一般山神。從神界入俗界，又從俗界入神界，她神通廣大，能護佑農耕、醫病、商賈、旅行、婚姻、升遷、長壽等事。尤其是「泰」字在《易經．泰卦》裡表示「天地交而萬物通」之意，就是說這位女神滋生萬物，主生，所以民間又把她視為送子娘娘，能使女子無孕得孕，有孕健康。可以說，在她身上凝聚了平民百姓幾乎所有的世俗生活理想，百姓對她倍覺親切，從而愈發信賴她。總之，碧霞元君適應了社會各階層的各類需求，對她的崇拜信仰因此遍及大半個中國，她也逐漸成為民眾心目中的慈母、聖母。

泰山是天的象徵，在男尊女卑的封建社會裡，為何會讓來歷複雜的女神淩駕於東嶽大帝之上呢？因為泰山是陰陽交替之所，「陰陽」本身是相互矛盾的，泰山既代表峻極於天的乾象、父性，又代表發育萬物的坤象、母性。所以古代帝王既在山頂祭天，又要在山下祭地。封禪制嬗變後，坤女乘虛而入，稱大地為「后土」，而后土夫人就是「碧霞元君」。泰山玉女也就順勢成了慈善賢良、孕育萬物的泰山女神了，再加上又是天帝之女，自然不同凡響，騰達於東嶽大帝之上，神權赫赫也就不足為奇了。

東嶽大帝主死，碧霞元君主生，兩者形成鮮明的對比。但東嶽大帝畢竟屬國家祀典對象，只有天子帝王才有資格祭祀，而碧霞元君慈祥端莊，和藹可親，無論帝王還是百姓，都把元君當作自己的保護神朝拜。受到眾多平民信仰，讓她有雄厚的社會基礎。故舊時信仰碧霞元君的人特別多，也特別虔誠，不僅在泰山有廟，在各地也建有許多「泰山娘娘廟」，許願還願者如痴如醉，至今仍香火不衰。

四、茅山仙祖——三茅真君

在江蘇省西南部，有座連綿數十里的句曲山，相傳西漢景帝時有茅盈、茅固、茅衷三兄弟在此修道成仙，故此山又稱茅山。茅山是十大洞天中的第八洞天，號「金壇華陽洞天」；又是七十二福地中的第一福地。這裡風光瑰麗多姿，有九峰十八泉二十六洞二十八池等勝景，以「靈、秀、仙」著稱。

據《神仙傳》記載，「三茅」中以茅盈最先得道。傳說茅盈出生時紅霞滿天，三日不散，所以取名「盈」。他自幼即聰明過人，少年時已文名素著。但他對仕途不感興趣，只愛采藥煉丹，修養真性。十八歲那年，茅盈離家到北嶽恆山修煉，後參訪各地名山洞府，至龜山遇見西王母，得授《太極玄真之經》，參悟了整整三十年。

四十九歲那年，學道有成的茅盈興沖沖地回到家鄉。想不到老爺子一見他，勃然大怒，罵道：「你這個不孝的東西，不侍奉雙親，一跑就是三十年，連音信都沒有。現在還回來幹什麼？」說完，舉起手中的拐杖就要打。茅盈趕緊跪下勸阻道：「父親息怒，孩兒如今已有了道行，千萬打不得。」老父哪裡肯信，舉杖便打，誰知拐杖還沒有碰到兒子的身體便折成數段，如飛石強矢，竟把牆壁穿了幾個大窟窿。父親大驚，這才相信兒子所說不假，不由得消了氣。他問兒子：「你說你得了道，能讓死人復活嗎？」茅盈道：「除了有罪之人不能救活外，其他暴病夭亡的應當沒有問題。」正巧村裡有個少年剛死幾天，茅盈前去，運用道術，還真讓他活轉過來了。這一下轟動了十里八鄉，百姓一傳十，十傳百，都知道有個茅盈能起死回生。此後，茅盈時常為百姓治療沉痾頑症，藥到病除，口碑極好。人們對他又佩服又尊敬，稱他為「茅神仙」。

茅盈的兩個弟弟也很有出息，茅固做了武威太守，茅衷做了西河太守。他們出巡時，隨從儀仗前呼後擁，十分威風。茅盈見了覺得好笑，就對兩個弟弟說：「人間富貴終不長久，明年四月初三我要上天去做神仙，希望二位官老爺和各位鄉親能為我送行。」果然，到了那一天，茅家門前數頃地突然不知被何人打掃得乾乾淨淨，青綢的帳篷一字排開，屋內白氈鋪地，可容數百人。眾賓客到齊以後，宴會開始，不見侍者穿梭，而金盤玉杯自動飛至桌上。至於美酒、奇肴、異果更是人間不見，復有絲竹金石之樂不絕於耳，蘭麝之香達數里之外。酒酣宴罷，一群仙官和金童玉女從天而降，把茅盈迎上彩輿，簇擁著升空而去。

茅固、茅衷見哥哥飛升仙界，無比羨慕，也想做逍遙自在的神仙，便辭官而去，尋找哥哥學道。茅盈說：「你們已經年老，上清升霄大術難學，只可修行成地仙。」於是三茅兄弟隱居於句曲山，一邊苦行修道，一邊以道法醫術周濟民間疾苦，終於位列仙班，成為道教重要支派茅山派的祖師神。後太上老君授茅盈為「司命真君」，茅固為「定籙真君」，茅衷為「保生真君」，合稱「三茅真君」。為永久紀念他們，後人還把句曲山改名為「三茅山」。民間流行的《茅山父老歌》、《三茅歌謠》等，頌詠的就是三茅的事蹟。

第13章

神仙也要無厘頭

諧仙笑佛趣談

「人生南北多歧路，神仙終須凡人做！」

道教中的神，往往在歷史上確有其人。別以為他們做了神仙，就都變得正經八百，一副不食人間煙火的嚴肅模樣。

其實在仙界佛境，有那麼幾位諧仙笑佛，即使已經位列仙班，依然不改詼諧的個性。他們幽默滑稽、風趣灑脫，於嬉笑怒罵間，給清規井然、莊重肅穆的神仙世界，平添了幾番諧趣。

一、亦狂亦俠我最癲——濟公

「鞋兒破，帽兒破，身上的袈裟破；你笑我，他笑我，一把扇兒破……無煩無惱無憂愁，世態炎涼皆看破。走呀走，樂呀樂，哪有不平哪有我……」

這首風靡海內外、老少皆會哼的歌曲，唱的正是在中國家喻戶曉、深受百姓愛戴和景仰的神僧活佛——濟公。

1. 歷史上真實的濟公

濟公，歷史上實有其人，最早見於南宋釋居簡的《湖隱方圓叟舍利銘》和釋如的《讚濟癲》。他俗名李修元，字湖隱，生於南宋紹興十八年，浙江天臺縣人。李修元自幼博覽詩書，文理精通，號稱「神童」。十八歲時父母雙亡，遂在杭州西湖靈隱寺剃度出家，法號「道濟」。道濟不拘俗禮、不守戒律、不飾細行，為人「狂而疏，介而潔」，喜的是喝大碗酒、吃大塊肉，行為舉止癲狂放蕩，人人皆以為瘋。更有人告到其師慧遠面前，慧遠庇護他說：「佛門之大，豈不容一癲僧！」從此道濟就被稱為「濟癲僧」。

道濟也不以為意，更把「癲」字認作本來面目，變本加厲地瘋癲起來，生活行事完全不按常規，穿衣吃飯總帶三分癲意。他時常身穿破袈裟、腳拖破蒲鞋、手搖破蕉扇，出入歌樓酒肆，浮沉市井坊間，以落拓不羈的外表、幽默風趣的談吐濟世救人。別看他帽破鞋垢，擠眉弄眼，貌似瘋痴，實際上在這邋遢、古怪、滑稽的外表下面，卻藏著一顆善良的心。

濟公
濟公在歷史上實有其人，為南宋時人，俗名李修元，後在靈隱寺出家為僧，法名道濟。他外表落拓不羈，談吐幽默風趣，但能以嬉笑怒罵、幽默智慧的方式行善積德、扶危濟貧，逐漸聲名遠播，成為世人心目中大智大勇的化身、普度眾生的高僧。

他學問淵博，醫術高明，為百姓治癒了不少疑難雜症；而且精通佛理，用佛法醫人醫世，點化了諸多誤入歧途者。他不貪財、不攀貴，智鬥秦檜及其後人，懲治嘲弄貪官汙吏，以嬉笑怒罵、幽默智慧的方式行善積德、扶危濟貧，逐漸聲名遠播，成為世人心目中大智大勇的化身、普度眾生的高僧。

嘉定二年（1209），道濟在淨慈寺端坐圓寂。臨終前作偈一首，概括自己生平曰：「六十年來狼藉，東壁打到西壁。如今收拾歸來，依然水連天碧。」

2.神化濟公

道濟生前替人消災解厄，打抱不平，那些為富不仁、壞事做絕的惡人對他又恨又怕。他逝世後，善良的老百姓都捨不得他，每當遇到不平事時，都希望他能再度出現，懲惡揚善，扶弱濟困。於是道濟被逐漸神化為轉世人間的降龍羅漢，除佞降魔的活佛。

活佛濟公看破紅塵，任性逍遙，為方便度世，更常常裝瘋賣傻。這一形象在清代中葉正式定型，延續和發展了《西遊記》中對孫悟空和豬八戒的誇張描述，進一步突破了神仙的莊重肅穆。這位諧仙放浪形骸，不修邊幅，以遊戲人間的方式積極干預現實，其平易近人的平民形象，不僧不俗、非氓非丐，若痴若狂、若戲若癲，彰顯出一種自然天真的性情，打破了長期以來神仙的神祕感和虛幻感，在仙班中獨具一格。濟公也就此成了一位集神仙、游俠、怪僧於一身的喜劇型諧仙。

二、倒騎毛驢戲人間——張果老

張果老，姓張名果，因得長壽胎息之法，修成了長生不老之術，故名字中加一「老」字，以示尊敬。張果老在混沌初開之時，本是一隻白蝙蝠，後來得天地靈氣、日月精華養化，又經歷了許多世的劫難後，方才在唐朝時幻化成人形，做了一名道士。

張果老的故事最早見於《明皇雜錄》，新舊《唐書》均在「方技類」載有《張果傳》。明吳元泰《八仙出處東遊記》第二十回、二十一回，凌濛初所撰《初刻拍案驚奇》卷七等，對張果老的事蹟也均有詳述。

相傳張果老長期隱居於中條山，自言生於堯時，渾忘甲子。唐太宗、唐高宗不時徵召他，都被他婉拒。武則天時他年已數百歲，則天召他出山，他也裝死不去。唐玄宗時，派使者請他入朝，求長生不老之法。初次見面，唐玄宗見張果老鬚眉皆白、面目蒼老，心生疑惑，以為是個騙子，就問：「先生乃得道之人，為何髮疏齒落，老態龍鍾？」張果老說：「衰朽之歲，沒有什麼道術可依憑，所以才變成現在的樣子，實在令人羞愧。不過如果把這些疏髮殘齒拔去，不就可以長出新的來。」說著便在殿前拔去鬢髮，擊落牙齒，玄宗有點害怕，忙叫人扶張果老去休息。一會兒張果老回殿，果然容顏一新，青鬢皓齒。玄宗這才信張果老真的有本事。

又有一次，唐玄宗去打獵，捕獲了一頭大鹿，此鹿與尋常的鹿相比，稍有差異，但普通人都看不出來。廚師剛要開刀宰鹿，張果老看見了，連忙阻止，說：「這是仙鹿，已經有一千多歲了，當初漢武帝狩獵時，我曾跟隨其後，武帝雖然捕獲了此鹿，但後來把牠放生了。」玄宗說：「天下之大，鹿多的是，時遷境異，你怎麼知道牠就是那頭鹿呢？」張果老說：「武帝放生時，在鹿的左角處用銅牌做了標記。」玄宗命人查驗，果然有一塊二寸大小的銅牌，只是字跡已經模糊難辨了。玄宗又問：「漢武帝狩獵是哪年？到現在已經有多少年了？」張果老答：「至今已有八百五十二年了。」唐玄宗命史官核對，果然無誤。

由此唐玄宗愈發敬重張果老，封他為「銀青光祿大夫」，賜號「通玄先生」。但張果老難耐宮中閒寂，嚮往天宇之寬闊，最終辭別玄宗，飄然而去。他回山後不久，遇鐵拐李點化，終於果證成仙，唐玄宗特地為他建了「棲霞觀」來供奉他。

三、詼諧歲星——東方朔

御輦龍輿，車行轔轔。雄才大略的漢武帝這日出巡歸來，車駕正要進入午門，突然聽得前邊喧嘩一片，隱隱還有哭聲傳來。武帝一看，原來是宮裡的侏儒們正跪地抽泣。他們一見武帝車駕近前，急忙匍匐著爬到武帝車前，拚命叩頭請罪。漢武帝大奇，忙問是何緣故。侏儒們哭訴道：「有人說陛下要殺掉我們，所以我們特來請罪！」

武帝勃然大怒道：「豈有此理！朕何時講過要殺你們？是誰竟敢假傳聖旨？真是大膽！」侏

儒們困惑地說：「是，是東方朔……」

漢武帝聞言，默想片刻，低聲喃喃自語著：「哦，又是東方朔？」

那麼，這個東方朔到底是誰呢？

東方朔，字曼倩，山東平原人，西漢辭賦家。因其出生時東方天色始白，遂以「東方」為姓；又因出生三天即喪母，由鄰居拾朔撫養，故名「朔」。他是「東方」這個複姓的始祖。

東方朔自幼即聰慧過人，博覽群書，酷愛經術，寫得一手好文章。他性格開朗，愛講笑話，機智多才，詼諧滑稽，這種與生俱來的幽默本領，常令他每逢局面困窘時，總能憑藉急智，躲過一次次災禍。他說學逗唱的本事，除戰國時淳于髡外，無人能出其右，所以後世的相聲藝人奉其為相聲業的「祖師爺」。

作為一代幽默大師，東方朔說話的藝術可是「非一般」的高超。其中最重要的一點，便是他「能吹善吹」。用吹牛的方法宣傳自己，一副「天下我最厲害」的模樣，常常能收到奇效。東方朔第一次亮相，就是靠吹牛這一帶有濃厚喜劇色彩的方式，引起皇帝的注意。

漢武帝剛登基時，下詔徵求天下的賢良，只要被選上就能做官。東方先生一看，機會來了，一步登天，不得了！別看競爭的人多，不這樣還顯不出某家的手段！天下的才人無不踏踏實實地上書進言，而東方朔卻洋洋灑灑地寫了三千片竹簡，毫不自遜地將自己大大地吹噓了一番。他上書自薦說：「臣朔年十二學書，三冬文史足用……已誦四十四萬言……年二十有二，長九尺三寸，目若懸珠，齒若編貝，勇若孟賁，捷若慶忌，廉若鮑叔，信若尾生。若此，可以做天子大臣矣。」翻成當代白話就是：俺從小就聰慧伶俐，飽讀詩書，精通兵法，真可謂文武雙全；而且講道德，守信義，再加年輕貌俊，身材修長，渾身上下挑不出一點兒毛病。古人所有的光輝品質都集於俺一身了，皇帝陛下您要用俺做大臣肯定錯不了！

在漢武帝看的那麼多上書當中，敢如此大言不慚地往自己臉上貼金的，東方朔是頭一份，自然引起了漢武帝的好奇心，「狂妄的傢伙我見過不少，狂到這種程度倒還少見，好玩好玩」。於是他對東方朔格外關注。雖然諸大臣皆輕其「文辭不遜，高自稱譽」，但求賢若渴的漢武帝卻見其書而「大偉之，命待詔公車……詔拜以郎，常在側侍中」。東方朔憑著智慧和勇氣，終於邁出了成功的第一步。

雖然劍出偏鋒，初戰告捷，不過英明的漢武帝自然不會傻到認為東方朔真是完人，因此剛開始只命他當個管公車（編按：公車是漢朝時皇宮接待臣民的機構，掌管徵召，並接受臣民給皇帝的上書。）的小官，不但俸祿菲薄，且不能拜見天顏。這可把東方朔急壞了，長此以往，別說得不到重用，靠那點兒薪水，不餓死也晾成魚乾了。這個狡黠的年輕人便盤算著如何讓皇帝進一步提拔自己。

他特意找到一個武帝寵倖的侏儒，恐嚇道：「你的死期就要到了！皇帝覺得你們這些人，身材矮小，沒什麼本事，耕田沒有力、打仗沒有勇、治民沒有德，只會吃穿，浪費糧食，無益於世。陛下已經厭倦你們了，準備把你們這些吃閒飯的弄臣統統殺掉。」

侏儒大驚，心想連這個無官無職的傢伙，都敢用這種口氣跟我說話，想必消息是真的，嚇得大哭起來，連忙跪下，向東方朔討教對策。東方朔出主意說：「你聯合所有的侏儒，一見到皇帝，馬上就長跪不起，也許能免一死。」

侏儒們當然照辦，這才有了眾侏儒跪駕這一幕。武帝立即命人召東方朔來質問。東方朔振振有詞地回答道：「侏儒身長不過三尺許，每月能得到一袋口糧，還有二百四十錢俸金，他們撐飽了還有餘剩。我身高九尺三，每月也是一袋口糧、二百四十錢俸金，餓得前心貼後背，這實在是不公平。如果陛下認為我還可用，就應該給予優厚的待遇才對。不然，就應該把我早早趕回家，免得浪費長安城中的米糧。」他捧著肚子，把有氣無力的飢餓勁兒學得惟妙惟肖，口氣幽默滑稽，引得漢武帝哈哈大笑，於是，不僅沒有責備他，反而下詔令他「待詔金馬門」，供自己隨時徵召諮詢。就這樣，東方朔的待遇得到了改善，並且獲得了接近皇帝的機會。他雖在朝中，卻不拘守朝儀。見了天子，要說就說，要笑就笑，時常把個尊嚴天子逗得喜笑顏開。天子日坐朝廷，拘束良多，有他這樣一個滑稽人物陪同談笑，別有一番樂趣。從此，這一對偉帝與智臣，開始了長達半個世紀同興漢室的悲樂生涯。

東方朔不但放蕩不羈、奇智多謀，而且精研道術、博聞強識，於仙家變幻神通之事所知甚多。而漢武帝正好也「洞心於道教，窮神仙之事」，常向東方朔求仙問道，東方朔每每對漢武帝講述神仙靈怪、方外異事。故《漢書》曰：「其事浮淺，行於眾庶，童兒牧豎莫不炫耀，而後世好事者因取奇言怪語附著之朔。」所以民間不少神話傳說，皆以東方朔為主角。後來的各種古籍記載中，東方朔的事蹟更時常被神化，他本人也被描繪成「歲星下凡」，脫去了肉身俗胎，成為暫居人間的神仙。《洞冥記》記載：「朔年三歲，天下祕讖一覽，暗誦於口。」《獨異志》卷上載：「漢東方朔，歲星精也，自入仕漢武帝，天上歲星不見。至其死後，星乃出。」李白亦有詩曰：「世人不識東方朔，大隱金門是謫仙。」《東方朔傳》更詳細敘述了他的神異才能。例如他能「乘履泛泉」，到達「其國人皆織珠玉為簟」的異地；《海內十洲記．序》記他能在北極遨遊，「北至朱陵，扶桑，蜃海，冥夜之丘，純陽之陵……」，其中「冥夜之丘」指的是北極圈地區的「極夜」現象，而「純陽之陵」則指連續六個月的「極晝」。

如此漸次演化，到了宋朝，東方朔被民間奉為「喜神」，最後更被道教封為「詼諧歲星」，算是修成了正果。

四、睡仙——陳摶老祖

陳摶，字圖南，自號扶搖子，是五代宋初最出名的道教傳奇人物。據《宋史》和《真經通鑑》記載，陳摶早年曾是個弱智兒童，四五歲時還不會說話。但正像武俠小說中的主人公經常會遇到天上掉餡餅的美事一樣，小陳摶某天在渦水邊玩耍，一個青衣女人（據說此女就是《列仙傳》裡的毛女）走過來，抱起陳摶餵了一回奶，這口奶非同尋常，陳摶從此不但能開口說話，而且變得聰明過人，張口就能吟詩，《詩》、《書》、《易》、《禮》等儒家經典、百家之言，統統一見成誦，不在話下。長大後，更是自視極高，每每攬鏡自照說：「吾非仙而即帝。」頗有經世緯時、濟民從政之雄圖。

然而在那樣一個紛亂不休的時代，軍閥當權，吏治腐敗，高素質的人才基本沒有辦法走正常的科舉功名之道。後唐年間，陳摶屢試不第，一腔熱情慢慢冰冷，他逐漸醒悟到：世事浮華實為虛妄，不如修仙學道逍遙自在。遂放棄仕進，遊歷名山，求仙訪道。後得高士指點，隱居武當山九室岩服氣辟谷，潛心研究毛女傳授的「煉形歸氣、煉氣歸神、煉神歸虛」心法。如此清靜修道二十餘年，大有所成。後又移居華山，與隱士李琪、鐘離權、呂洞賓等為友，切磋內家仙功玄機。

陳摶隱居武當修煉時，曾跟青城道士何昌一學過「鎖鼻術」——即不讓氣從口鼻進出的高深氣功術，這種氣功特別適用於睡覺，睡下去少則一月，多則半年，有時甚至能熟睡三年。如果能傳流到當代，保證受到無數失眠白領的青睞。

陳摶在鎖鼻術的基礎上，又參以老子的「損情去欲，靜篤歸根」的內丹術思想，並借鑑寒冬季節龜蛇蟄而不食的原理，反覆剖析其理，引入人身，發明了睡功升級版——蟄龍法。從此他「華山高臥」，常百餘日大睡不起，世稱「隱於睡」。

陳摶的睡功相當厲害，最長時可以一覺睡上十幾年。有一次，一個樵夫看到山谷裡有個死人，走近一看，嚇了一大跳。原來這個「死人」正是陳摶，自己小時候就見過。當年他躺下就睡，樵夫還曾經在他身旁種了一棵樹苗。如今小樹都已經長成參天大樹了，真不知道陳摶已經在此處睡了多少年！

陳摶雖然隱居酣睡，卻未忘世情時事。他經常在睡醒後指點江山，作世外高人狀，於是他的大名就傳到了好幾位皇帝的耳朵裡。俗話說：「做了皇帝想登仙」，皇帝歷來都對仙人和長生不老感興趣，於是前後共有四位皇帝曾宣陳摶入朝。首先是後唐明宗李嗣源，李嗣源親擬手詔，召見陳摶，並賜號「清虛處士」，還賜他三名宮女。但經過一番晤談，陳摶感到明宗不過是個凡子，沒有仙骨，於是他給明宗留下一封辭別信和一首詩，悄然遁去。其詩曰：「雪為肌膚玉為腮，多謝君王送到來。處士不解巫峽夢，空煩雲雨下陽臺。」

五代亂世，朝代興替有如走馬燈，轉眼到了後周。周世宗對「黃白之術」（煉丹術）素有興趣，於顯德三年召陳摶入宮，問以煉丹飛升之術。但陳摶對周世宗說：「陛下為四海之主，當以致治為務，奈何留意黃白之事乎？」周世宗無可奈何，只好找丞相馮道（就是那個著名的官場不倒翁，五代元勳代代紅）商量。馮道有一肚子鬼主意，他對皇帝說：「人間的誘惑莫過於酒色，七情莫甚於愛欲，六欲莫甚於男女。陳摶在山裡住了這麼多年，陛下賜他一罈極品好酒，然後派美女三人，聲稱給他暖足，到時不愁他不就範。」周世宗喜道：「正合朕意。」

陳摶收到這份大禮後，當時打開美酒就飲，美人在旁邊斟酒服侍，陳摶也不推辭。使者回報馮道，馮道以為計謀可成，心中暗喜。沒想到第二天一早，馮道卻發現陳摶早已飄然而去，那三個美女都被鎖在另一間房中。馮道一問，美人們說陳先生喝了酒就睡，睡到五更方醒，留下一封書信就走了，馮道將書信拆開，只見一首偈：

臣愛睡，臣愛睡，不臥氈，不蓋被。
片石枕頭，蓑衣鋪地。南北任眠，東西隨睡。
震雷掣電泰山摧，驪龍叫喊鬼神驚，臣當其時正鼾睡。
閑思張良，悶想范蠡，說甚孟德，休言劉備。三四君子，只是爭些閒氣！
怎如臣，向青山頂上，白雲堆裡，展放眉頭，解開肚皮，且一覺睡。管甚玉兔東升，紅輪西墜。

世宗見偈後，讚歎不已，為之傾倒，遂遙賜陳摶為「白雲先生」。

別看陳摶睡得糊裡糊塗，可委實是天下第一明白人！每逢新朝登臺時，他都是緊皺眉頭、大搖其頭，唯獨聽說趙匡胤做了皇帝，這才拍手大笑道：「天下自此定矣！」說來陳摶與趙宋王朝還頗有淵源，四十年前，襄樊路上到處都是拖兒帶女南下逃難的饑民。在逃難的人群中有一名中年婦女，挑著兩個竹筐，筐內各坐著一個男孩，婦女疲憊不堪，迎面撞上了陳摶。陳摶一見竹筐裡的兩個男孩，頓時又驚又喜，他攔住婦女，拱手道賀說：「夫人好福氣！」婦女驚疑地說：「我們母子三人逃難至此，衣食無著，性命難保，哪有什麼福氣？」陳摶立刻取出銀兩周濟她，並對過路的人群吟道：「莫道當今無真主，兩個皇帝一擔挑。」說罷飄然而去。在場者都以為陳摶是個瘋道士，無人信以為真。哪知筐中坐的兩個孩子，大的就是趙匡胤，小的則是趙光義，挑擔夫人杜氏即後來的杜太后。

有此緣分，宋太祖趙匡胤屢次差官迎取陳摶入朝，陳摶皆不肯。後來趙匡胤發出手詔，陳摶見詔，書寫四句曰：「九重天詔，休教丹鳳銜來；一片野心，已被白雲留住。」太祖大笑，加封陳摶為「希夷先生」。「希」指視而不見，「夷」指聽而不聞。

宋太宗對陳摶也十分器重，特許他入朝不拜，曾兩次向他請教治國方略，陳摶寫了四個字：「遠近輕重。」太宗不解其意，陳摶解釋說：「遠者，遠招賢士；近者，近去佞臣；輕者，輕賦萬民；重者，重賞三軍。」太宗深感陳摶所言切中時弊，四字方略真乃治世良策，心中大喜。陳摶回山後，宋太宗想封他做「帝師」，並派車迎他入宮長住，陳摶都辭謝了，於是太宗將華山賜予陳摶。陳摶前後拒絕了四位皇帝恩賜的祿位，這就是有名的「四辭朝命」！

五、笑佛彌勒

1.佛教中的彌勒

體態豐滿、袒胸露腹，笑口常開、亦莊亦諧，這就是佛教寺院裡一團和氣的彌勒佛，給人們留下的良好印象。他是中國民間普遍信奉、非常流行的一尊佛，也是舉世公認的快樂佛、歡喜佛、幸運佛。在人們心目中，笑佛彌勒不僅可以保平安、生富貴，更代表著知足常樂、包容忍耐、喜悅和善的富足心態。笑佛那親切慈愛的笑容，能使人忘記煩惱與憂愁，又因他闡釋了「笑納天下財」、「和氣生財」的道理，所以民間也尊彌勒佛為「財寶佛」，供奉他祈求聚財納福。

彌勒，是梵文 Maitreya 的音譯，漢語譯作慈氏，為姓，在古天竺語中是慈和、慈祥、慈悲之意；其名「阿逸多」，譯作無能勝，是無人能勝、無往而不勝的意思。

據佛經記載，彌勒生於南天竺婆羅門家，與釋迦牟尼是同時代人，後來隨釋迦出家，成為佛弟子。他受盡磨難，終於修成正果，住在六欲天中的兜率天。兜率天是印度神話中的諸神遊樂之所，類似「諸神俱樂部」。這裡莊嚴清淨，蓮花處處，無諸欲樂，乃是天界淨土。世人只要持戒修禪、積累功德，死後即可往生彌勒淨土。由於釋迦牟尼曾預言彌勒將先於自己圓寂，而後降世成佛，繼承佛祖未竟的事業，因此彌勒又被稱為「補處菩薩」，也就是佛祖的接班人。屆時，彌勒佛將在龍華樹下演說佛法三次（三會之說法），廣度一切眾生。不過，接班的日子要等上五十六億六千萬年（四千佛歲），不知道那時候宇宙還在不在！所以彌勒佛在「豎三世」中，也被稱為「未來世佛」。未來世佛能預知未來，預測禍福，示人吉凶，無不應驗。

由上可見，彌勒佛是僅次於釋迦牟尼（如來佛）、處於候補地位的佛，在「賢劫千佛」中排行第五。他最著名的功法是「慈心三昧」，也就是念及蒼生、救世普度的慈悲情懷。他的鴻誓大願是化混亂的世界為大同，化汙濁的人間為淨土，化黑暗罪惡的塵世為天國。彌勒佛形象的出現，一方面表達了人們對於釋迦牟尼佛入滅之後信仰對象空缺的不滿意，另一方面也體現了佛教徒對美好未來的期待，寄望彌勒佛能夠拔除眾生痛苦，使眾生得到真實的安樂。

2.彌勒佛本土化——布袋和尚

彌勒佛和其他佛、菩薩一樣，都來自印度。諸佛、菩薩有如恆河沙數無量無邊，基本上都是印度人的模樣，而最初的彌勒像，也是頭戴寶冠、身披瓔珞的菩薩裝束，其面容端正，雙手合十，交腳盤坐，造型帶有濃郁的印度風格。但後來中國人卻如此喜歡彌勒佛，蓋因隨著歲月流逝，彌勒佛變得相當中國化，連相貌都變成了「中國製造」。笑嘻嘻的一副典型中國人的世俗形象，不再是印度式的寶相莊嚴、高高在上，親和力自然大增。而從印度傳入的彌勒佛原始真容，反倒極少有人知曉了。

中華文明最善於吸收、消化外來文化。隨著彌勒信仰的逐漸流行，對彌勒形象的改造也在悄然進行。自五代開始，中國民間有了「家家彌勒佛，戶戶觀世音」的說法，此時的彌勒佛已經是光頭大耳、袒胸凸肚、笑容可掬的「國產形象」。他手提布袋，隨意臥躺，喜眉樂眼，憨態可掬，自然而不造作，使人一見便油然而生親近之意。據說，摸一下他的大肚皮，還能消災除病，保佑平安呢。這一本土化、世俗化、民間化了的彌勒佛形象，不再是高高在上的金身佛，而成了一個如你我般有情有欲的俗人，自然而然地被中國民眾普遍接受並長期流傳。

據《宋高僧傳》卷二十一載，這位永遠笑哈哈的「中國式彌勒佛」，是以五代後梁時遊方僧人契此為原型塑造的。契此號「長汀子」，是浙江奉化一個挺有名氣的雲水僧，由於經常披著一個布袋，見到地上有糧食就撿起來放入布袋中，因此被稱為「布袋和尚」。人們問他撿拾這些穀物幹什麼？他說：「有時備無時，無用變有用。」並作偈曰：「我有一布袋，虛空無阻礙，展開遍十方，入時觀自在。」他身體矮胖、塌鼻梁、肚子特大，言語無常，行為奇特，天將旱時便穿高齒木屐，天將澇時穿濕草鞋，多有靈驗，因而名噪一時。

作為一個居無定所的遊方僧人，契此是十分貼近民間的，他性格樂觀寬容，逢人便笑，隨遇而安，形象和藹可親。人們笑他、罵他、欺他、辱他，他都不氣不惱，也不與人爭辯，任人嘲諷羞辱，盡能容忍，而且總是笑。凡是他行乞時對他有過賜予的店鋪，往往生意分外興隆，大大獲利；而不肯施予或辱罵他的人，卻也從不曾遭到報復。他示美好於醜拙、顯莊嚴於詼諧、現慈悲於揶揄，言語雖然戲謔幽默，但仔細玩味，卻可從中悟出對人世的深切感慨。

契此雲遊時，通常都是一手持佛珠，另一手提著一個大口袋，這口袋是用來盛「氣」的，生氣時就打開口袋，將「氣」裝進去。所以契此能夠時刻保持慈寧安詳，這使他在人間播道時，總能笑嘻嘻的，使人很容易就會被他那坦蕩的笑容感染而忘卻自身的煩惱。久而久之，人們漸漸開始喜歡他，尊稱他為「歡喜和尚」。

後梁貞明三年（917）三月初三，契此端坐在岳林寺的一塊磐石上，口念一段偈子圓寂：「彌勒真彌勒，分身百千億。時時示世人，世人皆不識。」契此死後天下轟動，人們認為他就是彌勒佛的應世化身。於是，許多寺院在塑造彌勒佛法像時，便按契此生前的形象和處世態度進行設計。布袋和尚能容人容物，能坦然接受世間的一切苦難和人為的災難，其特點就是肚大過人和笑容滿面。以後「矮身大肚、眉開目慈、蹙鼻笑口」就成了中國彌勒佛的固定形象。

後來，佛教又在大肚彌勒身邊塑了兩至五六個小肚孩兒與之嬉戲，稱之為「五子戲彌勒」，頗受祈求子嗣的婦女歡迎，於是又有了「送子彌勒」一說。這位彌勒在中國民間影響深廣，近代白蓮教就曾經打出彌勒佛的旗號，以他先佛入滅、後降世成佛的經歷作為改天換地的象徵。

第14章

彼岸花開

中國冥界諸神

曼珠沙華——彼岸花，是只綻放於冥界三途河畔、忘川之旁的接引之花。花如血一樣絢爛鮮紅，且有花無葉，是冥界唯一的花，黃泉路上唯一的風景。它的美，是暗翳、災難、死亡與分離的不祥之美。

冥河之上，一葉輕舟。千百次輪回，來了又去，去了又來。當靈魂渡過忘川，便忘卻生前的種種，曾經的一切都留在了彼岸，開成大片大片觸目驚心的赤紅的花，綻放出妖異的近於紅黑色的濃豔，遠遠看去就像是鮮血所鋪成的地毯，如火、如脂、如荼，因此連片的彼岸花又被喻為「火照之路」。往生者就順著這花的指引前往幽冥地府。

一、酆都大帝與鬼都

中國的冥界，即道教地府，由陰間主神酆都大帝與地藏菩薩共同統轄。不過地藏菩薩屬於「精神領袖」，行政上的事務一律歸酆都大帝做主，因此酆都大帝是掌握冥司實際權力的最高主宰。

酆都大帝，又稱北陰大帝、北太帝君，九月九日生。陶弘景《真靈位業圖》稱：「酆都北陰大帝……位列第七階中位，天下鬼神之宗，治羅酆山，三千年而一替。」他品階雖然不高，但也雄踞一方，自成領域，是坐正位的第一把手。其同階諸神有周武王、齊桓公、秦始皇、漢高祖、劉備等，都是歷史上赫赫有名的君主，也算沒有辱沒酆都大帝的威名。

道教神系中，管理冥府的神祇原本有好幾位，經過不斷發展變遷，后土、東嶽等逐漸被改造成了其他領域的主神，作為冥主的信仰基本消失。只有酆都大帝最終保留了「幽冥教主」的職位，統管著十殿閻王、六案功曹、四大判官、十大陰帥、七十五司以及無數鬼卒。凡生生之類，死後均入地府，其魂無不隸屬酆都大帝管轄，按生前所犯之罪孽、所積之功德，逐一處治。他是亡魂的超度者，冥界的總審判官。

酆都大帝的治野，在四川省酆都縣的巨岩下，這裡是陰間的入口，也是鬼國的國都所在。酆，原指北方癸地的羅酆山，這裡山高二千六百里，周圍三萬里，山上有六丁鬼神宮室，是為六宮，依次為紂絕陰天宮、泰煞諒事宗天宮、明辰耐犯武城天宮、怙照罪氣天宮、宗靈七非天宮、敢司連苑屢天宮，是鬼王處斷聖賢與罪人之處。人死後，按照不同的階層，要到不同的鬼宮去報到。

大約自宋代起，酆都大帝的地府被遷到了四川酆都縣。酆都縣有一座平都山，係道家七十二福地之一，蘇軾曾題詩「平都天下古名山」。傳說漢朝著名道士王方平、陰長生曾在此修道成仙，白日飛升。後人誤將王方平、陰長生之首字連讀成為「陰王」，並作陰間之王解釋，陰王居住的地方當然是陰間的國都。於是，福地酆都縣就被當成是幽冥之都了。酆都人仿照陽間官府體系，累世修建各種與地獄有關的建築機構，久而久之，營造了一個等級森嚴，熔逮捕、羈押、庭審、判決、教化諸功能於一爐的「鬼城」，並最終為道教所認可。

「下笑世上士，沉魂北酆都。」這是詩仙李白的兩句詩，成為文學杜撰酆都鬼國的濫觴，令鬼都之名遠揚。到了明清時期，《夷堅志》、《西遊記》、《南遊記》、《三寶太監西洋記》、《聊齋志異》、《鍾馗傳》、《子不語》、《何典》等神異著作，更對酆都進行了大肆渲染和刻畫，使得酆都作為鬼的大本營而家喻戶曉。生命在這裡終結，又從這裡開始。人們把不能在陽間實現的願望以及種種恩怨，都放到酆都來解決，以因果報應去懲惡揚善，彰顯天理，使理想化的鬼神成為飽受不公折磨的人們生存的精神支柱。

二、十殿閻王

閻王註定三更死，誰敢留人到五更？酆都大帝雖說名氣不小，又為道教正宗鬼帝，但與民間廣泛信仰的閻羅王相比，仍是稍遜一籌。一般小民提起陰間，大多都認為閻王爺才是大哥大。

閻羅王，梵語 Yama-raja，又譯夜摩、耶摩、焰摩、閻摩、琰魔等，其中文意為「縛」，即縛有罪之人。他的原型是古印度神話中的耶摩神，在婆羅門教經典《梨俱吠陀》中，耶摩神居住在天界的樂土，人死後的靈魂都要去見耶摩神。耶摩神有兩條狗，經常在人間巡遊，當用嗅覺發現有人要死時，就把他的靈魂引到天界。後來佛教採用了這一雛形，並吸收了毗沙國王的傳說，融合塑造出了佛教的閻羅王。

據《問地獄經》載，很久以前，古印度有一個毗沙國，國王生性好戰，仗著軍勢強盛連年征伐，而且從不服輸。當時唯一能與他對抗的是維陀始生王，軍隊也很強大。他們互不相讓，拚死廝殺。

毗沙王由於一味窮兵黷武，國力漸漸不支，終於在一次大戰役中，被維陀始生王殺得大敗。毗沙王好不容易殺出重圍，一個人落荒逃到一座小山上，他手下的十八大臣，收攏了百萬殘兵敗將，到山上來找他。他們群情激憤，朝維陀始生王所在的方向，對天起誓：「至死追隨毗沙王！定要痛懲仇敵，就算到了陰間地府，也要稱王，周旋到底！」接著，他們在毗沙王的帶領下，義無反顧地衝下山坡，與維陀始生王的大軍展開決戰，最後全部英勇陣亡。這百萬之眾死後，陰魂直入地獄，一舉奪得了陰間的統治權。於是，毗沙王便成了威名赫赫的閻羅王，他的十八大臣則分別做了十八地獄之小王，而百萬之眾，也變成了地獄的眾多鬼卒。毗沙王的誓言終於實現了，生前他敗在維陀始生王的手下，維陀始生王死後卻要到他主宰的那數也數不清的各式地獄裡受罪。

與其他佛教神傳入中國後被本土化一樣，閻王信仰在中國民間也進行了「大雜燴」式的整合，把佛教因果報應、轉世輪回的教義與道教鬼神迷信相結合，歷經數次角色變化後，閻王終於坐尊正位，正式掌管起漢化地獄裡的各項事務。據《一切經音義》載：古代僧人翻譯佛經，把閻王意譯為「平等王」，就是認為閻王處事公正、待人平等，主持賞善罰惡之事，名正言順。

閻羅王直接掌管著人的生死輪回，人死後陰魂不散，都要到酆都報到，接受閻王的審判。一個人一生的善惡、功過、最終去向，都由閻王最終裁決。生前行善者，可升天，享富貴；生前作惡者，會受懲罰，下地獄。他行使司法官之權，相當於最高法院院長。在這個法庭上，所有的人都是被告，而且永遠不能上訴。廣大勞動人民千挑萬選，不斷地設計著他們心中最理想的閻王爺形象。於是剛直忠義的韓擒虎、范仲淹、寇準都曾做過閻王。但最著名、最得人心的中國閻王，還得屬包公包青天。

包拯，北宋開封府知府、龍圖閣大學士。《宋史》稱：「拯性峭直，惡吏苛刻，務敦厚……與人不苟合，不偽辭色悅人，平居無私書，故人、親黨皆絕之。」包拯一身正氣，剛正清廉，關於他斷案的故事流傳極廣，在《三俠五義》中，包公審理「狸貓換太子」一案時，就曾巧設森羅殿，扮成閻羅智審罪犯。他的狗頭、虎頭、龍頭三口鍘刀，「下鍘貧民，上鍘王孫」，作威作福的王爺、殘民以逞的貪官、男人的恥辱陳世美、作奸犯科的巨盜等一大批敗類，統統都死在包公的鍘刀下。正因為包公斷案如神，不畏權貴，堪稱官場的楷模、正義的化身，所以讓包公死後繼續「發揮餘熱」，到地府當閻王真是深得人心，理想至極。包公額頭上那個半月形的肉芽，就是他「日斷陽，夜判陰」的標誌。翟灝《通俗編》對此記載道：「今童婦輩凡言平反冤獄，輒稱包龍圖，且言其死作閻羅王。」

陰陽初分之時，人間生靈不多，且民風淳樸，人們生前罪過也不過區區數種，閻王爺還忙得過來。其後人口益多，人心日壞，所犯罪孽五花八門、數不勝數，閻羅王力不暇給，很難審理完所有案子。於是地府開始「精細化分工」，又引進了九位冥王，冥界也被分為十王殿，各有一王主之，合稱「十殿閻王」。他們互有分工，各負其責，共同管理著鬼的世界。

這十殿閻王分別是：

一殿秦廣王，專管長壽夭折、出生死亡的冊籍；統一管理鬼魂的受刑及來生吉凶。他手下有「六部功曹」，左班的三名，分管天曹、地曹、冥曹；右班的三名，分管神曹、人曹、鬼曹。六曹的職責是把陰間的公文、稟報及時呈送給陰天子，並把陰天子的詔令迅速下達到各處。

二殿楚江王，主掌正南方的活大地獄，專審違倫常、亂法紀、造業無數、至死不悔之惡徒。

三殿宋帝王，主掌東南方的黑繩大地獄，專審頑劣不孝、邪說害人之徒。

四殿五官王，掌管正東方的合大地獄，專審無情無義、忘恩悖德之徒。

五殿閻羅王，本居第一殿，因同情屈死鬼，放其回現世報怨，遂貶至第五殿。五殿有楹聯：「青天有眼，鐵面無私」，與包拯的人品一致。閻羅王掌管東北方的叫喚大地獄。役使鬼卒於五趣中，追報罪人，捶拷治罰，決斷善惡。治下有五官，鮮官禁殺，水官禁盜，鐵官禁淫，土官禁二舌，天官禁酒。

六殿卞城王，掌理正北方的大叫喚大地獄，專審借宗教之名行惡背德之徒，以及心險面善、狡猾善辯之偽君子。

七殿泰山王，掌管西北方的熱惱大地獄，專審造殺盜、邪行、妄語等惡業之徒。

八殿都市王，掌管正西方的大熱惱大地獄，專審誨淫誨盜、色情墮落之眾生。

九殿平等王，掌理西南方的阿鼻大地獄，專審世間一切冤死眾生。

十殿轉輪王，負責安排輪回轉世。其殿直對五濁世界，設有金、銀、玉、石、木板、奈何等六座橋。從前九殿押解到這裡來的鬼魂，在此分別核定其罪福大小，然後押交孟婆神的醧忘台下，灌飲迷魂湯，再派鬼座押解，發往四大部洲的適當地點投胎。

三、地獄未空，誓不成佛——地藏王

地藏王，又稱地藏王菩薩、幽冥教主，梵名Ksitigarbha。嚴格來講，他是佛教四大菩薩、娑婆三聖之一，但由於他與道教的閻羅王、鬼魂、地獄等聯繫密切，所以被「借調」到道教系統工作，久而久之也就成了中國冥界的一位高級別神祇。

據《地藏十輪經》載，地藏菩薩因「安忍不動如大地，靜慮深密如祕藏」，故名地藏。「地」指大地，一切萬物得地而生、依地而長，無論有情無情眾生，只要離開大地就不能生存，所以「地」有能持、能攝、能載、能生、能依、堅牢不動等意。「藏」就是寶藏，財寶足以濟人貧苦，圓人事業。地藏王有無量的法財，布施一切苦惱眾生，使他們都能修行成就，所以叫作「藏」。

地藏王的前身，是一位叫目連的佛教徒。目連的母親青提，生前愛財如命、吝嗇貪心，既刻薄窮人，又不敬佛門，死後被打入鐵圍城餓鬼地獄。目連出家得道後，去餓鬼地獄時見到母親日夜受刑，骨瘦如柴，心痛如刀絞。他求來飯食餵母親，可那飯食一到嘴邊就變成火炭吃不下去。目連無奈，只好求教於佛祖，許願以自身入地獄代母受苦，才把母親救出地獄。

地藏菩薩本來已經成就甚深智慧，能夠悟入佛的境界。《占察善惡業報經》曰：「……以是菩薩本誓願力，速滿眾生一切所求，能滅眾生一切重罪，除諸障礙，現得安穩。」可見地藏王願力宏厚，智慧深廣，猶如無垠無際的海洋與大地，早有資格可以成佛。

但他由於救母曾許下入地獄的誓願，又在忉利天受釋迦佛囑託，要在釋迦寂滅後而未來佛彌勒出世前的這段無佛時代裡，擔負起度化、拯救六道眾生的重任，盡全力於五濁惡世救拔陷於地獄苦海的眾生，因此他發下大誓願：「我今盡未來劫，為是罪苦眾生，廣設方便，悉令解脫。眾生度盡方證菩提，地獄未空誓不成佛。」並且主張「我不入地獄，誰入地獄？」這一捨己度人的大悲願行，深徹無邊，感天動地，只可惜世人沉淪造惡，死後墮落地獄，數千年來永無止息，地藏王救不勝救，難以度盡，如今仍然在地獄中為蒼生而苦惱。

地藏王是最後加入四大菩薩行列的，與觀音慈航普度、度世救人的目標不同，地藏王要救度的是地獄中惡貫滿盈的「罪鬼」。越是濁惡世界越要去，越是惡業深重的眾生越要去度化。他常現金身，光照幽冥，深入三惡道，每日早、午、晚三時，廣為宏說《地藏菩薩本願經》，以大悲願力救度各種惡業，尤其是對十八層地獄裡的罪苦眾生更是特別悲憫。地獄眾鬼聽聞佛法種下善根，善根萌芽，則知道自己有罪，知道要懺悔，誠心懺悔到至誠境地，離諸憂苦，不墮惡道，一切罪厄解除，地藏王就度他們出地獄，前往人天之路。其功德無量且不可思議，為一切世間聲聞、獨覺所不能測。

地藏菩薩的形象有多種，最常示現的是出家相，頭戴毗盧冠、身披袈裟，一手持寶珠，一手執金錫杖，並飾以幡幢、瓔珞等，或坐或立於蓮花上。他的坐騎是耳朵非常靈敏、形似獅子的靈獸「諦聽」。

相傳安徽九華山是地藏菩薩的說法道場。佛滅度一千五百年後，地藏降生於新羅國王族裔，姓金名喬覺，生來高大魁梧，頂聳骨奇。唐高宗永徽四年（653），金喬覺二十四歲，他讀遍儒道書籍後，都覺不對味。後來讀到佛經，欣喜若狂，認為「六籍寰中、三清術內，唯第一義，與方寸合」。乃剃髮出家，矢志學佛，號稱「地藏比丘」。他攜白犬善聽，航海來到中國。至安徽九華山，見九華山峰巒疊聚，形似蓮花，是修道的好去處，就選擇了山中東崖岩石，終日晏坐誦經，潛心修行。其事蹟傳開後，大家都被他精進苦修的熱忱所感動，商量著給他修建一座寺廟，以方便安心布道，廣度眾生。

當時九華山的山主，是樂善好施的大財主閔公。建寺時，大家請閔公送地，閔公對地藏比丘一見如故，就開門見山地問道：「請問師父，要地幾何？」地藏答：「謹要一袈裟所蓋覆之地足矣。」閔公不禁哈哈大笑道：「這周圍百里，都歸我所有，何在乎一襲袈裟之地！」誰知地藏比丘端的是神通廣大，口中連稱「善哉！善哉！」將袈裟向空中一展，竟蓋覆了九華山所有的山峰。那奇妙的袈裟，放射出萬丈金色光芒。閔公見聖僧如此神通，驚喜不已，五體投地，遂將九華山全部送出。從此，閔公成為地藏比丘最得力的護法，而他的獨生子也受其感化而發願出家，成為地藏忠實的侍者。

地藏比丘居九華山整整七十五載，至玄宗開元年間入滅，終年九十九歲。圓寂後，肉身不壞，顏面如生，僧眾以其全身葬於神光嶺的月身寶殿，俗稱「地藏肉身塔」。其肉身寶殿金碧輝煌，壯麗雄偉，終年燈光長明，象徵地藏菩薩威德光明，恆照幽冥世界，救拔無明暗閉之苦。九華山從此也被認作是地藏菩薩的應化道場，屹立於神祕燦爛的蓮花佛國中熠熠生輝。

四、為了忘卻的紀念——孟婆

冥界，有一條路叫黃泉路，有一條河叫忘川，河上有一座橋叫奈何橋，走過奈何橋，有一個土台叫望鄉台。望鄉台邊有位老婦人，她頭挽小髻，身著花衣，一手提茶壺、一手捧湯碗，頗似熱情好客的茶館老闆娘。她，名叫孟婆。

遙遠的鈴聲輕顫，在天邊渺茫地響起、沉落。奈何橋上回眸一眼，望穿忘川。擺渡人的歌還未唱完，孤單的魂已靠了岸。

於是孟婆笑吟吟地端起湯碗，捋了捋鬢間的灰髮，悠悠地迎上前去。來者形形色色，木然、平靜、憂傷、恐懼，甚至嘴角噙笑，碧幽幽的湯水中倒映出每一張歷盡滄桑的臉。半推半就、顫顫巍巍，然而終究無法逃得脫，每一碗湯都一飲而盡，每一隻碗都不餘點滴。

孟婆神的創造，實際上是人們「轉世」信仰迷茫心理的一種反映。孟婆的原型，有兩種說法。其一，《玉曆寶鈔》記載：「（孟婆）生於前漢，幼讀儒書，壯誦佛經。過去之事不思，未來之事不想，在世惟勸人戒殺吃素。年至八十一歲，鶴髮童顏，始終處女。」她只知道自己姓孟，名字叫什麼連她自己也忘記了，所以世人便尊稱她為「孟婆阿奶」。

第二種說法源自民間傳說。孟婆是江南的一名小家碧玉，那裡沒有長沙萬里，沒有烽火狼煙，有的只是雕花樓裡的沉香屑、水雲袖、山塘河，堆煙楊柳將孟婆養育成一個容顏姣好、柔情似水的標準美女。特別是她煲的那一手靚湯，遠近聞名，喝過的人都讚不絕口，紛紛讚譽這湯乃「天下第一湯」。名聲傳播開來，連皇帝也想喝孟婆煲的湯。既貪吃又好色的皇帝喝了幾次孟婆湯都不過癮，見孟婆貌美如花，竟生了要把孟婆強留在宮中為他一人煲湯的心思。孟婆在家鄉早已有了意中人，於是她百般委婉推卻，自私的皇帝一生氣，孟婆一縷香魂就去了地府。她負冤而死，心結難開，竟然一夕紅顏老盡，相貌由大姑娘變成了老嫗。

此時的冥界，有一大難題未解。按照常理，過去、現在、未來，人，生生世世輪回反覆，這一世的終結不過是下一世的起點。生死無情，亡魂定要拋開人間一切，斬斷前緣，方能迴圈輪轉再世為人。然而紅塵有情、有愛、有恨、有仇，這愛恨情仇就像一條生死連結引著紅塵，扯不斷、煅不開。誰又能忘卻，誰又捨得忘卻？人間、鬼界雖然戒備森嚴，但轉世之人如果右腦特別發達，記憶力超群，則尚能隱約殘留關於前世的記憶。這樣凡間便亂了套，旁門怪道之事層出不窮，世人知曉前世因緣，回頭便盡是孽緣：有人妄認前生眷屬情人，也有今生之人竟要為自己的前世報恩復仇，攪得陽間陰世倫常混亂、因果難循，不得安寧。

孟婆到了陰間後，閻王見孟婆煲得好湯，便想出了一個點子。他奏請玉帝降旨，敕命孟婆為忘川女神，築造「醧忘台」，採取俗世幽明藥物，合成似酒之湯，專門用以迷魂，分為甘、苦、辛、酸、鹹五味（喻人生五味）。凡投生陽間的鬼魂在轉世前，都要先到孟婆這裡喝上一碗孟婆湯，一來將前生所有之事，什麼緣、什麼情、什麼牽掛統統忘得徹徹底底；二來將茶湯帶到陽世，變成涎、汗、涕、淚等液體。如有刁鑽狡猾的鬼魂拒服此湯，孟婆就命令小鬼用勾刀絆住鬼魂的腳，把銅管刺進其喉嚨，強行灌湯。如果是那良善的人不願喝，孟婆就會苦苦相勸：「痴兒，痴兒，喝了罷！忘了吧！忘卻今生，放下一切。」軟硬兼施，不由你不喝，你不得不喝。飲盡孟婆湯的剎那，記憶小舟擱淺。從此後，這一世的悲歡離合、這一世的愛恨情仇、這一世的功名利祿、這一世的得失成敗全都融化在這湯裡；任你曾一無所有，任你曾富可敵國，任你有多麼得志，任你有何等失意，全都讓這一碗湯打得煙消雲散。

男女鬼魂飲過迷魂湯後，皆如醉如痴、渾渾噩噩，各由鬼役、鬼卒攙扶著，從轉生通道送出，推上麻繩紮的苦竹浮橋。橋下是紅水橫流的山澗。對岸的赤名岩上，有斗大的粉字四行，寫著：

為人容易做人難，再要為人恐更難。
欲生福地無難處，口與心同卻不難。

魂靈們紛紛各依因緣，落入紅水橫流內，此紅水其實正是母體子宮。由於陰間陽世的改變，氣悶昏昏，再加上胎身顛倒，不能自由，於是雙腳亂踢，蹬破胞壁，奔出娘胎。「哇」的一聲落地，帶著一張全新的潔淨面孔重返人世，開始新生命的形形色色。

五、首席判官崔府君

判官，是輔佐閻王審判地府幽魂的冥官，其地位相當於衙門裡的師爺。他們雖然相貌醜陋、綠面赤鬚，但處斷公正、謀深慮遠，是地府裡不可缺少的智力型人才。

按職別分，判官主要分屬賞善司、罰惡司、查察司、陰律司這四大部門。賞善判官身著綠袍，笑容可掬，掌管善簿，根據生前行善的大小多少，予以良善者善報；罰惡判官身著紫袍，怒目圓睜，掌管惡簿，生前作惡的壞鬼全部由他處置，他根據「四不四無」的原則進行量刑：四不——不忠、不孝、不悌、不信，四無——無禮、無義、無廉、無恥。輕罪者送到罰惡刑臺上，重罪者送往十八層地獄受懲，刑滿後再交輪回殿，拉去變牛變馬變畜生。查察判官雙目如電，剛直不阿，負責核對死者生前事蹟，以防錯判；而職位最高、權力最大的，則是掌管生死簿的陰律判官。

四大判官中的前三位均已不可考，唯有最後一位陰律判官崔府君，卻是大大的有名，在《西遊記》及各種傳說中，都有他的身影出現。

據《搜神大全》稱：崔府君本名崔珏，字子玉，山西古城縣人。《鑄鼎餘聞》云：「崔珏父名讓，母劉氏。夫妻平素厚德好施，夢岱嶽神賜以雙玉，令劉氏吞之，生崔珏。其後，舉孝廉。隋唐時，為官各地。因有惠愛之風，多仁德之政，故死後為百姓奉祀，立廟敬之為神。」

民間傳說及諸多典籍中，關於崔府君「靈應」之事記載不少。如說他「晝理陽間事，夜斷陰府冤。發摘人鬼，勝似神明」。《列仙全傳》更載有崔府君種種離奇的仙話，其中尤以「明斷惡虎傷人案」的故事最為神奇：在長子縣西南與沁水交界處有一大山，名叫雕黃嶺，時常有猛獸出沒。一日，某樵夫上山砍柴被猛虎吞食，其寡母痛不欲生，上堂喊冤，崔珏即刻發牌，差衙役持符牒上山拘虎。衙役在山神廟前將符牒誦讀後供於神案，隨即有一虎從廟後躥出，銜符至衙役跟前，任其用鐵鍊綁縛至縣衙。大堂上，崔珏歷數惡虎傷人之罪，惡虎連連點頭。最後判決：「啖食人命，罪當不赦。」惡虎便自動觸階而死。事情傳開後，就連唐太宗也驚呼他為「仙

崔府君

崔府君是地府掌管生死簿的陰律判官。在民間故事和諸多典籍中，關於崔府君的「靈應」之事記載不少，最有名的便是《西遊記》中送唐太宗李世民回到陽間的故事。

吏」。

崔珏六十四歲那年，給兩個兒子寫下百字銘訓，隨即安詳睡去。他到了地府，由於聲名素著，立刻被閻王爺延為己用，做了首席判官。你瞧他：頭戴軟翅烏紗帽，身穿圓領紅官袍，腰圍犀牛大寬帶，足踏歪頭粉底靴，滿臉絡鬚，一雙圓眼，左手執生死簿，右手拿判官筆，掌案陰司，註定存亡，只需一勾一點，誰死誰活只在須臾之間，端的是官威凜凜，八面來風。後來，崔珏又兩度幫助人間帝王擺脫困境，得到顯耀加封，更奠定了他在冥界的地位。

第一次，唐皇李世民因魏徵夢斬涇河龍王，而被老龍王索命，日夜折騰之下，終於把李世民鬧得重病將亡。在臨死前，魏徵奏道：「陛下寬心，臣管保陛下長生。」太宗道：「病勢已入膏肓，命將危矣，如何保得？」魏徵云：「臣有書一封，進與陛下，捎去到冥司，付酆都判官崔珏。崔珏與臣八拜之交，相知甚厚。他如今已死，現在陰司做掌生死文簿的酆都判官，夢中常與臣相會。此去若將此書付與他，他念微臣薄分，必然放陛下回來。」

李世民死後來到酆都陰司，崔珏果然跪拜路旁相迎。在看了魏徵的信後，他胸脯一拍，大包大攬道：「魏人曹前日夢斬老龍一事，臣已早知，甚是誇獎不盡。又蒙他早晚看顧臣的子孫，今日既有書來，陛下寬心，微臣管送陛下返帝都，重登玉闕。」

接著，李世民進到「鬼門關」接受十殿閻王審查，十王要察看生死簿對證李世民陽壽是否已終。崔判急轉司房，將天下國王天祿總簿逐一檢閱。只見大唐太宗皇帝註定於貞觀一十三年壽終。他吃了一驚，急取濃墨大筆，將「一」字上下添了兩畫，才將簿子呈上。閻王看後驚問太宗：「陛下登基多少年了？」太宗答：「朕即位，今一十三年了。」閻王絲毫沒懷疑生死簿被動了手腳，說道：「陛下寬心勿慮，還有二十年陽壽。已是對案明白，請返本還陽。」

就這樣，崔判官靠瞞上作弊的手段，把李世民送回了陽間。在還陽途中，太宗又遇到慘死的六十四處煙塵、七十二家草寇裡成千上萬的冤魂前來索命，又是崔珏出面排解糾紛，助李世民代借一庫金銀安撫眾鬼，方得脫身。太宗回宮後，立即下詔為崔珏建廟，追封崔珏為「靈聖護國侯」。

崔判官第二次顯靈是在北宋末年，當時康王趙構作為人質被拘押在金國。後來金人遣還趙構，趙構連夜南逃。一路上星夜兼程，疲憊不堪，路過磁州崔府君廟，就進廟歇息。半夜時分，趙構忽然夢見有神人呼喚他：「金兵追來了，快逃，門外已為你備好了鞍馬。」趙構頓時驚醒，趕忙奔出廟門，上馬疾馳。等逃過了長江之後，那馬卻僵直不動了。趙構一看，竟然是廟中那匹泥塑的馬，夢中的神人原來就是崔府君。後來趙構即位，做了宋高宗。他念念不忘崔府君的救命大恩，特意下令在臨安建了一座崔府君廟，賜廟額「顯衛」。從此，「泥馬渡康王」的神話也作為崔府君的「先進事蹟」流傳了下來。

六、鬼王鍾馗

從理論上講，鬼的數量應該和人一樣多。人死為鬼，鬼亡投胎，生生世世，迴圈不休。這麼多的鬼秉性各異，陰司的「海關」又把守得未必牢靠，就難免有鬼「偷渡」到陽間，惹是生非，為各類恐怖故事提供了大量活生生的素材。人們怕鬼、恐鬼、憂鬼，於是就要抓鬼、驅鬼、殺鬼，而鍾馗就是中國民間傳說裡專門捉鬼、斬鬼、吃鬼的鬼王。

有關鍾馗的記載，起源很早，一般都認為鍾馗係由古代的逐鬼法器「終葵」的諧音變化而來。「終葵」今稱之為棒槌，是古時一種家用法器，公認有驅鬼避邪的作用。古時若家中有人生病，常以為是鬼在作祟，就用終葵去趕鬼。不過此時負責捉鬼的，是早期門神神荼和鬱壘，他們倆從漢代開始捉鬼，操勞了近千年，直到唐代，才因為鍾馗的崛起而卸任。

傳說鍾馗係唐天寶年間終南山人氏，他生得豹頭虎額，鐵面環眼，面色烏黑，顴骨高聳，臉上長滿虯鬚，實在是奇醜無比。不過人不可貌相，鍾馗外貌雖醜，卻文才出眾、武藝超群，是個滿腹經綸的風流人物，更兼平素為人剛直，不懼邪祟，極受人推崇。這年，朝廷科考在即，鍾馗告別親友，風塵僕僕來到長安赴考。

長安城樓台林立、繁花似錦，鍾馗興致勃勃地在街上遊逛。恰好前面有個測字卦攤，鍾馗就想卜個前程，他走到攤前說道：「先生，我是趕考的舉子，你給我卜個吉凶，算算前程吧。」說著，寫了一個「馗」字。測字先生細細看了看「馗」字，沉思良久，慢條斯理地說道：「相公此次科考，文章定然獨占鰲頭，但你時運不濟，到時不但要名落孫山，且將凶多吉少。」鍾馗大驚，忙問緣故。測字先生說：「馗字拆開，乃九和首，目下時序九月，你來應試，必然名列榜首。但是，這個『首』卻被『九』拋在一邊，恐怕科考後相公要大禍臨頭，有斷首之虞。望小心謹慎，最好速離京城才是。」鍾馗聽了不以為然，心想大丈夫在世，只要行得端正，怎會有大禍降臨？這十年寒窗苦讀豈能憑一句話就放棄考試！因此他也沒往心裡去，付了銀子便揚長而去。

幾天後，鍾馗進了考場應試，他下筆如有神，「刷刷刷」一氣呵成錦繡文章交了上去。正副主考官看了鍾馗的卷子，不由得眼前一亮，異口同聲道：「奇才，真是奇才。這文章字字珠璣，有談天論地之秀氣，堪繼李太白之後也！今年的頭名狀元非他莫屬。」於是將鍾馗點為第一名。

唐玄宗聽主考說新科狀元才華橫溢，便在金殿上召見鍾馗。當鍾馗步上金殿時，玄宗一看他相貌醜陋，頓時雙眉緊蹙，不悅道：「我朝取士，皆係相貌出眾之人，鍾馗如此醜陋，如何點為今科狀元？」主考官連忙跪奏道：「人之優劣，全不在貌。豈不聞晏嬰三尺而為齊相，周昌口吃而能輔漢；孔子以貌取人，失之子羽。萬望陛下三思。」玄宗沉吟片刻，說：「愛卿之言雖有理，但我朝太宗時，曾有十八學士登瀛洲之美談。堂堂天朝人才濟濟，難道會缺這樣一個醜陋之人嗎？」宰相楊國忠為人心胸狹窄、嫉賢妒能，聽了皇上的話，連忙跪奏道：「狀元郎須內外兼修，聖朝不乏人才，豈可讓面目猙獰的鄉野之輩忝居魁元？如此則勢將有辱國體，貽笑四方。今科考生有三百人眾，不如請陛下另選一個吧。」

鍾馗見楊國忠竟如此讒言惑君，不由得怒從心頭起，指著楊國忠大罵道：「如此昏官在朝，豈不誤國！」說罷，揮拳朝楊國忠打去。唐玄宗見狀，大怒道：「膽大舉子，竟敢在朕駕前大鬧金殿，侮毆大臣。金瓜武士速速將其拿下！」鍾馗悲怒難抑，淚流滿面，順手拔出站殿將軍腰間的寶劍，高聲歎道：「罷罷罷，我空負一身藝業，滿腔熱忱，倒叫爾等有眼無珠之輩以貌取人，呼來吆去，等同糞土。堂堂九尺之軀，豈能受如此屈辱！鍾馗去也！」說罷，引頸自刎而死。

鍾馗之死令朝野震動、士子心寒，為了籠絡人心，唐玄宗只好下旨將鍾馗按狀元待遇殯葬。而他所蒙受的冤屈更感動了玉皇大帝，本來鍾馗死後也要和所有人一樣，去陰曹地府喝孟婆湯，但玉皇大帝對鍾馗剛烈不屈的性格非常讚賞，有意委以重任，遂特別恩准鍾馗不必投胎轉世，欽封為「翊聖除邪雷霆驅魔帝君」，遍行天下斬妖驅邪。

鍾馗上任伊始，心想陰間妖鬼定多，於是找到了閻王，說明來意。不料閻王卻說：「陰司妖鬼雖有，卻都是些服毒鬼、上吊鬼、淹死鬼、餓死鬼之類。真要斬鬼，要去陽間。」說罷叫判官將鬼簿給鍾馗看，鍾馗仔細翻閱，只見上面羅列了饞鬼、奸鬼、黑心鬼、下作鬼、酒鬼、賭鬼、色鬼等等，名目繁多。他大吃一驚，不料人間竟有這許多鬼魅，看來除鬼的重點應在陽世啊！遂變化前往人間斬鬼祛魔。

一開始，剛出道的鍾馗招牌還沒打響，形象並不鮮明，流傳也不廣泛，直到發生了「唐明皇夢鬼事件」，才令鍾馗一炮而紅，家家供奉。此事《唐逸史》、《夢溪筆談》中均有記載。

話說唐玄宗某次遊幸驪山，回來後染上了惡性瘧疾，一個多月也不見好，御醫全都束手無策。一天深夜，唐玄宗朦朧睡去，做了個噩夢，夢見一隻小鬼身著紅衣，長著個牛鼻子，一腳穿靴，另一腳赤著，把靴子掛在腰間，舉止古怪可怕。這小鬼偷了唐玄宗的玉笛和楊貴妃的紫香囊，繞著大殿亂竄，唐玄宗大怒，喝問他是誰，小鬼回答說：「我嘛，叫作『虛耗』。虛者，望空虛中，盜人物如戲；耗者，耗盡人家財物，讓喜事成憂。」玄宗怒極，正要喚武士擒拿，這時，另一個大鬼頭頂破帽，穿著藍袍，圍著牛角腰帶，裸露著一條胳臂，突然躥了出來。他一把捉住小鬼，用手指剜出小鬼的雙眼，然後把小鬼撕為兩半，啃吃個乾乾淨淨。

唐玄宗驚惶不已，連忙問大鬼：「你是何人？」大鬼奏道：「陛下不記得微臣了嗎？臣乃終南進士鍾馗，因面貌醜陋而被陛下罷黜，一時感憤，遂自刎於殿前。幸得玉帝憐憫，賜我冥職，專責抓鬼。今誓為陛下除盡天下妖孽。」話畢，唐玄宗登時夢醒，纏身多日的病痛竟霍然痊癒。

唐玄宗又驚又喜又愧，急召畫聖吳道子進宮，叫他依自己夢中所見，畫張「鍾馗捉鬼圖」。

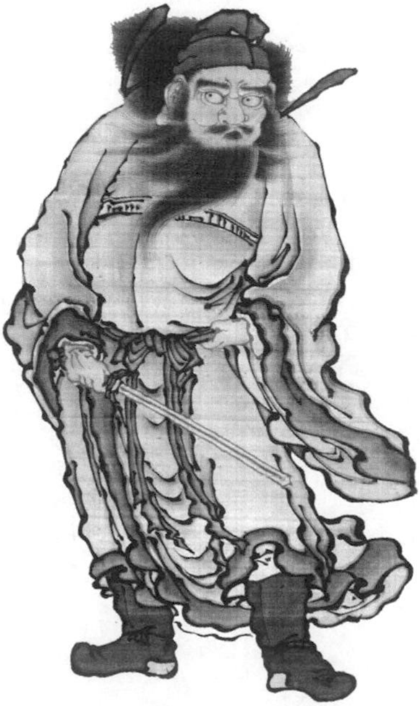

鍾馗

傳說鍾馗是唐天寶年間終南山人氏，文才武藝超群，是個滿腹經綸的風流人物。但因長相醜陋，雖被點為新科狀元，卻遭到奸臣讒言迫害，憤而自殺。他死後成為斬妖除魔的鬼王，正氣凜然，剛正不阿，在民間有良好的口碑。

吳道子奉詔，恍惚間似乎鍾馗就在眼前，便展開素毫，一揮而就。唐玄宗瞪著眼睛看了半晌，說道：「先生莫不是親眼所見？畫得怎麼這樣逼真傳神！」馬上重賞了吳道子，並批示曰：「靈祇應夢，厥疾全瘳。烈士除妖，實須稱獎。因圖異狀，頒顯有司……仍告天下，悉令知委。」由於唐玄宗的大力推崇，鍾馗捉鬼的事蹟天下皆知，從此聲譽漸起，取代了神荼和鬱壘，成為新一代「捉鬼專業戶」。

後來畫鍾馗的畫家越來越多，各依自己的理解巧加構思，所以流傳在民間的鍾馗也是千姿百態。不過，貌醜而威猛、正氣凜然，則是所有鍾馗像的共同特點。由於他的使命，是「鎮家宅、祛鬼邪、靜妖氛、逐疫病」，所以民宅、官府甚至皇宮都安置有鍾馗神像，多懸掛於廳堂、臥室等處，也有將他的畫像掛在後門充任門神的。

鍾馗的兵器，除了鋼鞭和金鐧之外，最常使用的是一把寶劍。這不是普通的寶劍，而是專用的斬鬼利器——七星劍。劍身上有七個相連的圓點，代表北斗七星圖案。北斗七星是道士作法時參拜的最重要的星宿神。七星劍抖開來，風雲變色，鬼哭魔驚，再加上鍾馗凶狠的外表，不怒自威，亦足以收到以惡制惡的效果。所以鍾馗出馬，魑魅魍魎無不束手就擒！

每年的三大鬼節清明、中元、寒衣，以及農曆七月，是鍾馗一年裡最忙碌的時候。因為七月是「鬼月」，鬼門關大門常開不閉，眾鬼可以出遊人間，亂舞狂飆。此際鍾馗就身佩神劍、掌埋心雷，入陰陽兩道，抓鬼救人。閻羅王更助其一文一武——「銜冤」、「負屈」兩將軍當先鋒，以及五小鬼做嚮導，另外再派陰兵三百，組成「除鬼兵團」，浩浩蕩蕩四出剪除鬼魅，為保人間安寧立下了大功。

除了驅魔剪鬼這一職責外，鍾馗還肩負著糾察地府「廉政風氣」的重任。任何有權力的地方，必然存在腐敗。陰間其實同陽世一樣，也有黑暗、腐朽與不公，活脫脫就是陽間官場的翻版。

而鍾馗身為鬼王，地位特殊顯赫，並不受閻王的節制，況且又是含冤而死，對腐敗深惡痛絕。他正氣凜然，剛正不阿，有著一致的良好口碑。在《平鬼傳》中，閻君向玉帝稱讚鍾馗「最正直無私」。在明代雜劇《慶豐年五鬼鬧鍾馗》裡，中陽真君也稱讚他「正直賢能」。《鍾馗全傳》中，玉帝安排殿前司簿總管幻化美女，色誘鍾馗，鍾馗表現出了「金石不逾之操」。

歷代畫家、文人，更紛紛借鍾馗以抒發胸中抑鬱不平之氣，或寓勸誡，或諷世道，使鍾馗成為專鏟人間不平、除暴安良的可敬英雄。此外，民間還十分流行「鍾馗嫁妹」的傳說。鍾馗自刎而死後，跟他一起應試的同鄉好友杜平，自掏腰包為其修墳立碑。鍾馗做鬼王以後，為報答杜平生前的恩義，遂親率鬼卒於除夕時返家，笙簫鼓樂、燈火車馬自空而下，將妹妹嫁給了杜平。「鍾馗嫁妹」是古代繪畫和戲劇的一個重要題材，受到人們的普遍歡迎。

七、黑白無常與牛頭馬面

「生無常，而死有分。」黑白無常，並稱無常二爺，是專門奪魂、攝精、縛魄，替閻王爺勾攝人魂的「勾魂鬼」。他們以冥界行走為職責，拘冤魂、攝惡鬼，令月安風平，水波無聲。人將死時，閻王爺就會派他們出動，一陣陰風過處，某某人就在陽世消失了。古詩云：「一朝若也無常至，劍樹刀山不放伊。」可見人們面對無常時的畏懼心理。

黑白無常在陰間鬼卒中地位較高，位列十大陰帥。當他們結伴前往拘拿生者魂魄時，白無常身披白色麻袍，頭戴素白高帽，帽上寫「你也來了」四字，手拿芭蕉扇，神態高慢，他負責給死者下拘捕令（索命票），宣告死者陽壽已盡；黑無常則著黑袍黑帽，長帽上有「正在捉你」四字，高舉陰森鐵索、鐐銬，神情凶狠，他負責拘拿死者的靈魂。他們倆都面色僵白、散披長髮，口吐長舌、齜牙咧嘴，一副不捉爾歸誓不甘休的架勢，令人不寒而慄。二使所至，人鬼皆哭，陰陽同悲；掠魂而走，穿牆越物，無人可擋。

一般人對黑白無常的印象，大多停留在勾攝生魂的恐怖上。但在民間的一些習俗裡，黑白無常也有討巧的一面。《北平風俗類徵》云：「元旦黎明，能遇見白無常者，向其乞得寸物，歸必財源大辟。」民間的迎神會上，還有一個妖豔可人的白無常嫂，頭上金釵閃亮，雙耳玉墜叮噹，時而親昵白無常，時而挑逗黑無常。又有孩童扮裝的小無常鬼，戲耍跳躍，穿梭其間。此時的黑白無常，全然沒有了凶煞鬼氣，倒頗有點兒滑稽演員的做派了。他們的高帽子上，寫的也不再是嚇人的「鬼話」，而是「天下太平，一見發財」這八個字。但矛盾的是，不論什麼人，一見了黑白無常，就是魂赴陰曹之時，天下太平不太平，會不會發財，似乎也已經全然無關了！

黑無常和白無常，在閻王殿上當差的級別，類似於古代官衙中的捕快頭目，而他們的同事牛頭、馬面，則屬於衙役一類的角色。

牛頭馬面，陰間之鬼卒，梵文名稱為「阿旁」。他們雖然也負責勾魂，不過同工不同酬，職位在黑白無常之下。《楞嚴經》卷八載：「牛頭獄卒，馬頭羅剎，手執槍矟，驅入城門。」《喻世明言・游酆都胡母迪吟詩》：「階下侍立百餘人，有牛頭馬面，長喙朱髮，猙獰可畏。」由於他們相貌可怖，後多用來比喻凶狠醜惡的人。

白無常

黑白無常在陰間鬼卒中地位較高，位列十大陰帥。白無常身披白色麻袍，頭戴素白帽，手拿芭蕉扇，神態高慢，負責給死者下達索命票，宣告死者陽壽已盡。

據《鐵城泥犁經》記載：牛頭，牛首人身，手持鋼叉，力能排山。他在世為人時，因不孝父母，死後被打入地獄，變成了牛頭人身的鬼卒，專門負責巡查搜捕逃跑罪人的工作。剛開始地府只有牛頭，後來由於民間講究對稱、成雙，就給牛頭配上了搭檔馬面。馬面，馬臉人身，以長鉤為兵器，與牛頭一起在地獄中當差。每當有人快要斷氣，而黑白無常又忙不過來時，他們就攜帶閻羅王開具的催命符，來到陽間勾人，耀武揚威，凡人無不畏懼。

第15章

天下財富我掌管

財神到

一、武財神趙公明

「天下熙熙，皆為利趨；天下攘攘，皆為利往」。在中國人的心目中，財神，可能是受到各階層最廣泛信仰和膜拜的神仙。原因無他，生財聚財、賜福贈吉是財神爺的本職工作。

財神崇拜在中國由來已久，它源自人們內心深處對於物質豐裕的渴望。幸福生活素來與金錢關係密切，人人都希望自己能夠富裕，過上好日子。

特別是在「以財富論英雄」的時代，祈福納財是人之常情，更成為許多人的生活目標。「有了千田想萬田，得了銀山想金山」，是俗人的做法；「君子愛財，取之有道」，是雅士的原則。

這一切都反映出幾千年來人們對錢財的狂熱崇拜和追求，以至於興起了一種財富文化，於是一尊為中華民族所獨有的神祇——財神便應運而生！

財神自誕生以來，就是中國民間最普遍供奉的善神之一，由於能賜人財帛，給人美好的生活，所以家家迎、人人拜。

每逢新年，千家萬戶都懸掛財神像，希冀財神保佑大吉大利。這種真切的祈望成為人們的普遍心理。

財神向例分為「正財神」與「偏財神」，而正財神又有武財神和文財神之區分。當今道教宮觀中的武財神神像，多為黑面濃鬚，跨騎黑虎，一手執銀鞭、一手持元寶，全副戎裝的模樣，他就是玄壇大元帥趙公明。

趙公明，姓趙名朗，字公明，終南山人。「玄壇」意指道教的齋壇，也有護法之意，故又稱他為趙玄壇。他原是日精之一，《三教搜神大全》卷三記載：古時天有十日，被后羿射下九日後，遂化為九鳥，墜落於青城山，變成九鬼王。其中八鬼王行病害人，唯有趙公明化為人，避隱蜀中峨眉山羅浮洞，精修至道。祖天師張道陵在蜀山煉丹時，收趙公明護衛丹爐。天師丹成，分丹食之，遂能變化無窮。天師乃命其永鎮玄壇，封他為玄壇趙元帥。趙元帥飛升之後，因神異多能、變化無窮，又被玉帝擢升為雷部神霄副帥，部下有八大猛將、六毒大神、五方雷神等。他奉玉帝之令，策役三界，巡察五方，驅雷役電，保病禳災，世間賞善罰惡皆由其負責。

趙公明的另一個面目，是道教神譜中的瘟神、冥神。晉干寶《搜神記》、南朝陶弘景《真誥》、《太上洞淵神咒經》等，皆以其為五瘟之一，專司取人性命。《搜神記》云：「上帝以三將軍趙公明、鐘士季各督數鬼下取人。」《三教源流搜神大全》亦載：隋文帝時，有五力士在空中出現，分別身披青、紅、白、黑、黃五色袍。文帝問太史張居仁：他們是何方神聖，主管哪些災福？張居仁奏曰：他們乃五方力士，在天上作為五鬼，在人間為五瘟神：春瘟張元伯、夏瘟劉元達、秋瘟趙公明、冬瘟鐘士貴、總管中瘟史文業，主管世間瘟疫。到了《列仙全傳》中，瘟神趙公明的暴行就更為具體：「時有八部鬼帥，各領鬼兵億萬數，周行於人間……趙公明領鬼施人間以痢疾……八鬼帥於人間降下諸多災禍疾病，奪走萬千性命，夭民無數。」可見唐宋以前趙氏在民間的形象並不太好，他的所作所為，都不是正神、福神的行徑。

至此，趙公明已身兼數職，既是神霄副帥，要掌管風雲雷電，喚雨呼風；又是張天師煉丹的守護神，要掌管玄壇傳度，訓導建功謝罪；又是瘟神，負責播瘟傳瘧，行病施災。按理說如此多的職位，又如此善惡互相矛盾，夠他忙活的了。可偏偏趙元帥屬於精力旺盛型，還有餘力去搭理人間的商業買賣，竟然還十分成功，特別是協調人間的財產事務，能做到解釋公平，宜利和合。而且他的個性強悍而急，辦事速度非常快，加上手下有四名招財進寶使者，可謂「神強馬壯」，托他們「辦事」效率特別高，因此最合做生意的商賈或急於發財者的胃口。凡人但有買賣求財之事，只要對趙公明祈禱，無不稱心如意。於是，到了元代增纂的《道藏·搜神記》中，就索性開始奉他為財神。不過這只是個雛形，此時趙公明的本職工作依然是道教執法天神，做財神還只是「兼職」，賺點香火外快而已。

明代，神魔小說《封神演義》問世，為趙公明最終登上財神寶座大造輿論，並進行了連番炒作。第四十七、第四十八回，寫姜子牙助武王伐紂，趙公明站在商朝一邊，雙方交戰，各顯道法。趙公明將縛龍索和定海珠兩件寶貝祭在空中，被武夷山散人蕭升的「落寶金錢」套了去，只得拍虎落荒而逃。姜子牙得西崑崙散人陸壓獻計，紮稻草人，以草人作為趙公明的替身，用巫祝術劍刺、符焚、咒詛，每天兩次，把趙公明弄得心如火發、意似油煎、恍惚不安，終於氣絕身亡。滅商後姜子牙按玉符金冊封神，封趙公明為「金龍如意正一龍虎玄壇真君」，統率招寶天尊蕭升、納珍天尊曹寶、招財使者陳九公、利市仙官姚少司。由於屬下四小神都與財富有關，所以趙公明就成了統率各路財神的頭號大財神，或可稱為財神元帥。其作為財神的形象遂正式塵埃落定。文學作品對民眾信仰的影響由此可見一斑。

從此，趙公明開始掌管天下財富，專司人間一切金銀財寶事，招財利市、迎祥納福，不但昔日的邪氣、冥氣和瘟氣被日漸淡忘，而且成為民間最廣為膜拜的神祇之一。明清至今數百年間，祭祀財神趙公明的香火越來越盛，財神廟、財神像處處可見。其形象一律頂盔披甲、墨面虬鬚、怒睜圓眼，胯下一匹大黑虎，威猛無匹。神像周圍常附有聚寶盆、大元寶、寶珠、珊瑚等，益發顯得財源滾滾、氣象繁茂。民間更有將趙公明及四位部下合稱為「五路財神」一併祭祀的，寓意「路路通財」，即多種管道皆能進財之意！

趙公明

趙公明姓趙名朗，字公明，終南山人。他黑面濃鬚，跨騎黑虎，一手執銀鞭，一手持元寶，全副戎裝，是道教神話中的武財神。

此外，「義勇傾三國」的名將關羽，也是民間供奉的武財神。但由於關公大名鼎鼎，千年來對他的美化和聖化登峰造極，幾乎達到了無人能逾、無以復加的地步。尊神兼至聖，關公地位之顯赫，民間祀奉的「一般」神祇，根本難以望其項背。而且各行各業都拜關帝，對關公的崇拜早已超越了單純的財富意識膜拜，而成為中華文化的重要組成部分。因此本文對於「武財神」，就僅敘趙公明一位。

二、文財神

正財神之所以有文武之分，在於崇文尚武的不同人家各有所求，因此文武財神的出現是社會發展分化的必然產物。封建時代，讀書人以考取功名為重，財祿富貴都要從科舉中求，官場競爭也要有文財神做後盾，故此要信奉「文財神」；而商界競爭鬥智、鬥力、鬥勇，就要以武財神做靠山。誰最虔誠，誰就能得到財神的福佑。如此一來，文武之道雖大不同，卻都有了功成名就、財運亨通的寄託所在。

文財神民間所指甚多，如比干、范蠡、財帛星君，以及福、祿、壽三星中的祿星等。其形象多見於民間雕塑和木版年畫中，通常為文官打扮，身穿紫緞蟒袍，腰環金銀玉帶，冠冕朝靴，手持如意，足蹬元寶，眉揚目秀，白面長鬚，笑容親切和藹，儀貌富態清慈，整體造型象徵著吉祥、平安、喜慶、富貴。

相比武財神，文財神並沒有進入道教神系，亦少有經籍傳世。不過幾位文財神仍然少不了幾分傳奇，雖未受封演義，卻成長於老百姓們的現實崇拜之中。

1. 公正無心——比干

文財神之一的比干，是暴君商紂王的叔父，生性耿直，剛正不阿，受封為亞相。他是位理財專家，兼任著商朝的「財政部長」，兢兢業業，令商朝國力富強。可惜暴虐無道的紂王，驕奢豪侈，揮霍無度。比干眼瞅著混蛋侄子荒淫失政，心裡十分著急，常常直言勸諫。誰想紂王非但不聽，反而越來越討厭這個叔父。有一次，比干與黃飛虎領兵堵塞妖狐洞穴，放火將穴中的狐狸精盡行燒死，然後揀取未燒焦的狐狸皮製成襖袍，獻於紂王，以惑妲己之心，使其不能安於君前。妲己見襖袍盡是其子孫皮毛製成，心如刀割，從此深恨比干。

一日，紂王與妲己及新納妖妃喜媚共進早餐，忽然妲己口吐鮮血，昏迷不醒。喜媚說妲己是舊病復發，需玲瓏心一片煎湯救治，並推算只有亞相比干是玲瓏七竅之心。紂王急向比干索其心，比干怒拒。紂王怒道：「君叫臣死，不死不忠。我聽說聖人的心有七個竅，我要挖出來看看，是不是如此！」說完就令武士取劍挖心。比干大罵妲己誤國，望太廟八拜後，接劍自剖胸膛，摘心擲於地，走出午門，上馬而去。

你道比干沒了心為何竟然沒有死？原來姜子牙在離開朝歌時，曾去相府辭行，見比干氣色晦暗，知其日後必有大難，便送比干一張神符，叮囑他在危急時化灰沖服，可保無虞。比干入朝前已知有難，便服飲姜子牙所留符水，故在剖心後能不流血而行。

後來，姜子牙興周伐紂成功，比干被追封為「文曲星君」，奉命管理人間財帛與福祿爵位。因為他沒了心，所以能夠不倚不斜、無偏無向，處事公道，剛正無私，再加上他先前就已經擁有正直坦蕩、光明磊落的高尚品德，「財帛無心，有德斯昌」，人們相信由他掌管財富和商業貿易必定公平可靠，童叟皆能無欺，於是就把無心的君子比干尊為「文財神」，廣為傳頌敬奉。

比干最初當財神時，因為沒有心，不生是非，處處「公」字當頭，所以商風淳樸，人人都公買公賣，絕不弄虛作假。比干本身雖不是大富翁，但其無心之態，正迎合了中國民眾長期以來均貧富的夢想，由是人人敬服，因此他當財神是十分符合傳統邏輯的。然而好景不長，有一次武財神趙公明胯下的坐騎黑虎，想看看比干是否真的無心，牠用黑爪扒開比干的肚子找心，結果把比干的內臟和肚子都給染黑了。從此，比干不再「無私無黨」，給天下人分配財富變得有多有少，這樣就有了貧富差距，後世商賈也開始「無奸不商」起來！

2.生財有道的陶朱公——范蠡

另一位影響深遠的文財神陶朱公，大家都很熟悉，正是保身有術，還順帶拐跑了絕色美女西施的范蠡。

范蠡，字少伯，春秋後期越國傑出的政治家、思想家和謀略家。他天資聰穎、精通韜略，被越王勾踐拜為大夫。越國兵敗於吳國，范蠡隨勾踐一起入吳為質，屈事吳王夫差。回國後，他輔佐越王臥薪嚐膽，十年生聚，富國強兵，終於一舉擊敗吳軍主力，襲破吳都，逼迫夫差自殺。越國一躍而成天下霸主，范蠡因功被封為上將軍。

滅吳之後，越國君臣設宴慶功，群臣皆樂，唯獨勾踐面無喜色。深通易理的范蠡察此微末，立識大端：越王為雪恥爭霸，不惜禮下群臣。而今如願以償，便不能共富貴了。為避免變成待烹的走狗，范蠡毅然急流勇退，辭官告隱。他攜帶（其實是誘拐私奔）美人西施及隨從，駕扁舟，泛東海，遠走避禍，來到齊國。

當另一位功臣文種被殺之際，范蠡已經在齊國隱姓埋名，自號「鴟夷子皮」。他和親隨們在齊國海邊開荒種地，勤奮治產，並且做起了珠寶生意。由於勤勞儉樸，善於經營，不久就積累家產達數十萬金，從一個宏才偉略的外交家、軍事家，變成一位生財有道的大商家。

范蠡雖然發了財，成為天下巨富，但他視金錢如糞土，仗義疏財，把錢財都接濟了窮苦人家，更贏得了人們的尊敬。齊王聞其賢，拜他為相。范蠡歎息道：「居家則致千金，居官則致卿相，此布衣之極也。久受尊名，不祥。」於是歸還了相印，盡散資財，帶著一家人悄悄離開齊都，來到陶地（山東菏澤市定陶區）。陶地地處天下之中，為交易有無的必通要道，在此逐什一之利，可以致富以為後半生的保證。范蠡就在陶地定居下來，並自稱「陶朱公」。作為中國古代一位罕見的通才，沒過幾年范蠡又貲累千萬，與西施一起憑弦歌舞，在富裕安閒中度過餘生，善始善終，羨煞世人。「陶朱公」一詞也成了後世對富人的代稱。

天下事紛紜，有幾人能識透？范蠡識透了。看破一切，超脫淡然，拿得起放得下，善聚財致富而又樂於散財濟眾，以財富作為生存的手段，但不是生存的目的。取捨之間，遊刃有餘；執與不執，隨心所欲。自古以來聖賢眾多，但能做到這份上的，除范蠡之外，難覓其二。所以他在身後被世人尊奉為文財神，完全是實至名歸，理所當然！

從比干到范蠡，文財神代表了民眾對財富的另一種心理傾向，即對經營智慧的敬仰和崇拜。當財富是生存必需時，能取之不疑；當財富成為生命的累贅時，也能棄之不惜。這種在世俗又超越世俗的智慧，財能聚也能散以造福天下的氣度，千載而下，成為無數商賈所追求的經營最高境界，歷來為民間和官方所嘉許。陶朱公作為「智慧型財神」的形象也由此益顯高大。

3.財帛星君

財帛星君，也稱「增福財神」，是一位面白鬚長的長者。他的外表很富態，頭戴宰相帽，身穿錦衣，腰繫玉帶，左手捧著一隻金元寶，右手拿著寫有「招財進寶」四字的卷軸，似慈祥的富家翁笑眯眯地看著眾生。相傳他是天上的太白星君，屬於金神，在天界的職銜是「都天致富財帛星君」，專管天下的金銀財帛。一般人家春節必懸掛財帛星君的畫圖於正廳，日夜上香供奉，祈求財運、福運。更有說法認為財帛星君是元末明初的巨富沈萬三，他有一個「聚寶盆」，能源源不斷地生出金銀珠寶，是近代金融業的始祖。因此買賣期貨、股票，以及銀行的從業者，也都祀奉財帛星君。

增福相公
增福相公又稱文財神、增福財神、福善平施公，是中國民間信仰的一位財神。

三、偏財神

以上所敘文武財神，是民間廣泛認同的正財神。在正財神之外，還有偏財神。顧名思義，所謂「偏財」，指的就是靠投機倒把、藉由「非常」門路取得，而不是依正經途徑苦幹實幹得來的財富，這樣的財富就統稱為「偏財」或者「橫財」。

由於中國地域遼闊，人心不一，自古就有許多人幻想著不勞而獲，天上掉餡餅，因此偏財神的崇拜也十分流行。被視為偏財神的，若不是屬於精怪、人鬼，就是一些形象較為滑稽詼諧、不循正經規範的神。因為在民眾的觀念裡，這些神祇不會在意死板的道德教條，向其求取偏財會比較容易成功。如濟公、十八王公、金孔雀等，都曾一度兼職當了若干年的偏財神，神獸貔貅是其中最著名的兼職偏財神。

貔貅又名天祿，龍頭、馬身、麟腳，形似獅子，毛色灰白，會飛。貔貅凶猛威武，喜吸食魔怪的精血，並轉化為財富。古時人們常用貔貅作為軍隊的代稱。牠在天上負責內外巡視工作，阻止妖魔鬼怪、瘟疫疾病擾亂天庭。有一次貔貅不小心觸犯了天條，玉皇大帝就罰牠以四面八方之財為食，吞萬寶而不瀉，只進不出。本來聚財不放，是很痛苦的事情，不料卻相當符合部分中國人的「守財奴」心理，他們奉貔貅為「偏財神王」，希望偏財不斷，又能穩守不放，就算吝嗇鬼見了，也只能甘拜下風。

雖然偏財神眾多，但從明代開始，民間信奉的偏財神就固定下來，僅指「五路神」而言。

1.五路神

「五路」的觀點，可能是受到了五行觀念的影響，認為天地廣闊，財富當然也要分區管理。拜五路財神，就是收盡東、南、西、北、中五方之財的意思。

不過，關於「五路神」的解釋卻多種多樣，比較複雜，有說是明朝抗倭犧牲的義士何五路，也有說是南朝名臣顧野王的五個兒子，更有說法認為是五個可以任意幻化形貌的精怪（牛、馬、羊、猴、豬）。這三種五路神，雖然因音近之故被訛傳作五路財神，但與財富的關聯畢竟不大。另一種五路神的解釋，是指五尊家內神祇土地公、馬王爺（或牛王爺）、仙姑、財神與灶君的合稱，財神只是五路神中的一路而已，並非五路皆是財神。而在《封神演義》中，五路財神指的是中路趙公元帥、東路招寶天尊蕭升、西路納珍天尊曹寶、南路招財使者陳九公和北路利市仙官姚少司。

與「以旁門左道之法取財」比較貼近的說法，是指唐、劉、張、葛、李這五個江洋大盜的事蹟。他們生前專門劫富濟貧，死後仍懲惡揚善，保佑窮苦百姓，因此百姓建五哥廟供奉，之後又被稱為「五路神」，或是「五顯財神」。「五顯」即顯聰、顯明、顯正、顯直、顯德。

比較正統的說法，認為「五路神」指路頭、行神。清人姚福均所著《鑄鼎餘聞》卷四有云：「五路神俗稱財神，其實即五祀門行中之神，出門五路皆得財也。」民間多在正月初五祀五路神，「為路頭神誕辰，金鑼爆竹，牲醴畢陳，以爭先為利市，必早起迎之，謂之接路頭」。

除此之外，也有文、武、義、富、偏五路財神的說法。除了文財神比干、武財神趙公明兩路之外，關公因為掛印封金一文不取，被尊為義財神，與武財神劃分清楚；明初巨富沈萬三傳說擁有聚寶盆，富可敵國，甚至能和朱元璋競築南京城，被奉作富財神；最早到東南亞經商，被稱作「大伯公」（土地公）的華僑蘇福祿，由於開偏遠地區之利，被當作職司「偏」遠財富的偏財神。這種將財利劃分為遠、近的說法其實和財分五方的觀念頗為雷同，在民間也被廣泛接受。

2.利市仙官

民間所供財神中，不管是趙公元帥，還是財帛星君，身邊總要配以五路神之一的利市仙官，利市仙官是小字輩財神裡地地道道的偏財神。

所謂「利市」，包含三重含義：一是俗語中走運、吉利的意思，比如「討個利市」、「大吉利市」等，多見於古典白話小說中；二是指做買賣時得到的利潤，語出《周易．說卦》：「〔巽〕為近利，市三倍」，形容做買賣獲得了厚利；三是指喜慶節日時的喜錢如壓歲錢等。「仙官」這種稱呼，則出自道教，是指教階制度下有官職的神仙。《道門經法相承次第》云：「上士得道，升為仙官。」後來，仙官一詞被借用來特指利市財神。

有關利市仙官的來歷，在《封神演義》中有記載：利市仙官姚少司，本名姚邇益，是大財神趙公明的徒弟，後被姜子牙封為迎祥納福之神，主管商業流通過程中的增值利潤。從此他就以配角的身分，出現在各種財神奉祀的活動裡。但大多數情況下，他很少被單獨祭拜。

做買賣的人哪個不想「利市三倍」乃至三十倍、三百倍呢？再加上喜慶吉利的好彩頭，所以利市仙官尤其受到各行各業商人的歡迎。一到新年，許多人就把利市仙官圖貼到門上，並配以招財童子像，和寫有「招財童子至　利市仙官來」的對聯，希望利市財神保佑自家財源廣進、萬事如意。

利市仙官的形象是官帽長靴、袍帶朝服，左手持笏板，右手托金元寶，面帶笑容，和藹可親。旁有一雲龍在戲火珠，上匾額橫書「招財利市」四字，地上則散置銀錠、元寶、金珠、聚寶盆等，象徵利官進門，帶來無數財寶。

隨著時代的演變，民間逐漸把利市仙官人格化及人間化，甚至還替他娶了老婆，稱為「利市婆官」。「利市婆官」就是後來財神奶奶的濫觴。近代以來，利市仙官更成為民間財神畫像中一個不可或缺的重要角色。

四、準財神劉海蟾

在諸多的財神信仰中，有一類只能算作「準財神」，他們沒有正式得到財神封號，但由於能給人們帶來一定的財運，承擔了一部分財神的職責，於是人們也將其作為半個財神看待。劉海蟾就是其中最具代表的一位。

在傳統民俗畫、吉祥畫、剪紙、木版年畫裡，有一類非常有名的作品，畫的是喜笑顏開的頑童劉海，用彩線穿起一串銅錢，手舞足蹈地正在戲弄一隻或數隻三足大金蟾，金蟾叼著錢串的另一端，做跳躍狀，充滿了喜慶、吉祥的氣息。這就是著名的「劉海戲金蟾」。

傳說劉海在歷史上實有其人，一說他本名劉哲；一說他原名劉操，係五代時人，籍貫燕山（今北京），曾為遼朝進士，後為丞相。此人素習「黃老之學」，在道家及民間聲名赫赫。《歷代神仙通鑑》中有云：一日，有自稱純陽子的道士來見，劉海以禮相待，道士為其演習「清淨無為之示，金液還丹之要」，索雞蛋十枚，金錢十枚，以一錢間隔一蛋，高高疊起成塔狀。劉海驚道：「險矣！」道士答道：「居榮祿，履憂患，丞相之危更甚於此！」劉海頓悟，乃解去相印，改名劉玄英，道號「海蟾子」，拜呂洞賓為師。後得道成仙，雲遊於終南山、太華山之間。元世祖忽必烈封其為「海蟾明悟弘道真君」，元武宗皇帝加封他為「海蟾明悟弘道純佑帝君」。

由此可見，劉海是個悟道棄富的修士，本與財神無緣。他之所以成為財神是源於他的道號——海蟾子。蟾，即蟾蜍，相貌醜陋，分泌物有劇毒，對人體有害，被列為五毒之一。但由於蟾蜍的分泌物蟾酥有強心、鎮痛、止血等藥效作用，又為人們所追捧。《太平御覽》引《玄中記》云：「蟾蜍頭生角，得而食之，壽千歲，又能食山精。」所以古時候人們把蟾蜍當成了避五病、鎮凶邪、助長生、主富貴的吉祥物，是有靈氣的神物。劉海以「蟾」為道號而聞名，又有「劉海戲金蟾」的傳說，這金蟾並非一般蟾蜍，而是三足大金蟾，乃仙宮靈物，可鎮宅驅邪、吐寶吸珍，舉世罕見，一直被古人認為得之即可致富。劉海用計收服了修行多年的金蟾後，用彩色長線逗引金蟾，引得金蟾大吐金錢。他走到哪裡，就把蟾吐的錢撒到哪裡，救濟了不少窮人，故民間有「劉海戲金蟾，步步釣金錢」的俗語，劉海也因此被視為釣錢撒財之神，人們尊他、敬他、感激他，稱他為「活神仙」。漸漸地，劉海就被抬上了準財神的寶座。

劉海戲金蟾

劉海原本是個悟道棄富的修士，道號「海蟾子」。傳說他用計收服了修行多年的金蟾後，用彩色長線逗引金蟾，引得金蟾大吐金錢，因此民間有「劉海戲金蟾，步步釣金錢」的說法。劉海便成為能給人們帶來財運的「準財神」。

第16章

中華食神

中國人好信神，不僅各民族、各地域都有自己崇敬、供奉的神，三百六十行，也各有各的祖師爺和崇拜的神祇。單就烹飪飲食行業而言，依照各種類劃分，就有許多位「食神」，如四大廚神、酒神、茶神、糕點神雷祖、餅師神漢宣帝等等，各有各的傳說，各有各的風味。「若得妙手巧調羹，小烹素炒也神奇。」這些「食神」們匯聚華夏，為博大精深、歷史悠久的中華飲食文化，又平添了幾道可口的珍饈美味！

一、廚神易牙

中國的廚神，共有四位，易牙被公認排在首位。易牙，又名狄牙、雍巫（雍，古文作饔，是早餐、晚餐的意思），為春秋時齊國著名的宮廷廚師，專門負責料理齊桓公的飲食。他精於烹飪，擅長調味，且極會拍馬逢迎，所以深得齊桓公的歡心。其事蹟載於《左傳》、《史記》、《管子》、《淮南子》、《列子》、《戰國策》、《呂氏春秋》、《論衡》等古籍中。

「殺子適君」是易牙一生中最廣為人知的一件事。齊桓公姜小白，乃春秋五霸之一，他在功成名就之後，從前的雄心鬥志淡薄了，日漸昏庸起來。他生活奢侈，講究排場，特別是在飲食上更是極其挑剔。易牙身為超級大廚，自然要使出渾身解數，千方百計地烹製出各種美味來討好主子。吃遍了天下美食的齊桓公，日子一久，胃口變得越來越挑剔，吃到最後真是「五味令人口爽」，無論什麼山珍海味，都毫無滋味。有一天他不無遺憾地對易牙說：「我雖然嘗盡了世間的珍饈，但人肉還沒有吃過。聽說人肉，特別是嬰兒肉很好吃，是不是真的呢？」這本是一句玩笑話，說笑過後，齊桓公也就忘了，但易牙卻記在心裡。他回到家中，看到不滿周歲的兒子皮細肉嫩，就狠下心，磨刀霍霍向兒子，把親生骨肉殺了，做了一盤蒸肉，第二天送給齊桓公品嘗。

這一回，齊桓公吃得津津有味，讚不絕口，他問易牙：「這是一道什麼菜？竟然比烤乳豬還要鮮嫩百倍，我以前可從未吃過。」易牙涎著臉如實稟報：「這道菜的主料是我家尚在繈褓中的嬰兒。」齊桓公一聽吃的是易牙的兒子，深受感動，認為這真是一個「忠君不顧其家」的大忠臣，這樣的好臣子就是打著燈籠去找，也找不到幾個啊！由此對易牙愈發寵倖放任，最終為日後「四奸亂國」埋下禍根。

儘管易牙在人格上十分卑劣，其品行令人不齒，但他的廚藝之高超，確實天下無雙。第一，他是個天才的「知味者」，能用舌頭分辨出淄水、澠水。淄水、澠水皆是齊國境內的河流，從這兩條河中取來水放在一起，他居然能分辨出何者為淄水，何者為澠水，長於辨味的本事真可謂業界權威。

第二，在調味方面，易牙也高人一籌，他是第一個懂得運用調和之道來操作烹飪的庖廚。他做出來的菜酸鹹甘淡，美味適口，深得齊國宮廷顯貴的賞識，甚至連亞聖孟子都曾誇讚他說：「至於味，天下期於易牙，是天下之口相似也。」孟子高度評價易牙調和口味的本領，認為他簡直就是天下第一名廚了。另外，易牙還發明了「易牙十三香」，是混合香辛料用於烹調的開創性人物。由此可見，易牙確實是當時最有名的善於調味的大行家。

第三，易牙也是第一個把烹飪和醫療結合起來，創造了食療法的廚師。有一回齊桓公最喜愛的長衛姬鬧病，口中乏味，茶飯不思，易牙拿出了看家本領，以醫藥調和五味，精心製作出佳餚獻於長衛姬。長衛姬品嘗之後，精神為之一振，病也立即痊癒了。「醫食同源，藥膳同功」，從此成為人類文明史上的創舉。

第四，易牙對我國最早的地方菜——以鮮鹹脆嫩為特色的魯菜的形成，做出了傑出的貢獻。特別是一道名叫「魚腹藏羊」的山東名菜，相傳就是易牙所創。北方水產以鯉魚為最鮮，肉則以羊肉為最鮮，此菜兩鮮並用，互相搭配烤製而成，菜品色澤光潤，外酥裡嫩，鮮美異常。而「鮮」這個字即由此中的「魚」和「羊」組合而來。

正因為易牙的廚藝是如此之高，所以自從抓住齊桓公的胃後，他就日益得勢，野心漸露。只有賢相管仲心明如鏡，時常加以阻止。後來管仲臥病將死，齊桓公問他說：「群臣當中，誰可繼而為相？」管仲諍諫說：「我死了以後，有四個小人千萬不能用，中間有一個就是易牙。」齊桓公問為什麼，管仲說：「主公請想想，做父母的，有哪一個不喜歡自己的孩子呢？易牙竟然把自己的孩子殺了蒸給你吃，討好你，他會真的愛你嗎？」

齊桓公聽了不以為然。不久，管仲去世，易牙聯合豎刁、開方、棠之巫三奸，奪取了相位，專權齊國。齊桓公這才醒悟，但為時已晚。易牙與豎刁把齊桓公關入深宮，四周用高牆圍住，不給他任何飲食。美食家，政治家，九合諸侯、一匡天下、叱吒風雲的五霸之首——齊桓公，就這樣備受飢渴之煎熬，飽嘗了從天堂到地獄的痛苦落差後，被活活餓死。

桓公卒後，易牙殺群臣，立公子無詭為國君，齊國大亂，前太子昭逃奔宋國。宋襄公率諸侯起兵，護送太子昭歸齊伐逆。齊人恐慌，遂殺無詭，立太子昭為國君，即齊孝公。失去了政治保護傘的易牙，流亡到彭城（今江蘇徐州），在那裡開了中國第一家私人飯館，最後操烹飪業至終。江蘇菜系中強調本味、清香平和的揚幫菜，就是經由易牙傳授而傳播開來的。

易牙以廚名傳世久遠，後人對他的廚藝十分推崇。早在北宋時，雜曲《太平歌詞》中的「十女誇夫」，便將易牙列為廚行祖師。明代人韓奕、周履靖所撰的烹飪著作，更名之為《易牙遺意》、《續易牙遺意》，對他的推崇可想而知。中國民間也一向把吃一頓好的叫作「打牙祭」，這「牙祭」指的便是「易牙的祭祀」。

易牙黯然失意於政壇，卻在食林大放異彩，換得千秋萬世名，可謂「失之東隅，收之桑榆」。撇開政治和人格上的汙點不談，他「和羹祖師」的地位與成就足以名垂中華烹飪史。至今中國廚行，仍多以易牙為行業祖師，供易牙畫像，年年祭拜，四時香火不絕。易牙更在久遠的歲月裡被逐漸神化，成為中國第一尊「廚神」。

此外，本身不會做菜，卻寫出中國最早的烹飪經典《本味》，並且以烹飪比喻治國，後來助商湯滅夏桀的伊尹（「治大國若烹小鮮」即典出於此），以及養生有道、善調滋味，進奉雉羹於堯的彭祖，也都被奉為廚神，與易牙齊名。

二、從流浪漢到玉帝御廚——膾王

易牙廚藝雖好，卻是個小人、馬屁精，人品為世人所不齒。而與他並列的另一位廚神——膾王，在人間時事蹟並不顯，亦未見諸史冊。他能名留飲食界，與其因緣際會，成為玉帝御廚有關。

膾王本名膾鼠，一開始只是個流浪漢。由於他四海流浪，嘗盡八方風味，因此對飲食頗有心得。長年漂泊江湖的經歷，令膾鼠擁有了精湛的廚藝和仁愛的情懷。他在不斷的烹飪實踐中，發明出將野山雞煮熟後晾乾磨製成雞粉，製成調味料的技藝，成為現代雞精的雛形。他用豬奶脯肉為原料烹製的「應山滑肉」更是名滿天下，流傳至今。

膾鼠身處的時代，正值南北朝剛剛結束，天下初定。統一中國的隋文帝對日常飲宴十分講究，然而御廚們燒製的菜肴很不對他胃口，因此被殺的御廚不下數十位，卻依然無人能烹製出讓龍心大悅的美味。到最後實在無奈，只好張榜招賢，希望民間能有烹調高手為宮廷帶來別樣風味。

膾鼠聽得隋文帝濫殺無辜廚師，憤而揭榜入宮。隋文帝問他：「何物滋味最佳？」他答：「餓！」隋文帝不解，什麼是「餓」？於是膾鼠帶著文帝出城，故意東遊西逛，走遍大街小巷找「餓」。等到太陽下山，文帝饑腸轆轆，餓壞了，膾鼠就拿出預備好的蔥油餅給他充饑。文帝三口兩口就將蔥油餅吞下了肚。他終於明白，人肚子一餓，吃什麼都又饞又香！

隋文帝自從知道「餓」的滋味後，老實了一段時間，但時間一長，又挑剔起來。他把詹鼠傳來，問道：「朕已經知道『餓』的滋味了。但朕乃九五至尊，誰敢餓朕？所以，這餓嘛，一輩子也難得吃到幾回。你說，除了『餓』，天下還有什麼東西最好吃？」詹鼠回答說：「天下最美味者，鹽也。」隋文帝自上回被詹鼠戲弄後，憋了一肚子的氣，現在聽到詹鼠如此回答，登時勃然大怒，罵道：「大膽匹夫，鹽乃最普通之物，家家戶戶皆有，你竟然說鹽味最美？豈不是戲弄於朕！」於是不等詹鼠解釋，就以欺君之罪將他殺掉了。如此一來，御廚們嚇得做菜都不敢放鹽，隋文帝不但吃菜索然無味，而且全身無力、精神萎靡，他這才醒悟過來，果然是鹽味最美。自己殺錯了人，可是已經追悔莫及了。

從此以後，隋文帝體恤民情，勵精圖治，開創了「開皇盛世」。為了感念詹鼠讓自己悟出治國安邦之道，文帝追封詹鼠為「詹王」，設詹王廟供奉。後人亦尊奉其為「詹王菩薩」。

詹王死後，玉帝聞知他廚藝非凡，特地從閻王那裡將他要了來，請他在天庭御膳房掌廚。詹王精心料理，上界眾神仙對他的手藝都讚不絕口。此後大凡天界的重要宴會，比如蟠桃宴、十方會、三皇宴等，都由詹王司廚。由於詹王是玉帝御廚，所以儘管他生前地位難以與易牙、伊尹、彭祖相提並論，但依然名列四大廚神之一，名垂後世。

後來民間就敬詹王為酒席業祖師爺，並有了祭祀「詹王」之俗。自立秋當天起，連敬四十八日。另據《采風錄》記載，每年農曆八月十三日，尚有「詹王會」，供奉這位「廚師福星」。「有詹無詹，八月十三。」這一天，也成為廚行收徒和出徒謝師的日子，熱鬧異常。

三、酒神杜康

中國神話中有酒神，而且不止一位，他們是：儀狄、杜康、劉白墮、焦革。眾酒神中，杜康是最重要的、被酒業普遍供奉的祖師神。

杜康，又名少康，字仲寧。據民間傳說和史料記載，杜康本姓姒，是夏啟的孫子，《史記．夏本紀》載，夏朝第四位國王帝相在位時，發生了一次政變，帝相被部落首領寒浞殺害，那時帝相的妻子後緡氏已懷有身孕，逃到娘家「虞」，生下了一個兒子。因希望他能像爺爺仲康一樣有所作為，所以取名少康。

少年時期的杜康以放牧為生，牧羊於空桑澗，常常把帶的飯食放在樹杈上，卻忘了吃。經過風吹、日曬、雨淋，飯食慢慢地發酵了。一段時間後，杜康發現樹上的剩飯變了味，溢出的汁水竟甘美異常，這引起了他的興趣。他用鼻子聞了聞這些「水」，清香撲鼻，不由得也嘗了一口。味道雖然有些辛辣，但卻十分醇厚，有一種說不出來的特別味道。他越嘗越想嘗，一連喝了數口。霎時間，只覺得天旋地轉，身不由己地倒在地上昏昏沉沉地睡著了。不知過了多長時間，當他醒來時，只覺得精神飽滿，渾身是勁，心知這種濃香的「水」必有奇異之處，於是便盛了半罐帶回去研究。

經過反覆實驗思索，杜康終於發現了穀物自然發酵的原理，遂有意識地進行效仿，並不斷改進，終於形成了一套完整的釀酒工藝。他請好友倉頡為這一新飲料取名，倉頡道：「此水味香而醇，飲而得神。」說完便造了一個「酒」字。從此這種香味濃郁的「水」就有了正式的名字——酒！

由於杜康造酒，是以穀物糧食發酵釀製而成，所以幾千年來中國酒一直以穀物酒為主，而果酒所占的份額很小。杜康就此擁有了中國釀酒業開山鼻祖的地位，後人尊其為「釀酒先師」，他的名字後來成為酒的代名詞。

四、茶神陸羽

陸羽，字鴻漸，號東風子、竟陵子，生活於唐玄宗至唐德宗年間，一生頗富傳奇色彩。他原是個被遺棄的苦兒，剛出生就被父母拋於河邊，被龍蓋寺的住持智積禪師收養。智積根據《易》的卦文為他取名，占得「漸」卦，卦辭曰：「鴻漸於陸，其羽可用為儀。」於是就按卦辭給他定姓為「陸」，取名「羽」，以「鴻漸」為字。

陸羽雖然容貌不佳，說話還有點兒口吃，但聰穎好學，《大唐傳載》中說他「及長，聰俊多聞，學贍詞博，詼諧談辯，若東方曼倩之儔」。他在黃卷青燈、鐘聲梵語中學文識字、習誦佛經，還學會了煮茶等事務。但他不願皈依佛法，削髮為僧。九歲那年，有一次智積禪師要他抄經念佛，他卻問智積：「釋氏弟子，生無兄弟，死無後嗣。儒家說不孝有三，無後為大。出家人能稱有孝嗎？」並公然聲稱：「羽將授孔聖之文。」智積惱他桀驁不馴，藐視尊長，就用繁重的「賤務」折磨他，想迫使他悔悟回頭。但陸羽並不因此氣餒屈服，求知欲望反而更加強烈。無紙學字，他以竹劃牛背為書，危坐展卷，朗朗有聲。智積知道後，害怕他浸染外典，失教日曠，遂將他禁閉寺中，派年長僧人看管。

陸羽在寺中受了不少苦，十二歲那年，他乘人不備，逃出龍蓋寺，到一個戲班裡學演戲，做了優伶。由於幽默機智，扮演丑角很成功，後來他還編寫了三卷笑話書《謔談》。十三歲時，竟陵太守李齊物在聚飲中看到陸羽出眾的表演，十分欣賞他的才華和抱負，不但贈以詩書，還修書推薦他到名士鄒夫子那裡學習。

陸羽從此有機會通讀聖賢之書，博學觀覽，為其詩文修養奠定了良好的基礎。他十九歲學成下山，四處拜師訪友，與當時的名流如李白、杜甫、顏真卿、張志和等都相交甚篤。在與風雅之士交往的過程中，談詩論文、品茶鑑水是必備功課。陸羽為了研究茶的品種和特性，常常腳著藤鞋，躬身篤行，遊歷天下尋茶探泉，廣采博收。獨行中，攀葛附藤，深入山野；誦經吟詩，杖擊林木；手弄流水，遲疑徘徊——每每至日黑興盡，方號泣而歸，時人謂之「楚狂接輿」。特別是在幫助顏真卿編寫《韻海鏡源》期間，他遍揀群書，掌握了大量的茶葉史料，活脫脫一個「茶博士」。

而陸羽烹製的茶湯也遠近聞名，名僧、雅士都以品他的茶湯為快事。當時的達官顯貴舉行茶宴，都請他去烹茶。陸羽去時，總是用大葫蘆背上杼山乳泉之水。一次御史李秀清讓他用惠山石泉水烹茶，陸羽說：「此水從惠山運來，路上已有兩天，不好使用。」李聽了很不高興，出言不遜，陸羽便拂袖而去，將心愛的大葫蘆也拋到河裡去了。友人皇甫曾寫詩讚道：「千峰待逋客，春茗復叢生。採摘知深處，煙霞羨獨行。」正是陸羽不懈追求茶道的真實寫照。

當時朝廷十分推崇茶藝，皇帝聽說陸羽不但學問好，而且茶術更高，就拜他為太子文學，後改任太常寺太祝。但陸羽生性淡泊名利，鄙夷權貴，他作詩明志云：「不羨黃金罍，不羨白玉盞，不羨朝入省，不羨暮登臺；千羨萬羨西江水，曾向竟陵城下來。」一心撲在茶事研究上。西元七六〇年，陸羽來到苕溪之畔，結廬隱居，閉門著述。他積多年經驗心得，終於寫出了中國第一部，也是世界上第一部研究茶的專著——《茶經》。全書三卷十篇，對茶的性狀、品質、產地、種植、採製加工、烹飲方法及用具等做了詳盡論述，開茶書之先河，是唐代和唐代以前有關茶葉知識和實踐經驗的系統總結。

「自從陸羽生人間，人間相學事新茶。」《茶經》一問世，即名揚海內，為歷代人民所寶愛。它既開創了中華茶文化的新時代，也確立了陸羽在茶學領域的權威地位。後人感於他對茶業發展所做出的卓越貢獻，便有意識地將他神化。陸羽生前就有茶仙的稱號，身後更被祀為「茶聖」、「茶神」，人們將其形象畫下來或做成雕塑，當作神祇崇拜、供奉。

五、灶神

生火做飯，煎炸煲煮，都離不開灶。灶神，就是我們俗稱的灶王爺，亦稱灶君、東廚司命等，傳說他是玉皇大帝御封的「九天東廚司命灶王府君」，被派到人間專門管理飲食、灶火。灶神早在周代就被列為五祀之一。據相關史書記載，我國最早的灶神是位女性，《莊子．達生》：「灶有髻。」司馬彪注云：「髻，灶神，著赤衣，狀如美女。」這位穿紅衣的美女，曾做過玉皇大帝的廚娘，後奉令回人間司廚，她認為這是被「降級使用」，所以有一肚子的委屈，稍不如意就要發脾氣，因此民間很怕她，便儘量奉承。

後來人們嫌這位灶神不夠莊重，故把灶神改說成是崑崙山上的一位老母，叫作「種火老母之君」，手下有五方五帝灶君、灶曾灶祖、灶子灶孫、運火將軍、進火神母等三十六神。她專門負責記下每家人的善惡，夜半上奏天庭，由天庭施以獎懲。特別是對一家人在五穀六米的珍惜與浪費方面的管理極為嚴格，如果有人糟蹋五穀六米，就會遭到天庭「五雷轟頂」的懲罰。

漢代以後，開始出現男性灶神。對於男灶神的來歷眾說紛紜：一為黃帝說，《淮南子．微旨》「黃帝作灶，死為灶神」；二是炎帝說「炎帝於火，死而為灶」；三為祝融說，《周記》「顓頊氏有子曰黎，為祝融，祀以為灶神」；四為神仙說，言灶神乃天上星宿之一，因為犯了過失，玉帝把他貶謫到人間當了灶神。人們讓極受敬仰的黃帝、炎帝和火神祝融來充任灶神，可見灶神頗受民間尊重。

灶神的神龕，大多設在灶房的北面或東面。沒有灶王龕的人家，就將神像直接貼在牆上。神像上有的只畫灶王爺一人，有的則有男女兩人，女神被稱為「灶王奶奶」。灶王神像上還印有一年的日曆，上書「東廚司命主」、「人間監察神」、「一家之主」等文字，以表明灶神的地位。兩旁則貼上「上天言好事下界保平安」的對聯，以祈佑全家老小平安。

對凡間的每一戶人家而言，灶神於他們的日常生活都有重大的利害關係。起初灶神的職責較單一，就是保護宅內人家的飲食平安。所謂病從口入，食物若不好容易致病，灶神老爺本著慈悲之心，幫助眾生食得安樂、食得平安。到了東晉時，灶神正式兼任監察人間罪惡、掌握一家壽夭禍福的職責。在他左右隨侍兩神，一捧「善罐」，一捧

灶神與灶王奶奶

傳說灶神是天上星宿之一，因為犯了過失，被貶謫到人間當了灶神。民間為灶神配上灶王奶奶，共同供奉在灶房的背面或東面，期待他們「上天言好事，下界保平安」。

「惡罐」，隨時隨地將一家人的行為紀錄保存於罐中，年終時總計之後，灶神便持這兩罐向玉帝報告。正因為灶神特殊的地位和作用，所以自漢代以來無論是在宮廷還是民間，灶神信仰都十分虔誠、普遍。

第17章

情人節讓我做主

中國也有愛神

月朗星稀，浩渺天宇，橫亙的天河之岸，苦命而情堅的牛郎織女，在每年的農曆七月七於鵲橋上「金風玉露一相逢」，雖然相逢只是默然悽楚的期盼，但留給後世的卻是千年不變的痴心。美麗的愛情神話，寄託著對忠貞不渝美好愛情的傾慕、嚮往與追求，令無數青年男女怦然心動。女孩會在這個充滿浪漫氣息的夜晚，對著天空的朗朗明月，擺上時令瓜果，朝天祭拜，乞求心靈手巧的織女能賦予她們聰慧的心靈和靈巧的雙手，更乞求終身大事能幸福美滿，所以七夕節也被稱為「乞巧節」，堪稱中國的情人節。

有了自己的情人節，當然相應的愛神也要「本土化」。中國人民也創造了好幾位愛神。

一、月下老人

「天下婚牘對月檢，千絲萬縷繞指尖。」自古以來，人們將皎潔的月亮奉為愛情的象徵，不知多少後花園私訂終身的男女，在月下雙雙跪拜盟誓許願。俗語說「花前月下」，即花為信物，月是媒人。所以中國最負盛名的愛神，第一個自然當數月下老人。「月老」一詞千百年來已經成為中國民間流傳最廣、歷史最悠久的媒人的代稱。

人們把月下老人奉為婚姻之神，最早見於唐代李復言的《續玄怪錄．訂婚店》，其描述可謂繪聲繪色。唐朝時有位名叫韋固的公子，年少未娶，某日到宋城（今河南商丘）出差，夜宿城南一家客棧。當晚明月皎潔，韋固興致大起，便踏月色至後花園散步。後花園清風微涼，只有一位老人靠著一個布口袋坐在臺階上，借著月光在檢視書籍。

韋固一瞧那書，竟然一字不識。他連忙上前施禮，好奇地問道：「老伯，您看的是什麼書呀？我小時候也曾下過苦學功夫，沒有不認識的字書，就連天竺的梵文也能夠讀懂，唯有這本書裡的字完全看不懂，是怎麼回事呢？」老人笑答：「這不是人世間的書，而是天界的《婚牘》，專門記載著天下男女的婚姻緣分。」韋固見那布袋脹鼓且發紅光，便又叩問其中所裝何物，老人微笑道：「紅繩子也。千里姻緣一線牽，用此繩繫夫婦之足，雖仇敵之家、貧賤懸隔、天涯異域，此繩一繫即定終身。」

說著，他從袋中掏出一根紅繩，當空一晃，只見一道紅光在韋固的腳下繞了一圈，然後朝北而去。老人哈哈大笑道：「我適才檢閱《婚牘》，已經為你定下姻緣了！」韋固聽了大喜，忙說：「我孤身一人，只盼能早日婚娶，生下子嗣，無奈十年中多處求婚，都沒有成功。您能告訴我未來的妻子是誰嗎？」老人答道：「姻緣線雖牽，但婚期還沒到呢。你的妻子，現在剛剛三歲，要十七歲才能進你家門。」韋固再三追問自己婚娶何人，老人只好說：「是店北賣菜老婆子的女兒。」說完就消失不見了。

第二天，韋固起了個大早，梳洗打扮一番，趕到店北尋找賣菜老嫗的三歲女兒，不料見到的卻是一個蓬頭垢面、面黃肌瘦、滿身髒垢的小女孩。韋固大失所望，不禁怒從心頭起。他回店後，磨利一把小刀，交給僕人說：「你向來辦事幹練，如果替我將那小女孩殺了，賞你一萬錢。」第二天，僕人身藏小刀來到菜市，但看到小女孩實在可憐，想起自己也是苦出身，不由得心軟難以下手，只象徵性地往女孩眉間輕輕刺了一刀，而後狂奔逃往他鄉，連韋固的面也不見了。此後，韋固又多方求婚，但依然沒一次成功。

轉眼十四年過去了，韋固已成為相州參軍，相州刺史王泰很欣賞他，認為他很有才幹，便把女兒香娘嫁給他。洞房之夜，韋固揭開香娘的紅頭蓋，見妻子年齡約十六七歲左右，貌美非凡，只是眉心貼著一朵紅紙剪的花鈿，就是洗臉時也不取下來。

完婚年餘，韋固再三詢問花鈿的緣由，香娘才傷心流淚說：「我只是刺史的侄女，不是親女兒。以往父親曾做宋城縣令，死在任上，當時我尚在繈褓中，母親、哥哥又相繼亡故，只好跟奶媽陳氏住在一起，每日靠賣蔬菜度日。陳氏憐憫我幼小，一刻也不願分開，所以常抱著我上菜市。不料一天，一個喪心病狂的賊子衝過來刺了我一刀，刀痕至今仍在，所以用花鈿蓋上。七年前，叔叔到附近做官，找到了我，我才跟他來這裡，如今又嫁給了你。」韋固如夢初醒，方知香

月下老人

月下老人被奉為婚姻之神，最早見於唐代李復言的《續玄怪錄》。唐代韋固於出差時遇到一位月下老人，老人以紅繩繫在韋固腳上，並為其指定婚姻。雖經曲折，十四年後，韋固果然如老人所說，娶了老人所指定的女子。

娘就是十四年前賣菜老嫗之女，果然是「天意」難違。夫妻二人經歷這番波折，更加相敬相愛，一生幸福富貴，子孫滿堂，白頭偕老至終。

宋城縣令聽說此事後，就把韋固當年住過的客店起名為「訂婚店」，那位在月光下翻書並牽紅線的老翁，就被稱為「月下老人」。此後，民間就把「月老」當成執掌男女姻緣的司婚之神來膜拜。

月老的形象，據《浮生六記》載：「一手挽紅絲，一手攜杖，杖上懸婚姻簿，童顏鶴髮，奔行雲煙白霧中。」清乾嘉年間，大文人沈三白請他的好友依此樣貌畫了一幅月下老人像，供奉於臥室之中，和妻子芸娘一起焚香拜禱。他還在《浮生六記》卷一裡寫道：「世傳月下老人專司人間婚事，今生夫婦已承牽合，來世姻緣亦須憑藉神力。」可見這對在中國文學史上享有大名的夫婦，對月老是何等的虔誠與信賴啊！

至於拴紅線這一習俗，起初月老是拴腳的，至唐朝時變為了牽手。唐代史書記載：荊州都督郭元振年長未婚，宰相張嘉振有「五朵金花」閨閣待嫁，見郭元振頗具才幹又相貌堂堂，就想納他為婿，但又不知道該把哪個女兒許配給他。於是張宰相想了一個辦法，令五個女兒坐在布幔後面，每人手上各拿一根紅絲線，將線頭露在布幔外面，任郭選牽，牽到誰就以誰為妻。結果，郭的運氣非常好，一下就牽到了最漂亮的三小姐，傳為一時佳話。

到了宋代，此婚俗逐漸演化為「牽紅帛」，婚禮上新郎新娘各持紅帛一端，相牽而入洞房，宋人吳自牧的《夢粱錄·嫁娶》中有詳細記載。這種由月老的拴紅線演變來的牽紅線或紅帛的風俗，在少數民族地區至今還能見到。

二、和合二仙

和諧、和睦、和善、和平、祥和……在中國傳統文化中，「和」的哲學思想源遠流長，博大精深，和衷共濟、和氣生財、家和萬事興、政通人和等等，包容社會方方面面，無不蘊含著中國人「以和為貴」的處世態度。而「和合二仙」正是這一思想精髓神格化的具體表現。

世傳和合二仙，係唐代著名的詩僧寒山與拾得。「姑蘇城外寒山寺，夜半鐘聲到客船。」一首膾炙人口的七言絕句《楓橋夜泊》，令千年古剎寒山寺知名度甚高。而它的名字，就是因詩僧寒山曾來此住持而得。

寒山是個怪僧，似仙似佛、似僧似隱，早年懷才不遇，逃身佛門，不群於俗，故知他者甚少。貞觀時他居天臺山寒岩，吟詩詠歌，嘲諷世態，常常跑到各個寺廟中望空噪罵，和尚們都說他瘋了，唯有國清寺僧人拾得與他惺惺相惜，常常一起吟唱答對，情同手足。

拾得是個苦命人，剛出世就被父母遺棄在荒郊，幸虧國清寺高僧豐干禪師化緣路過，慈悲為懷，將他帶回寺中撫養成人，並受戒為僧，起名「拾得」。拾得在寺裡負責「執炊滌器」，也就是管伙食的廚僧，工作之餘喜歡像現在的文學青年一樣寫寫詩，但作品還比較幼稚。後來他看了寒山的詩，只覺幽隱清峻，「如空谷傳聲，乾坤間一段真韻天籟也」，不由得大為嘆服，遂與寒山結為莫逆，親密無間。豐干和尚見他倆如此要好，便讓寒山也進了國清寺。自此後，寒山與拾得朝夕相處，一起研究佛學、詩詞、唱偈，極為融洽。拾得在寒山的影響下，也變得衣著不整，狂顛不羈。二人因詩結緣，並稱於世，「以詼諧謾罵之辭，寓其牢愁悲憤之慨，發為詩歌，不名一格，莫可端倪」，在中國詩史上占據了重要一頁。後人輯有《寒山拾得集》留傳於世。

寒山、拾得本是憤世嫉俗的狂僧，唐及五代的人物畫，繪的都是他們蓬頭垢面、破衣赤足的任誕模樣。但宋朝以後，卻逐漸變成了兩個童趣天真、形影不離的孩童形象，既無瘋狂之態，亦無冷眼諷世，而是潔衣笑面、逗人喜愛的稚氣童子。這一演變過程，還有一個感人的傳說蘊藏其中。

和合二仙

世傳和合二仙為唐代著名的詩僧寒山與拾得。二人因詩結緣，和睦同心，民間將他們推崇為和諧友愛的象徵。清雍正年間，朝廷封寒山為「和聖」，拾得為「合聖」，和合二仙從此名揚天下。

相傳寒山與拾得自從結識後，情投意合，形影不離。轉眼花開花落，冬逝春來，他們都已經是小夥子了，依然嘻嘻哈哈，不知憂愁。可是有一天，天臺山下新搬來一戶農家，農家有一名美麗的姑娘叫芙蓉，她時常陪母親進廟燒香。寒山和拾得正值青春年少，不約而同地一起愛上了芙蓉姑娘，他們在友情與愛情間左右為難，煩惱不已。

寒山畢竟年長幾歲，經過深思熟慮，他毅然決定為了友情斬斷情絲，讓拾得與心愛的姑娘永遠廝守在一起。因為拾得是方丈撿回來的，並非自願出家，只要願意，他還可以還俗娶妻。主意既定，寒山便在寺廟的牆上留了一首五言詩：「相喚采芙蓉，可憐清江裡。此時居舟楫，浩蕩情無已。」寫畢，悄悄離開了天臺山，一個人到蘇州楓橋邊結廬修行。

拾得因為寒山的突然失蹤疑竇叢生，等知道真相後，大為感激，想起兩人比金石還堅固的友情，不由得將滿腔情愛吹得煙消雲散。他揣起一個食盒，也下了天臺山，一路化緣，一路打聽寒山的音訊。歷經風塵僕僕，拾得終於來到了蘇州。此時正是江南六月天，蘇州蓮開亭亭，寒山歡欣之下，順手折了一朵盛開的荷花，迎了出來。兄弟相見，喜悅逾常，寒山用荷葉給拾得撣塵，拾得捧上食盒，共用剛募化來的飯菜。他們說說笑笑，和好如初。

經過這次情劫的考驗，這兩個天資聰穎、生有慧根的少年，徹底解脫了塵緣，他們重新回到天臺山禮佛參修，終於成為一代高僧，後雙雙羽化成仙。民間珍視他倆和睦同心的情誼，將他們推崇為和諧友愛的象徵。清雍正年間，朝廷封寒山大士為「和聖」、拾得大士為「合聖」，和合二仙從此名揚天下。

兩位仙人，寒山手執荷花，諧音「和」字；拾得持個錦盒，諧音「合」字。民間取「和合」既和睦合力，又和諧合好之意，將他們供奉為歡喜團聚之神。而《周禮．地官．媒氏》中說：「使媒求婦，和合二姓。」於是和合二仙又由主管家事和合的團圓之神，演變為職司婚姻好合的愛神。既然是歡情恩愛之神，自然不能再邋邋遢遢，所以形象也變成了風華正茂的青春少年。

在我國傳統的婚禮儀式上，常懸掛有和合二仙的畫軸。他們笑容滿面，荷花中附有如意，食盒中飛出五隻蝙蝠（福），連起來就是「和合如意，五福臨門」，人們借此來祝福新婚夫婦和和美美、魚水相得，大吉大利中洋溢著濃濃的喜慶味，有著相當好的彩頭。

三、藍橋情事——情仙裴航

《裴航遇仙》是唐人裴鉶所著《傳奇》中最為著名的一篇。唐朝長慶年間，秀才裴航落第後遊鄂渚，同船有一位樊夫人雲翹，國色天香，言辭談吐使人如沐春風。裴航十分戀慕，於是贈詩表達情意。樊夫人雖然對裴航也頗有好感，但自思有夫，只好謝絕了裴航的愛意。臨別時，她贈詩一首給裴航：「一飲瓊漿百感生，玄霜搗盡見雲英。藍橋便是神仙窟，何必崎嶇上玉清？」裴航見詩唏噓不已，但無法理解詩中的含義。

後日，舟到藍橋驛（在今陝西藍田縣藍溪上），裴航忽然覺得口渴，就向路旁茅屋內一個紡麻的老阿婆求水喝。阿婆見裴航是個書生，就向裡屋喊道：「雲英！擎一甌水來，郎君要飲。」裴航聽此呼喊，猛然想起樊夫人詩，心頭一顫。等看到雲英之後，他更是目瞪口呆。但見雲英姿容絕世，「露裛瓊英，春融雪彩，臉欺膩玉，鬢若濃雲」。即使幽谷中的素蘭也不能比擬她的芳容，藍田中的美玉也不能形容她的靜雅。裴航對雲英一見鍾情，當即就向老阿婆求娶雲英。

老阿婆見裴航一表人才，翩翩君子，心下已同意了這門親事，但還要考驗考驗裴航。她說道：「我現在年老多病，只有這一個孫女，昨天有神仙送給我靈丹一刀，但必須用玉杵臼搗之一百天，方能吞服，以保長生不老。你要娶我孫女，條件就是拿玉杵臼來做聘禮。其他金帛等物，對我都沒有用處。」裴航一口答應，鞠躬道：「一言為定，以百日為期限，我一定帶玉杵臼回來！」

從此後，裴航完全不把科舉的事放在心上，每日裡只是到市井鬧市喧騰的地方去，尋訪打聽玉杵臼的下落。一直找尋了近三個月，終於在一個賣玉的老翁那裡見到了玉杵臼。裴航傾囊而出，又賣掉僕人馬匹，終於湊足賣玉老翁索要的鉅款。

裴航無僕無馬，只好獨自一人背負杵臼步行。他歷盡途程坎坷，披星戴月，總算在第一百天即將結束時，趕到了藍橋。老阿婆大笑著對他說：「你如此艱難都要拚命趕回來，看來對我的孫女是真的情深意厚了。不過你還要為我搗藥一百天，才能商議婚姻之好。」

裴航毫不猶豫地又答應了，他白天搗藥，晚上休息，但搗藥聲卻經夜不息。裴航感到很奇怪，就半夜起來偷看，原來是一隻玉兔在幫他搗藥。只見那玉兔身上雪白的光芒輝映滿室，再加上仙藥散發出來的芳香，沁人心脾，宛如仙境。裴航心意更堅，歷經百日，終於將藥搗成。

老阿婆對此相當滿意，親自張羅著為裴航和雲英操辦婚事。婚禮在一個很大的府邸裡舉行，這府邸竟然一眼望不到頭，鑲珠的門扉在日光下閃動，裡面帳幄屏帷及珠翠珍玩重重疊疊，沒有一件不盡善盡美，氣派遠遠超過貴戚之家。把裴航震撼得如劉姥姥進了大觀園，眼花繚亂合不攏嘴。

到引見賓朋時，來客個個清高俊雅，飄然欲仙，全無半分人間煙火氣。最後介紹到一位梳著鬟髻穿著霓衣的仙女，仙女淡淡一笑，問：「裴郎還記得我嗎？」裴航詫異道：「素未謀面，想不起來在哪兒拜識過啊？」仙女微笑說：「可曾記鄂渚同舟否？」裴航驚訝不已，這才記起眼前仙女竟然是樊夫人。

原來雲英正是樊夫人雲翹之妹，樊夫人此前贈詩，即是以詩為媒，為裴航做介紹人。此時樊夫人已經是女真人，擔任玉皇大帝的女官。裴航得知前因後果，感慨萬分。老阿婆呵呵大笑，取出先前搗好的仙藥，讓裴航領著雲英進入玉峰洞中，一起吞服丹藥，兩人終成神仙眷屬，飛升仙界。

裴航鴛盟得諧，心情萬般愉快，因此十分熱衷於為世間男女牽線搭橋，期望有情人都能如自己般幸福。後人感念他一往情深的努力，遂奉之為「情仙」。「藍橋遇仙」也成為後世引用頗多的愛情典故，用以比喻人間天上相逢纏綿、魂牽夢縈的美事。白居易詩：「藍橋春雪君歸日，秦嶺秋風我去時」，蘇軾《南歌子》：「藍橋何處覓雲英？只有多情流水、伴人行」，周邦彥《浪淘沙》：「飛散後，風流人阻，藍橋約，悵恨路斷」，納蘭容若《阮郎歸》：「漿向藍橋易乞，藥成碧海難奔」，這些都是吟誦一時、以藍橋為背景的佳句。

四、泗州大聖

事物總有正反兩面，愛情也一樣。既然有人兩情相悅，就必定也有人傷情失戀。特別是古時在封建禮教的壓迫下，更有不少有情人難成眷侶。為此哭泣、幽怨，甚至殉情，都不是什麼稀奇的事。在此情形下，中國除了以上幾位撮合有情人的牽線愛神外，還有一位保護失戀者的愛情守護神「泗州大聖」。

泗州大聖又稱「泗州佛」，據傳本為西域僧人，法號僧伽。他少年出家，矢志遊方，三十一歲入中土，在唐高宗時來到長安、洛陽等地，又遊歷吳楚，在泗州傳經說法，建起了普照王寺。他善玄妙、知陰陽，能顯神通，兼精岐黃之術，常懸壺濟世，為民治病，被唐中宗封為國師，聲名鵲起。後受觀音度化成佛。成佛前後神異事蹟頗多，曾經現十一面觀音形，因而享有觀音大士化身的盛譽。

在閩粵臺，泗州大聖信仰逐漸發生異化，泗州大聖不但變成了「泗州佛」，還被賦予了主管愛情婚姻的神職，成了情侶祈拜的偶像。他之所以會轉變為愛情庇護神，據說是因為曾追求觀音菩薩而不得，所以才對人世間失戀的痴情男女同情備至，並加以呵護。這其中自有一番傳奇經歷：

宋朝時，蔡襄任泉州太守，泉州有條洛陽江，江面寬闊，水流湍急，時常將過往小船吞沒。蔡襄之母在三十年前過江時，於船上受盡了顛簸驚嚇，上岸後，她發願說：「我兒誕生後，若能做官，我一定要讓他在這裡造一座橋，便利行人。」蔡襄一方面要替母還願，一方面要為民造福，這橋就非建不可了。但江水太過湍急，壘橋基的石頭剛投放江中就被沖跑了，蔡襄束手無策，一籌莫展。

一天，洛陽江上划來一葉輕舟，船頭坐著一名絕色的妙齡女子。划船的老翁對岸上的人說：「誰能用錢擲中我的女兒，就把她許配給誰。」岸上行人聽了老翁的話，爭先恐後地掏出銅錢，向美女擲去。但雨點般的銅錢扔來，卻連姑娘的衣角都碰不上，盡皆落在了江裡。漸漸地，錢越扔越多，江底積滿了錢，橋基也隨著錢增多而不斷增高。原來，這位老翁是土地爺變的，而姑娘是觀世音菩薩變的，蔡襄為民救急濟困的精神，感動了觀音，所以她就想了這麼個法子來助蔡襄一臂之力。

眼看就要大功告成，誰知來了一個聰明的泗州人。他早已被姑娘的美貌深深打動，但見其他人的銅錢紛紛落空，心知必有蹊蹺，便暗暗觀察。終於被他察覺出了奧祕，所有的銅都無法通過姑娘身周一道隱隱的白光，這就是老翁為什麼讓大家投銅錢的緣故。於是他往姑娘的背後拋了一塊碎銀，一擊即中，落在姑娘的髮間。老翁無可奈何，只得請泗州人到涼亭裡議婚。

哪承想泗州人往涼亭裡一坐，就再也起不來了。原來觀音菩薩怨他多事，但「神無戲言」，又不能不兌現承諾，因此就將泗州人的靈魂度到西天成佛，而讓他的肉身永遠留在亭中，從此就成了民間膜拜的「泗州佛」。

後來，人們建了許多涼亭，供奉這位為愛所驅的泗州佛。如果熱戀中的男女遇到了挫折，或是婚姻發生了問題，只要在泗州佛的腦後挖下一點泥巴，偷偷地撒在愛人的身上，對方立刻就會回心轉意，重續情緣。因此許多地方的泗州佛佛像的後腦勺就只好一補再補了。而泗州大聖奉祀最流行的地區當屬福建。那裡城鄉的大街小巷多供泗州大聖，或作小龕，或鑿壁為龕，有供立像的，也有供牌位的，還有在牆壁雕鑿「泗州大聖」四字來敬奉的。泉州的洛陽橋和安平橋中都有泗州亭，《八閩通志》記載的泗州院、泗州堂、泗州庵等就有二十三座。在省會福州，更將泗洲大聖稱呼為「榕樹下的愛神」。

愛神泗州廟在臺灣也已經成為情侶時常光顧的地方，走進泗州廟，迎面就是一副頗具警示意味的對聯：「真情無人見　假情天有知」彷彿泗州佛正在冥冥之中時時提醒著走進廟門的戀人，

泗州大聖
泗州大聖又稱「泗州佛」，據傳本為西域僧人，於唐高宗時來到長安、洛陽等地，又遊歷吳楚，在泗州傳經說法。後被唐中宗封為國師，又受觀音度化成佛。在閩粵臺，泗州大聖被賦予了主管愛情婚姻的神職，成了情侶祈拜的偶像。

要對自己的感情好好負責，不能摻假，不能自欺。更有意思的是，廟內院落中還非常醒目地銘刻著一首詩：「情人雙雙到廟來，不求兒女不求財。神前跪下起過誓，誰先變心誰先埋。」詩寫得淺顯通俗，在愛神像前焚一炷香，讀一讀對聯和警示詩，讓心靈受到一次虔誠的洗禮，每一對戀人都會終生難忘！

中國神話
從崑崙神話到蓬萊仙話，神仙鬥法、凶獸橫行的世界

作　　者　王新禧
封面設計　白日設計
內頁排版　高巧怡
行銷企劃　江紫涓、蕭浩仰
行銷統籌　駱漢琦
業務發行　邱紹溢
責任編輯　吳佳珍
總 編 輯　李亞南
出　　版　漫遊者文化事業股份有限公司
地　　址　台北市松山區復興北路331號4樓
電　　話　(02) 2715-2022
傳　　真　(02) 2715-2021
服務信箱　service@azothbooks.com
網路書店　www.azothbooks.com
臉　　書　www.facebook.com/azothbooks.read
營運統籌　大雁文化事業股份有限公司
地　　址　台北市松山區復興北路333號11樓之4
劃撥帳號　50022001
戶　　名　漫遊者文化事業股份有限公司
初版一刷　2021年9月
初版四刷 (1)　2023年6月
定　　價　新台幣350元
I S B N　978-986-489-516-8

國家圖書館出版品預行編目 (CIP) 資料

中國神話：從崑崙神話到蓬萊仙話，神仙鬥法、凶獸橫行的世界／王新禧著. -- 初版. -- 臺北市：漫遊者文化事業股份有限公司出版：大雁文化事業股份有限公司發行，2021.09
312 面；14.8×21 公分
ISBN 978-986-489-516-8（平裝）
1. 神話　2. 中國
282　　110014544